Lothar Krappmann, Hans Oswald
Alltag der Schulkinder

W0078130

Kindheiten

Herausgegeben von Imbke Behnken
und Jürgen Zinnecker

Band 5

Die Herausgeber der Reihe "Kindheiten" wollen der Kindheitsforschung mit verlegerischen Mitteln einen Ort wiedergewinnen, an dem sie sich sammeln und von dem aus sie in die aktuellen Diskurse eingreifen kann. Es gilt, in lesbarer Form eine Summe der gegenwärtigen Schwerpunkte von Kindheitsforschung zu geben. Dabei sollen die Erkenntnismittel und das Ethos zur Geltung gebracht werden, die den Sozial- und Kulturwissenschaften zur Verfügung stehen. Bloßes Meinen, wertbeladenes Urteilen und mythologisches Reden werden mit kritischer Analyse, empirisch hermeneutischen Verfahren und einer Haltung engagierter Distanz konfrontiert.

Der Titel "Kindheiten" verweist darauf, daß es um die wissenschaftliche Erschließung von kindlichen Lebenswelten an unterschiedlichen Orten und in verschiedenen Zeiträumen geht. Der Wandel von Kindheit in Lang- und Kurzzeitperspektive interessiert hier ebenso wie der Vergleich soziokultureller Umwelten von Kindern in der Gegenwart. Der Plural bezieht sich auch auf Untersuchungsverfahren, Wissenschaftsdisziplinen und Fragestellungen. Kindheit erscheint in einem anderen Licht, wenn der Darstellung eine Fallstudie oder ein Kindersurvey, eine psychologische oder eine kulturwissenschaftliche Fragestellung zugrundeliegen.

Ungeachtet dieser pluralen Perspektiven möchten die Herausgeber ein Gemeinsames der hier vertretenen Kindheitsforschung herausstellen. Kindheit wird als wechselseitige Beziehung zwischen heranwachsenden Personen und ihren sich wandelnden soziokulturellen Umwelten aufgefaßt. Das heißt, Kindheit als gesellschaftliche Institution und Kindheit als Teil des Lebenslaufes - als Entwicklung, Lernerfahrung und Biografie - sind gleichberechtigte Themen der Forschung. Wichtiger noch und zugleich schwieriger in die Praxis umzusetzen: Kinder nicht nur als Opfer gesellschaftlicher Umstände, sondern auch als Handelnde und Mitgestaltende soziokultureller Umwelten sichtbar werden zu lassen.

Die Herausgeber hoffen, daß die Reihe dazu beiträgt, unser Wissen um und unser Verständnis für Kindheit zu einem ernstzunehmenden Bestandteil des Diskurses um die risikovolle Zukunft der Moderne werden zu lassen.

Lothar Krappmann, Hans Oswald

Alltag der Schulkinder

Beobachtungen und Analysen
von Interaktionen und Sozialbeziehungen

Juventa Verlag Weinheim und München 1995

Die Autoren
Lothar Krappmann, Jg. 1936, Dr. phil., ist Wissenschaftlicher Mitarbeiter am Max-Planck-Institut für Bildungsforschung und Honorarprofessor an der Freien Universität Berlin. Seine Arbeitsschwerpunkte sind Sozialisation und Entwicklung in Kinderwelt, Familie und Schule.

Hans Oswald, Jg. 1935, Dr. phil. ist Professor für Soziologie der Erziehung und Direktor des Interdisziplinären Zentrums für Jugend- und Sozialisationsforschung an der Universität Potsdam. Seine Arbeitsschwerpunkte sind Kindheit, Jugend, Interaktion.

Die Deutsche Bibliothek - CIP-Einheitsaufnahme

Krappmann, Lothar:
Alltag der Schulkinder : Beobachtungen und Analysen von Interaktionen und Sozialbeziehungen / Lothar Krappmann ; Hans Oswald. - Weinheim ; München : Juventa Verl., 1995
(Kindheiten ; Bd. 5)
ISBN 3-7799-0193-5
NE: Oswald Hans:; GT

Das Werk einschließlich aller seiner Teile ist urheberrechtlich geschützt. Jede Verwertung außerhalb der engen Grenzen des Urheberrechtsgesetzes ist ohne Zustimmung des Verlags unzulässig und strafbar. Das gilt insbesondere für Vervielfältigungen, Übersetzungen, Mikroverfilmungen und die Einspeicherung und Verarbeitung in elektronischen Systemen.

© 1995 Juventa Verlag Weinheim und München
Umschlaggestaltung: Atelier Warminski, 63654 Büdingen
Umschlagfoto: Wolfgang Schmidt, Ammerbuch
Printed in Germany

ISBN 3-7799-0193-5

Zu diesem Buch

In den Jahren zwischen 1983 und 1994 veröffentlichten wir zahlreiche Aufsätze und hielten Vorträge auf Fachkonferenzen über eine Studie, in der wir die Sozialwelt von Grundschulkindern an einer Schule in Berlin mit qualitativen Methoden erforschten. Die Forschungsergebnisse sind verstreut publiziert und teilweise schwer zugänglich. Aus diesem Grunde sagten wir Jürgen Zinnecker gerne zu, als er uns den Vorschlag machte, eine Auswahl der den Ertrag unserer Forschung am besten bezeichnenden Aufsätze in einem Band noch einmal zu veröffentlichen. Auf diese Weise haben Forscher und Praktiker, die sich ebenfalls mit der Sozialwelt der Kinder befassen, die Möglichkeit, unsere Ergebnisse an einer Stelle zu finden.

Dies bedeutet, daß abgesehen von Vorwort und erstem Kapitel alle Ausführungen dieses Bandes bereits früher erschienen sind, wobei die Kapitel 5 und 12 bisher nur als vervielfältigte Vortragsmanuskripte vorlagen. Wir haben die Überarbeitung auf ein Minimum beschränkt, meist haben wir nur den Methodenteil gekürzt, um Wiederholungen zu vermeiden. Dies hat unter anderem zur Folge, daß die Referenzen in jedem Kapitel die Literatur repräsentieren, auf die wir uns zur Zeit der ersten Abfassung des Textes bezogen.

Unsere Studie trägt stark explorativen Charakter. Von daher erklärt sich die gewählte qualitative Methode. Wir wollten Seiten der Sozialwelt der Kinder herausfinden, die der Forschung bislang verschlossen waren. In jedem der Kapitel 3 bis 12 präsentieren wir ein Ergebnis, das zum Zeitpunkt der Erstveröffentlichung als neu und nicht selten als höchst überraschend gelten konnte. Nicht zuletzt um diesen Neuigkeitscharakter in seinem Anregungsgehalt für künftige Forschung zu erhalten, haben wir darauf verzichtet, in die einzelnen Aufsätze inzwischen erschienene Untersuchungen zu integrieren. Sie mögen zwar neue Gesichtspunkte liefern, die zu diskutieren wären, führen aber unseres Erachtens nicht zu einer Revision der hier vorgelegten Ergebnisse. So haben wir beispielsweise in der ersten hier abgedruckten Publikation (unten Kapitel 3) Sozialformen der Kinder analysiert, die auch heute noch hinter dem undifferenzierten Begriff „Peer-group" verborgen werden, obgleich sie offensichtlich ganz unterschiedliche Funktionen erfüllen und insofern bei der Konzeptualisierung der Sozialbeziehungen der Kinder berücksichtigt werden müßten. Oder, um ein anderes Beispiel zu geben, wir haben entdeckt, daß ein Gutteil der Hilfen, die sich Kinder geben und die gemeinhin unter dem Begriff „prosoziales Verhalten" abgehandelt werden, höchst problematische Aspekte enthalten, die aber von großer Bedeutung für die Entwicklung sozialer Fähigkeiten sind (unten Kapitel 8 und 9). Diese Erkenntnis kann ebenso wie unsere Ergebnisse über Aushandlungsstrategien, Sanktionen und Gewalt (unten Kapitel 5 bis 7) oder unsere Analysen von Interaktionen zwischen Mädchen und Jungen (unten Kapitel 11 und 12) auch heute noch als neu angesehen werden.

Was das Datenmaterial anbelangt, ist unsere Studie außerordendlich umfangreich. Tatsächlich handelt es sich um eine Serie von Untersuchungen in sieben Schulklassen. In jeder dieser Schulklassen beobachteten wir alle Kinder über längere Zeiträume und befragten sie mit halbstrukturierten Interviews. Außerdem videographierten wir in sechs Schulklassen das Klassengeschehen zwei Schulstunden lang. Eine siebte Schulklasse beobachteten wir zwei Wochen lang auf einer Klassenreise, ohne Videoaufnahmen zu machen. Ein solch umfangreiches Material systematisch auszuwerten ist sehr aufwendig. Auf der einen Seite haben wir die Systematik der Auswertung im Sinne der Kontrollierbarkeit der Ergebnisse sehr weit getrieben, wie unten in Kapitel 2 ausführlich dargelegt wird. Auf der anderen Seite war es nicht möglich, für jedes bearbeitete Thema die Daten aus allen sieben Schulklassen zu analysieren. Da es uns auf Exploration und Entdeckung von Neuem ankam, haben wir für jede Auswertung den Ausschnitt der Daten verwendet, aus dem sich die Frage beantworten ließ. In mehreren Fällen haben wir später weitere Klassen einbezogen, um die Basis des Resultats zu verbreitern. Insgesamt haben wir uns sehr auf die Sozialwelt der Zehnjährigen konzentriert, die die Interaktionsformen und Sozialbeziehungen der mittleren Kindheit am klarsten repräsentiert. Teilweise wurden liegengebliebene Teile der Daten in Examensarbeiten bearbeitet, auf die wir an den entsprechenden Stellen verweisen.

Die Gesamtstudie wurde vom Max-Planck-Institut für Bildungsforschung, Berlin, und der Freien Universität Berlin finanziert. Zwei Jahre lang erhielten wir eine Sachbeihilfe der Deutschen Forschungsgemeinschaft. Im Laufe der Jahre wurden wir von zahlreichen und wechselnden wissenschaftlichen Mitarbeitern, studentischen Hilfskräften und Honorarkräften unterstützt, ohne die die Forschung nicht hätte durchgeführt werden können. Wir bedanken uns herzlich bei Petra Albers, Aaron Büchel, Aristi Born, Waltraut Breuer, Christa Crone-von Goßler, Andrea Derscheid, Marion Dittmer, Traute Dubberke, Raimund Finke, Vera Firmbach, Christa Fricke, Martina Krollmann, Hans-Jürgen Lambrich, Manuela Roßbach, Maria von Salisch, Marita Schulz, Peter Schuster, Wolf Seidel, Lisa Wassmann, Martina Wichmann, Robert Wiegner und Petra Zornemann. Klaus-Uwe Süß erfand für uns das Programm „Qualitas" zur Analyse unserer Beobachtungsdaten. Zu verschiedenen Zeiten berieten uns Phillip Wood und Thomas Teo bei unseren statistischen Problemen. Brigitte Bartels und Wiltrud Weber verwalteten das komplexe Projekt und editierten unsere Texte mit großer Kompetenz und nie nachlassender Geduld.

Beim Erstellen der Druckvorlage halfen Iris Kasprzok und Thomas Göpel von der Universität Potsdam.

Ein so aufwendiges Projekt läßt sich über einen so langen Zeitraum hinweg nur durchführen, wenn es von Kollegen durch Rat und Ermutigung angespornt wird. In dieser Hinsicht sind wir vor allen anderen dem Direktor am Max-Planck-Institut für Bildungsforschung und Leiter des Forschungsbereiches „Entwicklung und Sozialisation", Wolfgang Edelstein, verpflichtet. Viele Kollegen des Max-Planck-Institutes und der Freien Universität haben uns durch Kritik und Anregung geholfen. Wertvolle Hinweise erhielten wir auch von unseren englischen und amerikanischen Freunden und Förderern Urie Bronfenbrenner, Willard Hartup, Robert Hinde, Ross Parke, Robert Selman und James Youniss.

Zuletzt möchten wir uns bei denjenigen bedanken, ohne die das Projekt nicht hätte durchgeführt werden können: Bei den Kindern, die uns freundlich und oft freundschaftlich neben sich sitzen ließen, bei den Eltern, die uns akzeptierten und zu Hause zu Gesprächen empfingen, bei den Lehrern, die uns mit großer Geduld ertrugen und unsere Arbeit förderten, und bei dem Rektor, der uns beriet und alle Wege ebnete. Auch die Berliner Schulverwaltung war für unser Anliegen stets offen.

Wir wünschen uns, daß unsere Darstellung der sozialisatorischen Kräfte der Interaktionen unter Kindern, die wir in den Schulklassen unserer Grundschule beobachtet haben, die Einsicht fördert, daß soziale Entwicklung und Lernen eng miteinander verbunden sind. Viele Lehrerinnen und Lehrer spüren dies und finden zu wenig Unterstützung, wenn sie Unterricht und Klassenleben entsprechend umgestalten wollen.

Berlin, September 1994   Lothar Krappmann und Hans Oswald

Inhalt

Aushandlungen

Kooperation in der Schule

Jungen und Mädchen

Die Studie

Kapitel 1

Sozialisation im Alltag der Schulkinder

Die in diesem Band zusammengestellten Analysen sozialer Interaktionsprozesse unter Kindern des Grundschulalters, beobachtet und protokolliert vor allem im Klassenzimmer, auf dem Pausenhof und bei einigen anderen Gelegenheiten des Schullebens, sind der umfassenderen Forschungsfrage zugeordnet, welche sozialen Prozesse und Strukturen Kindern ermöglichen, die Fähigkeiten und Dispositionen zu erwerben, die sie mit zunehmender Ablösung von für sie sorgenden Erwachsenen benötigen, um als an anderen Individuen orientierte Subjekte urteilen und handeln zu können. Die Arbeiten liegen folglich im Grenzbereich zwischen entwicklungspsychologischer Forschung und Sozialisationsforschung.

Von der Entwicklungspsychologie haben wir uns durch die Vorstellung eines an seiner Entwicklung aktiv teilnehmenden Kindes anleiten lassen, das sich durch die Auseinandersetzung mit „Entwicklungsaufgaben" mehr an Kompetenz und Vorgehensweisen in eigener Anstrengung erarbeitet. Diese Vorstellung wurde lange Zeit von der soziologischen Sozialisationsforschung ungenügend rezipiert, soweit sie Sozialisation nur als Übernahme von seiten des Kindes, Vermittlung an das Kind durch „Sozialisationsagenten" oder gar als Prägung durch die soziokulturelle Umwelt betrachtete. Allerdings greifen wir die soziologische Vorstellung auf, daß Kinder nicht zufälliger und beliebig bearbeitbarer sozialer Erfahrung ausgesetzt sind. Ihre Umwelten bieten ihnen vielmehr Handlungsbedingungen und -möglichkeiten an, die in die Muster der Interaktionen und Beziehungen eingelassen sind, auf die die Kinder in Familien, Kindergruppen und Schulklassen treffen und hinter denen die grundlegenden Organisationsprinzipien und Sinnsysteme ihrer Gesellschaft stehen.

Wenn wir auch die Vorstellung einer Prägung des Heranwachsenden als einseitig ablehnen, so läßt sich doch nicht abstreiten, daß den Kindern vieles von bereits kompetenteren Mitgliedern ihrer sozialen Umwelt vermittelt werden muß, zunächst von den Eltern, von anderen an der Erziehung beteiligten Erwachsenen, aber auch von älteren Geschwistern. Auf sie alle schaut das kleine Kind, an ihnen hängt es emotional und ihre Verhaltensweisen ihm gegenüber und untereinander nimmt es nach eigenem Vermögen in sich auf. Wenn man jüngere Kinder betrachtet, scheint es besonders schwierig, auseinanderzuhalten, inwieweit sie sich in die Verhaltensmuster der ihnen nahen Personen einpassen und worin ihr eigener Beitrag zum Aufbau eines strukturierten Verhaltensrepertoires zu sehen ist. Auf der Suche nach einem enger spezifizierten Forschungsfeld haben wir daher nach einem Bereich Ausschau gehalten, in dem das Kind nicht so weitgehend vom Kompetenzvorsprung der überlegenen Älteren zehrt, sondern möglichst offensichtlich auf seinen eigenen Beitrag angewiesen ist, um Handlungsprobleme zu bewältigen. *Glachan* und *Light* (1982) haben für die uns interessierende Problematik die eingängige Formulierung gefunden: „Can two wrongs make a right?" Dem Sinne nach zu übersetzen: Können zwei, die über die eigentlich zur Problemlösung erforderlichen Fähigkeiten noch nicht verfügen, miteinander dennoch zu einer richtigen Lösung kommen? Diese noch nicht über das volle Repertoire von Wissen und Fähigkeiten verfügenden Partner, die einander dennoch in der Suche nach Handlungskoordination und Problemlösungen entwicklungsförderliche Impulse geben, wollten wir unter den gleichaltrigen Kindern suchen.

Wir entschieden uns für die Altersgruppe, in denen Kinder auch nach unseren sozial-kulturellen Definitionen von Phasen des Aufwachsens nicht mehr unter der vollen Kontrolle der Erwachsenen stehen, nämlich für die Altersgruppe der Kinder, die die Grundschule besuchen. In Berlin ist dies eine sechsklassige Schule, die die Kinder erst im Alter von zwölf oder dreizehn Jahren verlassen. Zwar bilden Kinder auch schon vor dem Alter des Schuleintritts Beziehungen und Gruppen, und auch in jüngeren Jahren versuchen Kinder bereits, eigene Vorstellungen gegenüber anderen durchzusetzen und Freundinnen und Freunde nach eigenen Vorlieben zu wählen. Die Schulumwelt ermöglicht jedoch den Kindern, eigene Angelegenheiten selber zu regeln; denn Eltern können die Schulumwelt ihrer Kinder nicht mehr bestimmen und sie nicht über den Schultag hinweg begleiten, und die Lehrkräfte betonen, daß sie ihre Augen in großen Klassen „nicht überall" haben können. Wenn sie über „zunehmend schwierige" Kinder klagen, beziehen sie sich auf ihre Wahrnehmung, daß viel Kinderwelt, in der Kinder ihre eigenen Themen verfolgen, Kooperation miteinander aushandeln und ihre Beziehungen zueinander bestimmen, in die Klassenzimmer eingedrungen ist, wie manche Grundschulstudie bestätigt (*Fölling-Albers*, 1992; *Petillon*, 1993a).

In „klassischen" Entwicklungs- und Sozialisationstheorien wird die Gleichaltrigengruppe als ein wichtiger Träger sozialisatorischer Einflüsse angesehen, weil sie Erfahrungen eröffnet, die Familie und Schule nicht bieten (*Eisenstadt*, 1966; *Erikson*, 1965; *Parsons & Bales*, 1955; *Piaget*, 1973; *Sullivan*, 1983). Dennoch unterscheiden sich die Ansichten über die Bedeutung ihres Beitrags zum Sozialisationsprozeß. Gelegentlich wird ihr nur eine hilfsweise Rolle zugeschrieben; Kinder und Jugendliche erholen sich unter den Gleichaltrigen von den Mühen, die ihnen die eigentlichen Träger der Sozialisation in Familie und Schule abverlangen. Es gibt auch mißtrauische Positionen, die argwöhnen, die Gleichaltrigengruppen übten lediglich Konformismus ein oder wären nichts weiter als ein Auffangbecken für Kinder und Jugendliche, die sich im Elternhaus nicht gut aufgehoben fühlen. Demgegenüber vertreten wir die inzwischen gut gestützte Auffassung, daß die Sozialwelt der Gleichaltrigen wichtige Herausforderungen an Fähigkeiten, strategisches Vorgehen und das Verständnis von Beziehungen und des eigenen Selbst enthält (vgl. Überblicksreferate wie *Hartup*, 1983, oder *Krappmann*, 1991). Wir lehnen uns dabei an *Jean Piaget* (1973; 1986) an, dessen These zur unverzichtbaren sozialisatorischen Funktion der Gleichaltrigengruppe nicht nur für die Sozialentwicklung, sondern auch für die Bildung des moralischen Urteils und sogar zum Erwerb kognitiver Kompetenz *Youniss* (1980; 1994) weiter ausgeführt hat. Die sozialisatorische Interaktion unter den Gleichaltrigen führe nicht nur in anderen Sozialisationsbereichen Angelegtes weiter, sondern stelle Kinder vor neuartige Aufgaben, mit denen sie in anderen Lebensbereichen nicht konfrontiert werden. Denn die Interaktion unter Gleichaltrigen, so *Youniss* (1980) besonders nachdrücklich, unterscheide sich von der Erwachsenen-Kind-Interaktion in ihrer Struktur. Das Verhältnis der Eltern zu ihrem Kind sei im Kern immer ein unilateral-komplementäres, die Verantwortung liege letztlich auf der Elternseite und das Kind füge sich ein; selbst wenn es trotzig reagiere, sei die Situation noch von den Eltern vordefiniert. Die Beziehungen der Kinder enthielten dagegen die Chance zur Reziprozität und könnten daher eine Qualität der Interaktion entfalten, nämlich wirkliche Kooperation, ohne die wechselseitiges Verständnis und soziale Koordination nicht entstehen könnten.

Strittige Aushandlungen unter Kindern gleichen Alters sind wohl ein gutes Beispiel, um diese These zu veranschaulichen. Eltern mögen ihren Kindern Rat und emotionale Unterstützung für schwierige Auseinandersetzungen unter Kindern geben. Aber das überzeugende Argument vorbringen, treffende Antworten geben, seine Enttäuschung zeigen, mit Konsequenzen drohen, seine Verführungskünste spielen lassen, Unzumutbares zurückweisen muß das Kind in der Interaktion mit anderen Kindern selber. Es ist auf sich allein gestellt und wird erleben, wozu derartige Vorgehensweisen taugen und wem gegenüber sie erfolgreich einsetzbar sind. Nur ein Teil der Strategien, die zu Hause etwas einbringen, helfen in der Kinderwelt, etwas zu erreichen. Manche Verhaltensweisen, die einen Freund, eine Freundin zum Einlenken bewegen können, sind keineswegs wirksam, wenn man sie bei einem fernerstehenden Klassenkameraden erprobt. Diese Vorgänge beabsichtigten wir, systematisch zu analysieren, um das sozialisatorische Potential dieser Kinderinteraktionen besser zu verstehen.

Den *alltäglichen* Bemühungen um Koordination des Handelns sowie der Suche nach Lösungen für Unstimmigkeiten, Dissense und widersprüchliche Informationen, die zur Namensgebung unseres Projekts führten, wollten wir uns auch deswegen zuwenden, weil wir die These vertraten, daß Kinder die grundlegenden Fähigkeiten und Orientierungen nicht in erster Linie in Auseinandersetzung mit auffälligen Krisensituationen ausbilden, sondern in den permanenten Versuchen, die ständig stattfindenden Vorgänge in ihrer Umgebung zu ordnen, mit Sinn zu versehen, vorhersehbar zu machen und sich in einer

Weise in sie einzufügen, daß befriedigende Zustände erreicht werden. Wir wollen nicht abstreiten, daß auch große Konflikte und Beziehungskrisen die Fähigkeiten und Orientierungen eines Heranwachsenden beeinflussen; wir übersehen auch nicht, daß es grundlegende Transformationen in der Entwicklung des Selbst und seinen Beziehungen zu anderen gibt (*Kegan*, 1986; *Noam*, 1988). Aber auch diese erfolgen überwiegend als schrittweise Umformungen von Handlungspotentialen an unscheinbaren Problemen, die sich angesichts der bisherigen Routinen, mit ihnen umzugehen, als zunehmend sperrig erweisen und, wenn man es so ausdrücken mag, „Mini-Krisen" erzeugen. Den „Mini-Krisen" in der alltäglichen sozialen Interaktion unter gleichaltrigen Kindern wollten wir in unserer Untersuchung nachgehen.

Die Prozesse, in denen Ordnung und Sinn ebenso wie die Fähigkeit, sich in diesem geordneten sinnerfüllten Handlungsfeld zu bewegen, entstehen, finden in Interaktionen statt, in denen die Teilnehmer, um einen Begriff *George Herbert Meads* zu verwenden, ein gemeinsames „soziales Objekt" zu realisieren versuchen. Dadurch, daß die Teilnehmer einer kooperierenden Gruppe vielleicht nicht bewußte, aber jedenfalls miteinander verträgliche Vorstellungen einer gemeinsam zu lösenden Aufgabe haben, können sie Beiträge zur Interaktion leisten, die eine Chance haben, von anderen Interaktionsteilnehmern aufgegriffen und in ihrem eigenen Interaktionsbeitrag berücksichtigt zu werden (*Mead*, 1980, 313 ff.). Die Diskussion darüber, welche kooperativen Zusammenhänge als soziale Objekte anzusehen sind und wie es Kindern gelingt, ihr Verhalten in die Verfolgung erster sozialer Objekte einzufügen, ist nicht an ein klärendes Ende gelangt (*Nicolaisen*, 1994). In der Beobachtung der miteinander interagierenden Kinder erweist sich dieses Konzept jedoch als sehr hilfreich, denn den Interaktionsteilnehmern „schweben" offensichtlich Objekte vor, das englische Wort läßt sich auch als „Ziele" übersetzen, die sie mit anderen zu verwirklichen versuchen; Hilfe, Spaß, Ärgern sind solche sozialen Objekte der Kinderwelt, die miteinander zu realisieren den Kindern oft gelingt, an denen sie sich aber auch häufig vergeblich abarbeiten.

Wir haben unsere Analysen betrieben, um plausibel zu machen, daß in den Bemühungen, eine kleine „Interaktionsszene" unter gemeinsame Kontrolle und zu einem einvernehmlichen Ende zu bringen (das übrigens auch in der geteilten Erkenntnis bestehen kann, sich von einander abgrenzen zu wollen), nicht nur die Fähigkeiten zur Aushandlung dieser Art von Problemen herausgefordert werden, sondern darüber hinaus die gemeinsame Konstruktion von Ordnung, Sinn und Kompetenzen, die diese Szene zu den umfassenden Lebensäußerungen der Gruppe in ein Verhältnis setzen. In diesen Interaktionen entsteht nicht nur die Fähigkeit, zu verhindern, daß zum Beispiel ein rauhes Spiel nicht die Grenze überschreitet, die es in körperliche Übergriffe umkippen lassen würde, sondern es werden dahinter grundlegende Regeln, was man einander antun darf, wofür Einverständnis zu erzielen ist, welches Verhalten mit welchen anderen praktiziert werden kann, an welchem Ort es als angemessen anzusehen ist, und vieles mehr deutlich. Kurzum, es entstehen soziale Beziehungssysteme und die sie tragende interpersonelle Moral, auch Verfahren,

Widerspruch zu äußern und Einverständnis zu erreichen, sowie die „sozialen Tatsachen", über die sich Mitglieder dieser Gruppe nicht hinwegsetzen können, falls sie nicht riskieren wollen, von den Interaktionen ausgeschlossen zu werden.

Im typischen Fall steht am Beginn derartiger Interaktionen nicht ein gemeinsames Handlungsziel, sondern ein Kind setzt in seiner Orientierung an einem sozialen Objekt einen ersten Interaktionsschritt, eine Äußerung oder eine Handlung. Nur selten hat dieser Schritt eine eindeutig geteilte Bedeutung; zumeist bietet er viele Deutungsmöglichkeiten an. Erst durch den folgenden Schritt eines anderen, der sich erkennbar auf diesen ersten bezieht, wird eine Deutungsmöglichkeit hergestellt beziehungsweise der Bereich möglicher Sinngehalte eingeschränkt. Dadurch werden die Schritte bekannten oder zumindest vorstellbaren Interaktionsabläufen zugeordnet, wobei zugleich Bezug zu Wissen, Können und relevante Dispositionen der Teilnehmer entstehen. Weitere Reaktionen auf vorangegangene Schritte tragen dazu bei, die sich aus den vielen Möglichkeiten herausschälenden Handlungsgrundlagen weiter zu klären und somit das Handeln durch den gemeinsamen Blick auf ein geteiltes soziales Objekt aufeinander zu beziehen. Diesen Prozeß kann man sowohl als Einpassung des Handelns in Kooperation, die sich auf gemeinsam bestimmte soziale Objekte richtet, betrachten, aber auch als ständige Weiterentwicklung und Umdefinition sozialer Objekte, weil durch die verschiedenen „ergänzenden Handlungen" im Prozeß der gemeinsamen Vergewisserung über das soziale Objekt dieses in anderer, von neuen Erfahrungen und Perspektiven angereicherter Weise rekonstruiert wird (*Gergen*, 1994).

Der hier beschriebene Prozeß ist keineswegs auf Kinder beschränkt, aber für Kinder enthält er eine spezifische sozialisatorische Potenz, denn in dem Versuch, das Handeln an einem gemeinsamen sozialen Objekt zu orientieren, sind die Kinder darauf angewiesen, auf ihre mitgebrachten Deutungs- und Ordnungszusammenhänge zurückzugreifen und sie daraufhin zu untersuchen, welche Möglichkeiten sie enthalten, sich an einen gesetzten Schritt anderer anzuschließen. Um der Beteiligung willen strengen sie sich an, in ihrer Handlung etwas zum Ausdruck zu bringen, was auf ihrem Erfahrungshintergrund gemeinsam sein könnte. Ein Junge antwortet auf den Knuff eines anderen mit theatralischem Schwinger, der einen witzigen Scheinkampf einleitet, und erklärt durch diesen Deutungsversuch den Knuff zum Spielangebot, vielleicht weil ihm beim Knuff eines Freundes gar nichts anderes in den Sinn kommt. Beide rekonstruieren in diesem Interaktionsgeschehen die ineinander verschachtelten sozialen Objekte Spiel, Grenzen der körperlichen Vorgehensweisen, Erlaubtes im Klassenzimmer, männliche Rollen und viele weitere Grundmuster von Sozialität unter Kindern im Schulbereich. Ein anderer Junge reagiert möglicherweise mit heftigem Widerschlag und leitet einen wütenden Streit ein. Auch bei diesem Fortgang der Interaktion werden soziale Objekte einerseits bestärkt, andererseits exploriert und umgeformt.

Aushandeln ist daher ein zentraler Fokus der Sozialisation in dieser Kinderwelt, und wir haben unser Augenmerk bei der Auswertung der Beobachtungen sehr weitgehend auf die Aushandlungen der Kinder gerichtet. Auch hier folgten wir wieder der Linie, daß unsere Analysen sich vor allem auf die eher unauffälligen alltäglichen Situationen richten sollten, in denen Handeln von Kindern aufeinander bezogen wird, um nächste Schritte möglich zu machen. Innerhalb dieser alltäglichen Aushandlungen vollzieht sich allerdings in der Kindheit ein Schritt, den man als umfassende, entwicklungsbestimmende Aushandlung eines grundlegend veränderten Verhältnisses des Kindes zu anderen sehen kann, nämlich der Schritt weg von einer mentalen Struktur, in der das Kind noch seine Welt von sich ausgehend oder in Anlehnung an für mächtig und kompetent angenommene Personen entwirft, hin zu einem Jugendlichen, der sich als Person in Beziehungen der Gegenseitigkeit begreift, in deren Rahmen Handeln gemeinsam verantwortet wird. Wenngleich unsere Forschung nicht darauf angelegt war, sozial-kognitive Entwicklungsmodelle wie die *Damons* (1984), *Kohlbergs* und *Hewers* (1983) oder *Selmans* (1984) zu prüfen, so sind wir doch wie diese Autoren von der Annahme ausgegangen, daß die Entwicklung Heranwachsender sich auf mehr reflexiv begriffene Sozialität hinbewegt.

Die Kinderwelt, von uns als eine tradierte Kultur der Kinder betrachtet, vermittelt den Kindern Tätigkeiten, die auf soziale Objekte verweisen, die zum Stand der bis in dieses Alter entwickelten Deutungen und Fähigkeiten passen. Dies gilt jedenfalls, solange Entwicklungserfordernisse und gesellschaftlich ermöglichte Kinderwelt nicht weitgehend aus dem Lot geraten sind, eine Auffassung, die wir, trotz vieler bedenklicher Erscheinungen, nicht teilen. Wir wollten Spiel, Hilfe, Zusammenarbeit, Necken, Streit aber auch unter der Rücksicht untersuchen, inwieweit die in ihnen angeregten sozialen Konstruktionsvorgänge Erfahrungen bieten, Unzulänglichkeiten der bisherigen Behandlung dieser Objekte wahrzunehmen. Denn wir vertreten die These, daß soziale Objekte der Kinderwelt den Kindern nicht nur Vorbahnungen des Handelns anbieten, sondern auch abfordern, sich in den Rekonstruktionsprozessen erweiterte, besser differenzierende und umfassendere Verständnis- und Handlungsmöglichkeiten zu erarbeiten. Es ist dies das erweiterte Vermögen, das die strukturgenetische Forschung mit ihren „klinischen" Interviews ermittelt und das sie nachfolgenden Stufen oder Ebenen des Entwicklungsprozesses zuordnet.

Die Kinderwelt enthält nicht nur inhaltliche soziale Objekte, sondern auch Gesellungsformen, in deren Rahmen Aushandlungen stattfinden: Spielgruppen, mehr oder weniger feste Beziehungsnetze und Freundschaften. Auch an diesen Gesellungsformen arbeiten die Kinder (*Krappmann*, 1992). Diese Gesellungsformen kann man ebenfalls als eine Art sozialer Objekte auffassen, die nicht Tätigkeiten, sondern Beziehungen, innerhalb derer Tätigkeiten verrichtet werden, zum Gegenstand haben und die sich über die ständigen Rekonstruktionen ebenfalls wandeln, wie man es an der Entwicklung der Erwartungen an Freundinnen oder Freunde verfolgen kann (*Keller & Wood*, 1989; *Selman*, 1981). Je nach Ausarbeitung der Vorstellungen über Beziehungen sind daher unterschiedliche Vorgehensweisen im Aushandeln zu vermuten. Aus diesem

Grund haben wir den Beitrag, den Beziehungen unter Kindern, insbesondere Freundschaften, zur Aushandlung leisten, ebenfalls zu einem Schwerpunkt unserer Auswertungen gemacht. Wir verfolgen die These, daß Freundschaft einen Rahmen stiftet, der erleichtert, soziale Objekte zu ko-konstruieren, also sich ihrer Bedeutungen und Regeln durch „ergänzende Handlungen" zu vergewissern und sie im aufeinander bezogenen Handeln zu realisieren.

Der hohe Stellenwert, den unsere Sozialisationstheorie der Sozialwelt gleichaltriger Kinder zuerkennt, weil in ihr die Kinder durch eigene Aktivität und in mühsamer Auseinandersetzung mit sozialen Objekten wichtige Schritte ihrer Entwicklung zu kompetenten, anteilnehmenden und autonomen Personen leisten, klingt nach einer Idealisierung dieser Kinderwelt. Auch aus Äußerungen von *Youniss* (1980; 1982), nur in der Kooperation unter Kindern entstehe wirkliches Wissen, könnte man herauslesen, daß die Erwachsenen-Kind-Interaktion vielleicht zur Versorgung der Kinder nötig, für ihre soziale, sozio-kognitive und moralische Entwicklung jedoch entbehrlich sei. Das war weder *Piagets*, noch ist es *Youniss'* und unsere Auffassung. Akzentuiert wird in dieser Gegenüberstellung jedoch, daß die Entwicklung von Einsicht, der Schritt zum Urteil über einen Sachverhalt und die Bereitschaft, Verantwortung zu übernehmen, in einem Raum sozialer Erfahrungen entstehen, in dem man Zweifel äußern, mit seinem Urteil zögern und Verantwortlichkeit diskutieren kann, ohne schwere Nachteile befürchten zu müssen. Die Interaktionen der Kinder, die auf relativ gleichem Entwicklungsstand stehen und über relativ gleiche Mittel verfügen, scheinen besonders gute Voraussetzungen zu bieten, um ko-konstruktive Leistungen zu vollbringen.

Jedoch enthalten diese Interaktionen unter den Kindern ein Moment von Beliebigkeit, das nicht wenigen ihrer Aushandlungen anhaftet. Immer wieder versiegen Aushandlungsanstrengungen, weichen Kinder vor Problemen aus und aufschiebende, nicht sachgerechte Kompromisse, die den Interaktionen ihre entwicklungsförderliche Kraft nehmen, werden akzeptiert. Die Forschung über die Beteiligung der miteinander interagierenden Kinder an ihrem Entwicklungsfortschritt ist daher auf dem Wege, differenziertere Vorstellungen zu erarbeiten, in welchen Bereichen Kinder überlegene Gegenüber wie Autoritäten und Experten brauchen, in welchen kompetentere, aber ihnen altersmäßig näherstehende Partner wie ältere Geschwister und erfahrenere Kinder gebraucht werden, in welchen vor allem eine Person des Vertrauens wie Eltern oder eine Freundin bzw. ein Freund und in welchen überhaupt nur ein anderer Mensch erforderlich ist, damit sie in ihrer Entwicklung herausgefordert werden (*Azmitia & Perlmutter*, 1989; *Krappmann*, 1994b; *Rogoff*, 1990; *Tudge & Winterhoff*, 1993). Aber auch in asymmetrischen Beziehungen bleibt als wesentliches Merkmal entwicklungsförderlicher Interaktion erhalten, so unsere These, daß Entwicklung unter sozialen Bedingungen nicht zu erwarten ist, die dem Kind unmöglich machen, nachzufragen und zu zweifeln, entgegenzusetzen, sich sogar dem guten Argument zu verschließen, weil es nicht so weit ist, es anzunehmen. In diesem Sinne lohnt der Blick in die Auseinandersetzungen unter den relativ gleichen Kindern, weil ein Stück von der unter den Gleichaltrigen strukturell relativ gut gesicherten Freiheit, sich zu verweigern, auch all die anderen Beziehungsmuster kennzeichnen muß, wenn in ihnen Anpassung nicht nur erzwungen, sondern vielmehr Mitkonstruktion ermöglicht werden soll.

Idealisierung ist noch unter einer anderen Rücksicht zu vermeiden: Die Aushandlungen der Kinder sind, wie unsere Protokolle belegen, oft keineswegs jenem „herrschaftsfreien Diskurs" ähnlich, in dem einander Gleiche sich in gegenseitiger Achtung um Lösungen bemühen, denen alle Beteiligten frei zustimmen können, sondern Kinder versuchen immer wieder, andere mit Manipulation, Bestechung oder Drohung zu beeinflussen. Oft ist es für Kinder nicht leicht, sich derer zu erwehren, die ihre Auffassungen und Absichten anderen aufzwingen wollen; oft fällt es ihnen auch selber schwer, eigenen Wünschen zu widerstehen, ein Ziel ohne Rücksicht auf andere durchzusetzen, wenn sich ihnen eine Chance zu bieten scheint (*Benkmann*, 1989). Auch einige weitere Studien, in denen Kindern in Befragungen viel Raum gegeben wurde, um ihre eigene Sicht der Erfahrungen mit anderen darzustellen, bestätigen, daß es nicht einfach ist, widersprüchliche Erwartungen zu berücksichtigen, wichtigen Verpflichtungen Priorität zu geben und immer wieder auftretende Konflikte durchzustehen (*Valtin*, 1991; *Zeiher & Zeiher*, 1994). Die Gleichheit, die in der Kinderwelt gelten soll, ist eher ein Prinzip, das eingeklagt wird, weil sehr oft dagegen verstoßen wird, nicht aber eine Kennzeichnung ihrer alltäglichen Realität. Gleichwohl ist die Idee, daß jeder mitreden können sollte, daß niemandem etwas aufgezwungen werden darf, daß keiner sich über die anderen erheben sollte und niemand die anderen ausnutzen darf, sondern jeder seinen angemessenen Beitrag zum gemeinsam Tun leisten sollte, ein wirksames Regulativ in vielen Interaktionen. Wir betonen aber, daß Entwicklungsimpulse nicht nur aus tatsächlich egalitärer Interaktion hervorgehen, sondern daß aktive Eigenbeteiligung des Kindes an seiner Entwicklung einschließt, daß das Kind an der Erfahrung mißlungener Ko-Konstruktion weiterarbeitet und in reflektierender Auseinandersetzung mit Betrug oder Drohung, mit gebrochenen Vereinbarungen oder verratener Freundschaft faire Regeln, gerechte Lösungen ebenso wie fürsorgliche Muster der Zuwendung im inneren Dialog weiterkonstruiert. Auch in diesen Situationen ist es sicher wichtig, Freunde zu haben, die diese inneren Prozesse aufnehmen und erlebbar „kommunikativ validieren".

Warum aber, so mag man fragen, haben wir in dieser Studie, in der wir nach den von Erwachsenen unabhängigen Kräften in der Kinderwelt suchen, unsere Beobachtungen in Schulklassen durchgeführt? Derart intensive Beobachtungen sind nur durchführbar, wenn der Forscher sich im Untersuchungsfeld in legitimierter Rolle bewegt; auf Spielplätzen wäre er eine verdächtige Person, der sich die Kinder entziehen würden. In der Schule können Beobachter ihre Tätigkeit erklären und das Vertrauen der Kinder gewinnen, so daß diese „weitermachen wie bisher". Die Entscheidung, vom Spielplatz in die Schule umzuziehen, fiel uns leicht, als wir merkten, in welch weitem Umfang das Klassenzimmer ein wichtiger Ort der Kinderwelt geworden ist. Auch wenn ein guter Teil der miteinander zu lösenden Probleme von Schule und Unterricht vorgegeben wird, setzen sich die Kinder mit ihnen allein oder gemeinsam nach dem Stand ihres Wissens und Könnens auseinander. Es ist eine Aufgabe der Schule, vermehrt Formen des Lernens einzusetzen, die berücksichtigen, vielleicht sogar positiv nutzen, daß das Lernen so tief in soziale Entwicklungsprozesse der Kinder eingebettet ist.

Entgegen der Ansicht einiger Kindheitsforscher glauben wir mit unseren Protokollen der Kinderinteraktionen im Klassenzimmer und auf dem Schulhof demonstrieren zu können, daß die soziale Kinderwelt, in der Kinder eigenständig Regeln eines vergnüglichen, hilfreichen, streitbaren und gelegentlich tröstlichen Zusammenseins ko-konstruieren, noch existiert. Sicher ist sie, wie viele andere Lebensräume, von Medienüberflutung und modischer Konsumverführung, von Überpädagogisierung und kindfremder Zeitorganisation bedroht (*Rolff & Zimmermann*, 1985; *Zeiher*, 1988). Wer könnte leugnen, daß Kinder und Kinderwelt von Veränderungen in den Lebensverhältnissen und in den Beziehungen der Kinder zu Erwachsenen belastet werden? Beim Überblick über unser vielfältiges Material sind wir jedoch eher überrascht, wie viele geschickte Anpassungsleistungen an ungünstige Umstände Kinder vollziehen, um sich die Essenz ihrer aushandlungsintensiven, Beziehungen erprobenden Kinderwelt erfolgreich zu erhalten.

Kapitel 2

Untersuchungsanlage und -methoden[1]

Unsere Sozialisationsfragestellung konzentrierte sich auf den Einfluß der Gleichaltrigen auf die Entwicklung sozialer Fähigkeiten. Die Wirksamkeit anderer Sozialisationsinstanzen wie etwa Eltern und Schule klammerten wir weitgehend aus, obwohl wir nicht bestreiten, daß sie auch das soziale Geschehen unter Kindern beeinflussen. Uns lag daran, die der Kinderwelt eigenen sozialisatorischen Kräfte herauszuarbeiten, deshalb wollten wir den kaum erforschten feinen Prozessen der Handlungsabstimmung unter den Kindern im Detail nachgehen. In einer derartigen Forschungssituation ist es naheliegend, qualitative Methoden zu wählen, weil diese ermöglichen, neue und unerwartete Phänomene und Zusammenhänge zu entdecken und Konzepte aus den Daten heraus zu entwickeln (*Glaser & Strauss*, 1967; *Strauss & Corbin*, 1992, 1994).

Obwohl die zentrale Bedeutung der Interaktionsprozesse, in denen Sozialisation geschieht, anerkannt ist, werden aus forschungspraktischen und ökonomischen Gründen meist nur Befragungen durchgeführt, d.h. bestenfalls wird mit Eltern oder Heranwachsenden über Prozesse gesprochen. Oft werden lediglich Aussagen über Sozialisationsbedingungen und -ergebnisse zueinander in Beziehung gesetzt (z.B. bei *Kohn*, 1977, *Kohn u.a.*, 1986 über Arbeitsplatzerfahrungen, Werte und Erziehungspraktiken oder bei *Schneewind u.a.*, 1983 über ökologische Bedingungen, Erziehungsmuster und Persönlichkeitszüge der Kinder). Mit unserer Untersuchung beabsichtigten wir, die Interaktionsprozesse selbst zu analysieren. Aus diesem Grunde beobachteten wir Interaktionen unter gleichaltrigen Kindern in natürlicher Umwelt. Nicht alle für die Auswertung dieser Interaktionsprozesse relevanten Informationen lassen sich

---

1 Dieses Kapitel lehnt sich an die Darstellung der Methoden an, die erschienen ist in: *H. Oswald, L. Krappmann* unter Mitarbeit von *Chr. Fricke*, Soziale Beziehungen und Interaktionen unter Grundschulkindern - Methoden und ausgewählte Ergebnisse eines qualitativen Forschungsprojektes, Materialien aus der Bildungsforschung, Nr. 33, Max-Planck-Institut für Bildungsforschung, Berlin 1988, S. 10-46.

allerdings durch Verhaltensbeobachtungen gewinnen. Wir ergänzten deshalb die Beobachtungen durch halbstrukturierte Befragungen der Kinder, die Daten über die Einbindung der Kinder in die Welt der Gleichaltrigen, ihre Freundschaften und Gruppen sowie ihre Einstellungen zu Geschehnissen in der Kinderwelt lieferten. Auch hier wählten wir eine qualitative Vorgehensweise, da die üblichen soziometrischen Verfahren keine Aussagen über die Beziehungen der Kinder ermöglichen. Ein Leitfadeninterview mit den Eltern erbrachte zusätzliche Hintergrund- und Kontextinformationen. Außerdem sammelten wir wichtige Fakten aus dem Leben der Kinder (Besuch von außerfamilialen Betreuungseinrichtungen, Umzüge, schwere Krankheiten, Schullaufbahn) und erhoben die Schulleistungen.

2.1 Das Forschungsfeld

Alle Beobachtungen und Kinderbefragungen fanden in einer Grundschule eines Westberliner Innenstadtbezirkes statt. Die Bewohner gehören nach den üblichen Kriterien vornehmlich der oberen Unter- und der unteren Mittelschicht an. Nur sehr wenige Kinder haben Akademiker als Eltern, im Vergleich zu anderen Innenstadtbezirken fehlen aber auch weitgehend die ungelernten Arbeiter, und der Ausländeranteil in der Bevölkerung ist gering.[2] In einer differenzierten Untersuchung der Wohnqualität Berliner Stadtgebiete nimmt die Gegend um unsere Schule einen mittleren Rang ein (*Stahl*, 1980). Es gibt fast ausschließlich geschlossene Bebauung.

Mit wenigen Ausnahmen wohnen die Kinder in Fußgängerdistanz um die Schule herum. Daher ist es leicht möglich, sich gegenseitig zu besuchen und gemeinsam zu spielen. In der Nähe der Schule ist eine kleine Parkanlage mit einem Spielplatz, auf dem sich auch größere Kinder treffen. Dorthin gehen auch Mütter mit den kleineren Geschwistern unserer Probanden. Ein weiterer Spielplatz befindet sich bei der protestantischen Kirche, die etwa fünf Minuten von der Schule entfernt ist. Etwas weiter weg gibt es noch einen Bolzplatz mit hohem Maschenzaun. Eine Querstraße von der Schule entfernt liegt ein Hort. Die meisten Wohnstraßen des Viertels sind nicht sehr befahren. Jedoch zerschneidet eine Hauptverkehrsstraße mit Busverkehr und Ampelübergängen den Schulbezirk in zwei Teile, und an den Rändern sind einige gefährliche Durchgangsstraßen. Die Kinder treffen sich im Sommer oft in einem Freibad, das mit dem Fahrrad in etwa fünf Minuten erreichbar ist. Auf einem Hügel daneben kann man im Winter rodeln.

Nicht allzuweit entfernt liegt eine der Hauptgeschäftsstraßen Berlins. Viele Schulkinder verabreden sich hierher zu Kaufhausbummel und Hamburger-Mahlzeiten. Hier werden auch die größeren Familieneinkäufe erledigt. Die

---

2   Fast zwei Drittel der Eltern haben wir der Oberen Unterschicht oder der Unteren Mittelschicht zugeordnet (65 Prozent), das weitere Drittel wurde zu fast gleichen Anteilen niedriger (17 Prozent) oder höher eingestuft (18 Prozent).

Kinder leben also einerseits in einem recht übersichtlichen und ruhigen klein-bürgerlichen Viertel, andererseits haben sie leichten und deshalb häufigen Zugang zu anonymem und vielfältigem Großstadtleben.

Die Schule ist ein langgestreckter dreigeschossiger Zweckbau aus der Vor-kriegszeit. Die Fassade aus Klinkersteinen mit einigen Bäumen auf schmalen Grünstreifen davor macht einen freundlichen und einladenden Eindruck. Die Klassenzimmer liegen zum Hof hinaus. Die Gänge des Hauptgebäudes sind mit von Kindern gemalten Bildern und gebastelten Gegenständen geschmückt, die immer wieder erneuert werden.

Zur Zeit unserer Untersuchung war die Schule zwei- bis dreizügig. Im Schuljahr 1980/81 gab es 14 Klassen der Jahrgangsstufen eins bis sechs sowie eine Vorklasse mit insgesamt etwa 360 Schülerinnen und Schülern. Das Kollegium bestand aus 20 Lehrerinnen und drei Lehrern sowie dem Rektor. Die meisten Lehrerinnen waren teilzeitbeschäftigt, weil sie eigene kleine Kinder hatten.

Die Kinder dieser Schule waren so lieb und freundlich, so wild und stör-risch, so kreativ und lustig wie überall. Das bestätigen auch andere Personen aus der Lehrerbildung, Schulverwaltung und Bildungsforschung, denen wir Ereignisse aus dem Klassenleben geschildert haben. Wir betonen dies, weil manche unserer Beobachtungen bei Nichtkennern heutiger Grundschulen den Eindruck erwecken könnten, sie lägen außerhalb des Bereichs üblichen Ver-haltens.

Unsere Beobachtungen und Interviews wurden von 1980 bis 1985 durch-geführt. Sie belegen daher, daß es auch in jenen Jahren bereits rauhe Vor-kommnisse im Klassenzimmer und auf dem Schulhof gab. Die Schule wurde im Schuljahr 1987/88 im Rahmen eines anderen Projektes erneut besucht, im Schuljahr 1993/94 haben von uns für eine Replikationsstudie trainierte Beob-achter dort geforscht. Die Protokolle dieser beiden Feldstudien sprechen nicht dafür, daß sich über die Jahre hinweg an dieser Schule die Muster des sozialen Verhaltens der Kinder untereinander gewandelt hätten.

2.2 Der Untersuchungsplan

Die Gesamtstudie besteht aus einer Querschnitt- und zwei Längsschnittunter-suchungen (vgl. Abbildung 2-1). In der *Querschnittuntersuchung* (N = 75) haben wir je eine Schulklasse der ersten (Klasse A 1, N = 18), vierten (Klasse B 4, N = 34) und sechsten Jahrgangsstufe (Klasse C 6, N = 23) untersucht.

In der *ersten Längsschnittuntersuchung* wurden die Kinder der Klasse B 4 auf der fünften Klassenstufe während eines 14tägigen Aufenthalts in einem Schullandheim beobachtet (Klasse B 5, N = 32) und auf der sechsten Jahr-gangsstufe in der Schule beobachtet und befragt (Klasse B 6, N = 31, darunter drei neue Schüler; vom Längsschnitt waren also noch 28 Kinder auf der sech-sten Klassenstufe in der Klasse).

Abbildung 2-1: Anlage der Untersuchung

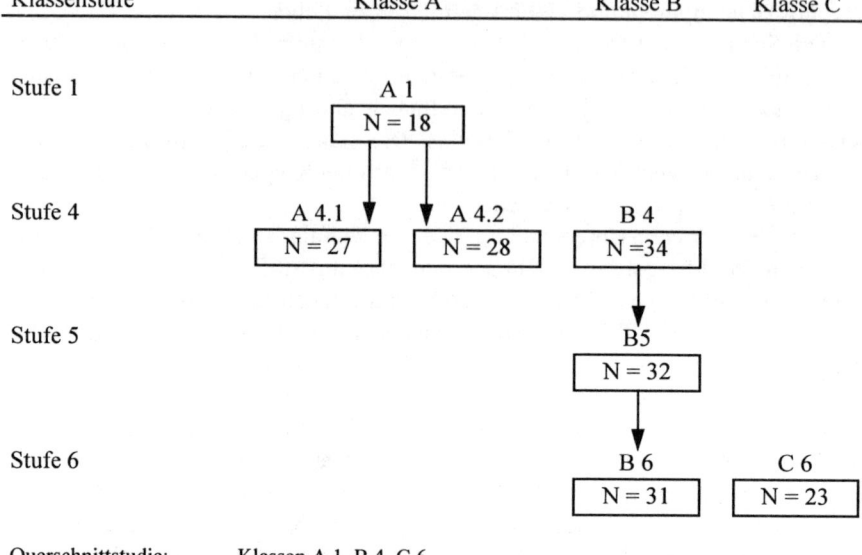

| Klassenstufe | Klasse A | Klasse B | Klasse C |

Stufe 1
    A 1 N = 18

Stufe 4
    A 4.1 N = 27   A 4.2 N = 28   B 4 N = 34

Stufe 5
    B5 N = 32

Stufe 6
    B 6 N = 31   C 6 N = 23

Querschnittstudie: Klassen A 1, B 4, C 6
Längsschnittstudie 1:   Klassen B 4, B 5, B 6
Längsschnittstudie 2:   Klassen A 1, A 4.1, A 4.2

In der *zweiten Längsschnittuntersuchung* wurden die Kinder der Klasse A 1 aus dem Querschnitt auf der vierten Jahrgangsstufe nachuntersucht (N = 11). Aus schulorganisatorischen Gründen waren allerdings im dritten Schuljahr aus drei kleinen Klassen zwei normal große Klassen gebildet worden. Dies bedeutete, daß die Schüler der Klasse A 1 auf zwei Klassen aufgeteilt waren. Entsprechend führten wir unsere Beobachtungen und Befragungen auf der vierten Jahrgangsstufe in den Klassen A 4.1 und A 4.2 durch, wobei wir auch alle neu hinzugekommenen Kinder einbezogen (N = 55).

Insgesamt beziehen sich unsere Analysen also auf Beobachtungen und Interviews in Schulklassen auf den Klassenstufen 1, 4, 5 und 6 während sieben Erhebungsphasen, die bis auf eine Ausnahme in der Schule durchgeführt wurden. Diese Schulklassen besuchten insgesamt 122 verschiedene Kinder, 44 dieser 122 Kinder wurden auf unterschiedlichen Klassenstufen mehrfach untersucht, und zwar 17 Kinder zweimal und 27 Kinder dreimal.

2.3 Die untersuchten Kinder

Geschlecht, nationale Zugehörigkeit und Durchschnittsalter der Kinder in den sechs Klassen der Jahrgangsstufen 1 (A 1), 4 (A 4.1, A 4.2, B 4) und 6 (B 6, C 6) sind in Tabelle 2-1 zusammengestellt.

Tabelle 2-1: Schülerzahlen der sechs Klassen auf drei Jahrgangsstufen nach Geschlecht und nationaler Herkunft; Durchschnittsalter

	Jahrgangsstufe 1	Jahrgangsstufe 4	Jahrgangsstufe 6
Geschlecht			
Mädchen	10	43	32
Jungen	8	46	22
nationale Herkunft			
deutsche Kinder	13	80	47
ausländische Kinder	5	9	7
insgesamt	18	89	54
Durchschnittsalter	6;11	9;11	12;5

Die Zahlen der Tabelle 2-1 spiegeln übliche Werte und Verteilungen wider. Bei den Altersangaben ist zu berücksichtigen, daß beide sechsten Klassen in der zweiten Schuljahreshälfte untersucht wurden. Der Anteil der ausländischen Kinder liegt unter dem Westberliner Durchschnitt.

In den Klassen der Jahrgangsstufen 1 bis 6 beteiligten sich 122 Kinder, wenn mehrfach untersuchte Kinder nur einmal berücksichtigt werden. Von diesen Kindern waren 51 Prozent Jungen und 49 Prozent Mädchen. Sechzehn Kinder waren ausländischer, überwiegend türkischer Herkunft (14 Prozent). Acht dieser sechzehn ausländischen Kinder, also die Hälfte, hatten Sprachprobleme, die dazu führten, daß sie unter vielen Aspekten in die Auswertungen nicht einbezogen werden konnten.[3]

Von 117 deutschen und ausländischen Kindern, für die Angaben über die Familienverhältnisse vorliegen, leben 61 (52 %) mit beiden leiblichen Eltern zusammen und 56 Kinder (48 %) leben nur noch mit ihrer Mutter oder ihrem Vater in häuslicher Gemeinschaft. In vier Fällen waren der Vater oder die Mutter gestorben, in den anderen 52 Fällen hatten sich die Eltern getrennt, waren in einigen Fällen nie eine Ehe eingegangen oder waren geschieden. Jedoch waren viele dieser Einzeleltern wieder verheiratet oder lebten in einer eheähnliche Verbindung, so daß insgesamt etwa drei Viertel der Kinder mit

---

3 Interaktionsstrategien von Kindern werden durch ihr Vermögen, sich sprachlich auszudrücken, sehr beeinflußt. Daher halten wir die Vorgehensweisen ausländischer Kinder mit geringen Sprachkenntnissen zwar für besonders interessant, aber dennoch für weitgehend unvergleichbar mit den Vorgehensweisen der Kinder, die das übliche verbale Kommunikationsmedium beherrschen. Bliebe diese Voraussetzung unberücksichtigt, würden die wenig verbal kommunikationsfähigen Kinder leicht Typen zugeordnet, die nicht auf sie passen. Da wir eine detaillierte Studie dieser Probleme zur Zeit nicht durchführen können, berücksichtigen wir die ausländischen Kinder mit Sprachproblemen nicht, wenn ihre Unfähigkeit ihr Verhalten und folglich unsere Einschätzung dieser Kinder offenkundig beeinflußt.

zwei Eltern einschließlich Stiefeltern und Lebensgefährten von Mutter oder Vater zusammenlebten.[4]

Neunundzwanzig Prozent der Kinder hatten keine Geschwister, 41 Prozent der Kinder hatten einen Bruder oder eine Schwester, 20 Prozent hatten zwei Geschwister, und 10 Prozent hatten mehr als zwei Geschwister. Auch diese Zahlen spiegeln keine auffälligen Abweichungen wider.

2.4 Feldzugang und Rapport

Die Grundschule wurde 1977 als eine von zwölf Grundschulen im Rahmen eines Forschungsprojektes über die Entwicklung der Grundschule einige Tage lang besucht (*Hopf, Krappmann & Scheerer*, 1980). Sie hatte sich dabei als an Problemen des „sozialen Lernens" interessiert erwiesen. Wir versuchten deshalb, diese Schule für unsere Intensivuntersuchung zu gewinnen. Dies gelang uns dank der Unterstützung des Rektors und des Kollegiums der Schule. Von großer Bedeutung für das Gelingen der jahrelangen Feldarbeit in dieser Schule war das Engagement der ersten Lehrerin.

Besonders wichtig ist der Zugang zu den Kindern, deren Interaktionen beobachtet werden sollen. Von Anfang an machten wir den Kindern deutlich, daß wir sie als Personen ernst nähmen. Auch ihnen gegenüber legten wir unsere Absichten offen dar. Wir erklärten den Kindern, daß sie das Recht hätten, die Beobachtung zu verweigern. Nur ein Mädchen einer sechsten Klasse hat dieses Recht für sich in Anspruch genommen. Der wichtigste Teil des Vorstellungsgesprächs mit den Klassen betrifft die Vertraulichkeit der Beobachtungen. Wir versprachen und hielten uns streng an dieses Versprechen, den Lehrern und den Eltern nie weiterzusagen, was wir sehen würden oder von den Kindern erzählt bekämen, auch wenn es etwas wäre, was man eigentlich nicht tun sollte. Die Schüler merkten schnell, daß wir die Wahrheit sagten, weil sie feststellen konnten, daß die von uns beobachteten verbotenen Handlungen niemals durch unser Zutun zu Konsequenzen führten. Daher betrugen sie sich bald sehr ungeniert, und wir lernten auf diese Weise Aspekte des Kinderlebens kennen, die sich uns ohne dies Versprechen sicherlich weniger deutlich erschlossen hätten. Wir haben lange die ethischen Aspekte dieses Vorgehens diskutiert und waren uns der Grenzen einer derartig „neutralen" Haltung bewußt. Glücklicherweise sind wir bei unseren Schulbeobachtungen nie an diese Grenze gekommen.[5]

---

4 Obwohl die Zahlen der getrennten und der geschiedenen Eltern hoch erscheinen, dürften sie die Berliner Familienverhältnisse realistisch wiedergeben, weil die amtlichen Statistiken einen Teil der Trennungen nicht erfassen. Eine ausführlichere Darstellung dieser Problematik und der Familienstrukturen, in denen die deutschen Kinder unserer Stichprobe leben, bietet *Krappmann* (1988).

5 Anders war es beim Aufenthalt im Schullandheim mit der Klasse B 5, bei der wir beauftragte Begleiter und als solche verantwortlich waren. Hier mußten wir gele-

2.5 Teilnehmende Beobachtung

Entsprechend unserer Fragestellung konzentrierten wir unsere Beobachtungen auf die Interaktionen zwischen Kindern. Die meisten Beobachtungen wurden im Klassenzimmer während des Unterrichts einschließlich der kleinen und der großen Pausen auf dem Schulhof durchgeführt. Daneben beobachteten wir die Kinder auch auf Ausflügen, Sportfesten und auf einer Klassenreise.

Gegen die Wahl der Schule als Ort der Beobachtung kann man einwenden, daß es besser wäre, Kinder dort zu beobachten, wo sie ganz unter sich sind, also etwa auf den Straßen, in Parks oder auf Spielplätzen. Allerdings findet man dort dieselben Kinder nicht verläßlich wieder und kann keine Informationen über ihre Lebenssituation und ihre Familie sammeln. In der Schule kann man den Kindern leichter nahe sein, ohne aufdringlich zu wirken. Hinzu kommt, daß Kinder in modernen Grundschulen viel Bewegungsfreiheit haben. Zwar gibt der Unterricht viele Themen und Aufgaben vor. Die Kinder setzen sich mit ihnen jedoch auf der Basis ihrer sozialen (und kognitiven) Fähigkeiten auseinander. Wir waren jedenfalls erstaunt, wieviele Interaktionen unter den Kindern stattfinden, die vom Unterrichtsrahmen entweder völlig unabhängig oder innerhalb des Unterrichtsrahmens typisch für erwachsenenunbeeinflußte Interaktionen unter Gleichaltrigen sind.

Die Beobachtungen wurden in den Erhebungszeiträumen der Klassen A 1, B 4, B 5, B 6 und C 6 von Lothar Krappmann und Hans Oswald durchgeführt, die das Verfahren entwickelten. In den Erhebungszeiträumen der Klassen A 4.1 und A 4.2 wurden die Beobachtungen von Raimund Finke und Robert Wiegner durchgeführt, die von den Erstgenannten im Beobachten trainiert und kontrolliert wurden. Die Protokolle aller Beobachter stimmten in ihrer Darstellungsweise so weit überein, daß sie problemlos gemeinsam ausgewertet werden konnten. Auch bei der Auszählung bestimmter Kategorien protokollierter Ereignisse ergaben sich große Übereinstimmungen auf der gleichen Klassenstufe. Wir interpretieren dies als Hinweis darauf, daß die von uns entwickelte Forschungsmethode bei der Anwendung durch andere zu vergleichbaren Ergebnissen führt.

2.6 Das Beobachtungsverfahren

Die Beobachtungen werden von zwei Beobachtern gleichzeitig vorgenommen. Diese beiden Beobachter haben jeweils eine Unterrichtsstunde lang zwei nebeneinandersitzende Kinder im Fokus. Auf diese Weise werden die Interaktionen dieser Kinder untereinander und mit anderen Kindern aus zwei Perspektiven wahrgenommen und in Feldnotizen aufgeschrieben. Vor den beiden

---

gentlich eingreifen und Problemfälle mit der Lehrerin besprechen. Tatsächlich hat uns dies bei einigen der schwierigeren Jungen Kredit gekostet und die Beobachtungsmöglichkeiten eingeschränkt.

Fokuskindern stehen zwei Mikrofone, die Unterhaltungen aufzunehmen erlauben (vgl. Abbildung 2-3). Das Tonband hilft auch, die zeitlichen Abläufe zu bestimmen. Nach der Pause tauschen die beiden Beobachter ihren Standort und beobachten dieselben Kinder eine weitere Schulstunde lang mit vertauschter Perspektive („Doppelte Überkreuz-Fokussierung"). Aus ihren Notizen erarbeiten die Beobachter unabhängig voneinander ausführliche Protokolle. Sie hören dafür auch die Tonbänder ab. Erst nach Abfassung der Protokolle werden die Beobachtungen fortgesetzt.

Es empfiehlt sich aus mehreren Gründen, sich für vorab festgelegte Zeitperioden auf zwei Kinder zu konzentrieren und nicht interessanten Ereignissen im Klassenzimmer „nachzulaufen". Wechselt man den Beobachtungsfokus, wenn sich irgendwo interessante Ereignisse anzudeuten scheinen, dann bekommt man häufig den Anfang der Interaktionen nicht mit und stört durch das unvermeidlich auffallende Hinzueilen. Die Fokussierung steigert somit die Ausbeute an vollständigen „Geschichten". Zweitens werden durch die ausdauernde Beobachtung auch unscheinbare Vorkommnisse protokolliert, die sich erst in den Auswertungen als wichtige Bestandteile der Kinderwelt erweisen. Drittens ist nur so zu gewährleisten, daß alle Kinder etwa gleich lang beobachtet werden. Und viertens kann man nur so erreichen, daß sich die Protokolle der Beobachter wechselseitig kontrollieren.

Abbildung 2-2: Beobachtungsstandorte („doppelte Überkreuzfokussierung")

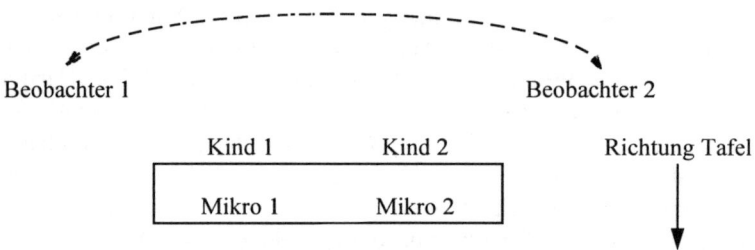

Der Beobachter sitzt seitlich neben oder hinter seinem Fokuskind. Zunächst fertigt er eine Skizze der momentanen Sitzordnung einschließlich seines Standortes und des Standortes des anderen Beobachters und der Mikrofone an. Außerdem notiert er Angaben über die Unterrichtsstunde und die Anwesenheit von Kindern für den Kopf des Beobachtungsprotokolls. Jeweils ein Beobachter hat die Aufgabe, neben den Interaktionen der Kinder auch den Unterrichtsverlauf festzuhalten. Etwa alle zehn Minuten wird die Uhrzeit aufgeschrieben, um die Zuordnung von beobachteten Szenen der beiden Beobachter sowie zum Tonbandmitschnitt zu erleichtern.

Beim Notieren besteht die Schwierigkeit, daß man während des Schreibens nicht beobachten kann. Je ausführlicher man schreibt, desto weniger sieht man. Die Notizen sollen daher nur das Wesentliche enthalten und Merkposten für die Erinnerung bieten, damit der Ablauf im umfangreichen Protokoll ausführlich beschrieben werden kann. Falls man eine interessante Sequenz nicht ganz verstanden hat, kann man fehlende Informationen bei den beteiligten Kindern zu einem geeigneten (nicht störenden) Zeitpunkt erfragen. Die Kinder werden von den Beobachtern nicht generell über ihre Sichtweisen oder Empfindungen befragt. Einige Ansätze dazu erwiesen sich als störend, weil sie die Kinder aus dem Gang der Handlungen herausnehmen, aber auch als unergiebig, weil die Fragen den Kindern Überlegungen aufdrängen, die sie üblicherweise gar nicht anstellen.

Die Kinder dürfen Einsicht in die Notizen nehmen und bekommen sie auch vorgelesen, wenn die Erwachsenenschrift unleserlich ist. Sie äußern diesen Wunsch nur selten. Manchmal bieten sie an, einen Vorgang aus ihrer Sicht zu beschreiben oder diktieren einen Kommentar, der vom Beobachter als solcher gekennzeichnet zusätzlich aufgenommen wird. Meistens sind die Kinder erstaunt, welche Belanglosigkeiten notiert werden (z.B. „Susa läßt Brida in ihren Apfel beißen") und verlieren demgemäß schnell ihr Interesse.

Die Haltung der Beobachter wechselt also zwischen „freundlicher Neutralität" und intensiverer Zuwendung. Neutral ist der Beobachter, wenn er einen Sinnzusammenhang erfaßt und notiert. Neutralität des Gesichtsausdrucks ist vor allem auch dann angebracht, wenn die Kinder verbotene Dinge treiben. Zuwendung im Sinne von aufrichtig interessiert geführten Gesprächen, Anteilnahme bei Kummer, Beteiligung an Spaß ist notwendig, damit die Kinder den Beobachter als Person kennenlernen und sich so ein Urteil über diesen Menschen bilden können, der weit in ihre persönliche Sphäre eindringt. Wir halten dies für den besten Weg zu erreichen, daß die Kinder sich nicht ständig mit dem Beobachter innerlich oder äußerlich beschäftigen müssen. Er wird gerade durch Bekanntheit und Gewöhnung „unsichtbar".

Bei Beobachtungen auf dem Pausenhof, bei Schulausflügen oder anderen Schulereignissen wie Bundesjugendspielen muß man auf das Tonband verzichten, und selbst das unmittelbare Aufschreiben von Feldnotizen ist oft nicht möglich. Es lohnt sich, gedächtnisstützende Techniken zu üben. Ergänzend haben wir kleine Taschendiktaphone benutzt. Zum Besprechen des Tonbandes sollte man sich zurückziehen, dies den Kindern allerdings erklären, um Irritationen zu vermeiden. Auch außerhalb des Klassenzimmers haben die Beobachter immer über längere Zeiträume auf bestimmte Kinder fokussiert. Allerdings verzichten wir außerhalb des Klassenzimmers auf die systematische Doppelfokussierung, weil die Paarungen der Kinder im Freien häufig wechseln. Dementsprechend fehlen bei Beobachtungen im Freien meistens die Kontrollen durch die Notizen eines zweiten Beobachters.

Am Ende jeder Beobachtungsphase in einer Schulklasse machen wir mit mehreren Kameras in der Klasse Videoaufnahmen. Als besonders zweckmäßig hat sich erwiesen, daß die Lehrer Gruppentische bilden und die Kinder in spielerischer Form kooperativ lernen lassen. Jedes Kind soll etwa zwei Schulstunden lang auf Film zu sehen sein.

Diese Videoaufnahmen bieten für die Bearbeitung mancher Probleme eine wertvolle Ergänzung, sie sind jedoch kein Ersatz für die teilnehmende Beobachtung. Videoaufnahmen haben zwar den Vorteil, daß man sie immer wieder ansehen kann und daß auch Interessierte von außerhalb einen Eindruck vom Material bekommen können, sogar in der Lage sind, unabhängige Auswertungen durchzuführen. Da die Klassensituation dem Einsatz der Technik Grenzen auferlegt, sind die teilnehmenden Beobachtungen teilweise reichhaltiger und enthalten andersartige Informationen als die Filme. Der Beobachter nimmt eine sinnvolle Geschichte wahr und protokolliert sie. Aus der Videoaufnahme ist ein solches sinnvolles Ereignis manchmal nicht mehr zu rekonstruieren, weil die Kamera nicht selegiert, sondern alle Bewegungen und Geräusche aufzeichnet, in denen der sinnvolle Ablauf „untergehen" kann. Manchmal ist der Blick der statischen Kamera zu starr. Sie „krabbelt nicht" mit den Kindern unter den Tisch. Besonders gut kann man Videoaufnahmen verwerten, wenn es ein begleitendes Protokoll eines Beobachters gibt, das wir für einen Teil der Tischgruppen angefertigt haben.

Normalerweise wird an einem Beobachtungstag während zweier Schulstunden, einer kleinen und einer großen Pause beobachtet. Weil das Anfertigen der ausführlichen Beobachtungsprotokolle sehr zeitaufwendig ist und nicht vor dem Abschluß der Ausarbeitung erneut beobachtet werden soll, sind pro Woche höchstens zwei Beobachtungstage durchführbar. Wir haben immer alle Kinder einer Schulklasse beobachtet und angestrebt, etwa drei Stunden fokussierte Beobachtungen und zwei Stunden Videoaufnahmen im Rahmen einer gemeinsam gefilmten Tischgruppe pro Kind zu bekommen. Bei der Berechnung der Zeit, in der ein Kind im Fokus steht, werden alle Zeiten berücksichtigt, in denen ein Beobachter Notizen über ein Kind macht, gelegentlich sind also auch mehr als zwei Kinder gleichzeitig im Fokus. Eine vollkommen gleichlange Beobachtung aller Kinder kann nicht erreicht werden, weil die Kinder unterschiedlich häufig in die Beobachtungsfoki hineinlaufen und in unterschiedlich umfangreichen Gruppierungen beobachtet werden. Außerdem erschweren Fehlzeiten, Umsetzungen und schulorganisatorische Maßnahmen die vorher festgelegten Pläne einzuhalten, obwohl der Untersuchungsplan nach Möglichkeit Alternativen bereithalten sollte. Der Vorteil, sehr viele lebendige und oft lange Interaktionssequenzen im Zuge ihres „natürlichen" Auftretens in alltäglich gewohnter Umgebung zu sammeln, wird also mit dem Nachteil von teilweise ungleichen Beobachtungszeiten pro Kind erkauft.

Die beiden Beobachter fertigen ihre Protokolle getrennt an, ohne sich über die Ereignisse zu unterhalten, bevor die Protokolle geschrieben sind. Die erste Seite beider Protokolle enthält standardisierte Informationen über Datum der Beobachtung, Datum der Niederschrift des Protokolls, Verfasser, Kodename des Lehrers, Schulstunde und Schulfach, Bezeichnung der Schulklasse, fehlende Kinder und Fokuskinder. Es folgt eine Skizze der Sitzordnung dieses Tages einschließlich der Stellung der Beobachter und der Mikrofone. Einer der Beobachter beschreibt dann kurz den äußeren Stundenverlauf.

Die beobachteten Interaktionssequenzen werden so vollständig wie möglich aus dem Gedächtnis und unter Zuhilfenahme der Notizen und des Tonbandes beschrieben. Der Beobachter bemüht sich, den Sinn der Sequenzen aus der Sicht der interagierenden Kinder zu verstehen. Das Aufschreiben dieses Verstandenen ist zwar so nah wie möglich an den faktischen Abläufen ausgerichtet. Jedoch ist die Verwendung von qualifizierenden Verben, Adverbien und Adjektiven, die sich auch auf die emotionalen Zustände beziehen, unumgänglich. Nur die physischen Abläufe zu beschreiben, genügt keineswegs. Der Beobachter hat die Fähigkeit zu sinnentnehmender Wahrnehmung, und gestützt auf diese Fähigkeit muß er den wahrgenommenen Sinn so präzise und ausführlich wie möglich wiedergeben. Ist sich der Beobachter über den Sinn des Beobachteten unsicher, dann schreibt er Vermutungen oder alternative Interpretationen auf, macht sie aber als solche deutlich kenntlich. Derartige Interpretationen sind sogar erwünscht, denn sie explizieren nicht nur ein mögliches Verständnis, sondern können als Hypothesen den weiteren Blick auf vermutete Muster oder Zusammenhänge lenken und dafür sorgen, daß in weiteren Beobachtungen oder in anderen Protokollen gezielt nach bestätigenden oder widerlegenden Vorkommnissen gesucht wird.

Es läßt sich nicht vermeiden, daß man von manchen Interaktionssequenzen den Anfang oder das Ende nicht hat. Diese Sequenzen werden dennoch aufgeschrieben, weil gelegentlich die vollständige Geschichte später über das Protokoll des anderen Beobachters erschließbar ist. Auch wenn dies nicht möglich sein sollte, können für manche Analysen auch solche Teilstücke verwertbar sein.

Der Tonbandmitschnitt dient der Vervollständigung und der Präzisierung der Protokolle und ist somit ein Hilfsmedium. Es ist nicht auszuschließen, daß das Tonband auch hin und wieder Interaktionssequenzen wiedergibt, die eindeutig und in ihrem Sinnzusammenhang zu verstehen sind, auch wenn keine gleichzeitigen Beobachtungen vorliegen (etwa eine Unterhaltung der Kinder über erledigte Hausaufgaben vor Stundenbeginn, als das Tonband schon lief, der Beobachter jedoch noch anders beschäftigt war). Solche Interaktionen können in die Protokolle aufgenommen werden. Dennoch halten wir daran fest, daß das Tonband nicht das Leitmedium sein kann, weil es die Interaktionen nur sehr reduziert aufnimmt. Es ist am nützlichsten und darin dem Beobachter oft (auch nicht immer) überlegen, wenn es um die sprachliche Gestalt der Interaktion geht; es bleibt zumeist sehr unklar und manchmal geradezu irreführend, wenn es um den nichtsprachlichen Handlungsablauf, um die Beteiligten, die Art ihrer Beteiligung und um ihre Stimmungen und Enttäuschungen geht. Daher folgen wir der Regel, daß eine „Geschichte" zunächst aus den Feldnotizen zu entnehmen ist und dann durch die Tonbandaufnahme ergänzt und manchmal auch korrigiert werden kann.

Sind beide Protokolle geschrieben, dann werden sie verglichen. Häufig ergänzen sich die Berichte der beiden Beobachter. Unterschiedliche Beschreibungen desselben Ereignisses aus unterschiedlichen Blickwinkeln heben oft verschiedene Aspekte des Interaktionsablaufs hervor, so daß die beiden Beschreibungen zusammengenommen eine reichhaltigere Interpretation erlauben können als die Einzelbeschreibungen. Deshalb werden für Auswertungen stets beide Protokolle benutzt.

Die Protokolle enthalten auch Widersprüche. Manchmal können solche Widersprüche durch das Tonband aufgeklärt und im fehlerhaften Protokoll verbessert werden. Manchmal ergibt sich durch die Beschreibung des einen Beobachters, warum der zweite Beobachter die Interaktion aus seinem Blickwinkel falsch verstanden hat, so daß die falsche Deutung eliminiert werden kann. Manchmal führen die beiden nicht übereinstimmenden Beschreibungen zu einer dritten Version, in der die perspektivischen Beobachtungen integriert sind. Ist ein gravierender Widerspruch unauflösbar, sind sich die beiden Beobachter z.B. über die beteiligten Kinder uneinig, dann kann die entsprechende Szene unter den meisten Auswertungsgesichtspunkten nicht ausgewertet werden. Dies kommt sehr selten vor. Abweichende Beschreibungen und Widersprüche werden in den Protokollen als solche gekennzeichnet, aber außer in wenigen völlig eindeutig falschen Fällen nicht aus den Protokollen entfernt. Diese Stellen können unter bestimmten Fragestellungen immer noch wichtige Informationen enthalten. In Auswertungen zu bestimmten Themen, etwa zum Helfen unter Kindern, gehen jedoch nur Beobachtungen ein, die unter dieser Rücksicht übereinstimmend sind. Im übrigen kann man auch systematisch untersuchen, in welchen Zusammenhängen diese Probleme auftreten, um Idiosynkrasien der Beobachter zu kontrollieren und das Beobachtertraining zu verbessern.

Die vorstehende Beschreibung des Vorgehens beim Beobachten hat verdeutlicht, daß das Verfahren die Subjektivität der Beobachter nicht fürchtet, sondern gerade darauf aufbaut, daß der Beobachter aufgrund seiner sozialen Kompetenz die beobachteten Vorgänge versteht. Als sozialisiertes Subjekt teilt er Erfahrungen mit anderen und versteht Vorgänge wie sie. Aber zweifellos hat er auch besondere Erfahrungen, die mit persönlichen Kindheitserinnerungen, eventuell seiner Elternrolle oder Forschungsorientierung zusammenhängen. Auch diese besonderen Zugangsweisen disqualifizieren ihn nicht als Beobachter. Sie führen im Gegenteil dazu, daß er für wichtige Aspekte der Kinderinteraktion sensibel wird. Ihm fällt etwas auf. Andererseits entsteht hier doch die Gefahr, daß Aspekte, die diese Person besonders deutlich erkennt, ein ihnen nicht zustehendes Gewicht erhalten. Daher verlangt unser Vorgehen zwar die Subjektivität des Beobachters, erfordert aber auch ihre Kontrolle.

Diese „Kontrollmomente" bestehen in den folgenden Merkmalen unseres Vorgehens:

- Die Beobachtung wird durch zwei Beobachter durchgeführt, die ihre Beobachterperspektiven auf Fokuskinder tauschen.
- Beobachtungsprotokolle werden unabhängig und ohne vorherige Unterhaltung geschrieben und erst anschließend verglichen.
- Spätere Auswertungen stützen sich auf die „editierten" Protokolle, in denen Widersprüche und unterschiedliche Sichtweisen vermerkt sind.

- Kinder werden nach einem vorab festgelegten Plan beobachtet. Spontaner Wechsel des Fokus soll vermieden werden.
- Videoaufnahmen sollten für Auswertungen durch Mitarbeiter zur Verfügung stehen, die selber nicht in der Klasse beobachtet haben. Auch bei Videoaufnahmen werden Feldnotizen angefertigt.
- Beobachtungen werden durch Interviews, Sammlung „harter" Daten und eventuell durch standardisierte Erhebungen von Verhaltensmustern ergänzt, so daß ein Kranz von Daten entsteht, auf den Auswertungsergebnisse und Interpretationen bezogen werden können.

Ein Forscher, der sich an unsere Methode anlehnt, sollte nicht unbedacht Verfahrensweisen so modifizieren, daß die eingebauten Kontrollmomente minimiert werden oder gar wegfallen. Weitere Kontrollmomente sind im Auswertungsprozeß vorzusehen. So ist erforderlich, daß an den Zusammenstellungen von Szenenkarteien und an der Kodierung von Merkmalen der Interaktionen Mitarbeiter beteiligt sind, die die Daten nicht erhoben haben. Insbesondere bei der Zuweisung von Verhaltensweisen zu Kategorien wurde darauf geachtet, daß den Mitarbeitern, die mit Beobachtungsdaten arbeiten, die Interviews nicht bekannt sind, und daß Mitarbeiter, die Interviewaussagen verarbeiten, die Beobachtungsprotokolle nicht kennen, und daß ihnen bestimmte bereits vorgenommene Kodierungen nicht zur Verfügung stehen, die ihre Kodierungen beeinflussen könnten („blinde Kodierung").

2.7 Semistrukturierte Befragung der Kinder

Nachdem die Beobachtungen und Videoaufnahmen in einer Klasse abgeschlossen waren, wurden die Kinder zu den Themen befragt, zu denen durch Beobachtungen nur unvollständige Informationen zu gewinnen sind. Der erste Teil des Interviews enthält Fragen zu den Spielkameraden, Freundschaften und dem Beziehungsgeflecht, zu abgelehnten Kindern und zum Streit unter Kindern. Ein weiterer Teil widmet sich dem Freundschaftskonzept (*Selmans* Interview nach *Keller u.a.*, 1987). Das Interview dauert etwa 45 Minuten und wird neben dem Unterricht in separaten Räumen durchgeführt. Diese Teile des Interviews wurden in allen untersuchten Schulklassen angewendet. Der dritte Teil dauert ebenfalls 45 Minuten und wurde nur mit älteren Kindern ab der vierten Klasse benutzt. Er enthält Fragen zu Spielregeln, Versprechen, Strafen, Gefühle-Zeigen und zur Schulleistung.

Mit dem ersten Teil des Fragebogens soll so genau wie möglich der Freundes- und Bekanntenkreis jedes Kindes und die unterschiedliche Qualität dieser Beziehungen erhoben werden. Dies soll ermöglichen, das Geflecht der Beziehungen, das die Kinder einer Schulklasse bilden, und dessen Veränderung über mehrere Erhebungsperioden hinweg nachzuzeichnen (vgl. Kapitel 3 und 4 in diesem Buch).

Da der Fragebogen nicht standardisiert ist und es sehr auf Nuancen der Aussagen ankommt, wird das Interview auf Tonband aufgenommen. Grundsätzlich werden die Kinder einzeln befragt, um zu vermeiden, daß sich Kinder in ihrem Antwortverhalten gegenseitig beeinflussen. Interviewer waren mit wenigen Ausnahmen die Beobachter, die mit den Kindern seit längerem eine vertraute Beziehung aufgebaut hatten. Aus diesem Grunde gab es sehr wenig Verweigerungen, und die Gespräche verliefen offen und informativ.

Das Interview ist seinem Typ nach eine Mischform, die durch die Bezeichnung „semistrukturiert" nur unvollständig gekennzeichnet wird. Insgesamt ist es ein offenes, nicht-standardisiertes (open-ended) Interview, d.h. die Reihenfolge und die Formulierungen der meisten Fragen sind nicht zwingend. Bei allen Fragen sind Nachfragen erlaubt und solange auch erforderlich, bis die gewünschten Informationen gegeben sind. In Klammern sind im Fragebogen oft Vorschläge zum Weiterfragen gegeben. Einige Fragen müssen zunächst wörtlich gestellt werden. Danach kann allerdings ebenfalls frei weitergefragt werden, bis die gewünschten Informationen vorhanden sind.

Um verläßliche Angaben über den Freundes- und Spielkameradenkreis jedes Kindes zu bekommen, wird eine Fülle von Orten und Zeitpunkten genannt, um das befragte Kind an Gelegenheiten, zu denen es Freundinnen oder Freunde treffen kann, zu erinnern. Jeder im Interview auftauchende Name wird auf ein Mädchen- oder Jungenkärtchen mit Altersangabe und mit dem Bezug (Nachbarkind, früherer Klassenkamerad, Ferienbekanntschaft, Kusine etc.) notiert. Anschließend werden alle Namenkärtchen vor dem Kind ausgebreitet. Das Kind kann die Genannten zunächst in Freunde und Nicht-Freunde unterscheiden, dann kann es besonders gute Freunde und den besten Freund bzw. die besten Freunde benennen.

2.8   Zusätzliche Erhebungen

Während der Beobachtungsphasen haben wir immer wieder mit der jeweiligen Klassenlehrerin über einzelne Ereignisse und Schüler gesprochen, allerdings ohne auf unsere Beobachtungen zurückzugreifen. Für diese Gespräche benutzten wir keinen Leitfaden, aber wir fertigten Gesprächsprotokolle an. Solche Gespräche halfen, mehr über das Schulleben im allgemeinen und über wichtige Ereignisse in der Zeit zwischen unseren Beobachtungen zu erfahren. Gelegentlich ergaben sich Hinweise für das Verständnis einzelner Geschehnisse oder Kinder. In systematischer Weise sind diese Gespräche aber nicht in unsere Auswertungen eingeflossen.

Etwa die Hälfte der Eltern konnten für ein Interview gewonnen werden. Dieses Gespräch mit den Eltern wird zu Hause durchgeführt. Es dauert zwei bis drei Stunden und wird auf Tonband aufgezeichnet. Das Elterninterview soll nicht in Anwesenheit des Kindes durchgeführt werden. Das Gespräch über das Kind sollte so offen und natürlich wie möglich geführt werden. Der Leitfaden enthält nur die Themen, über die gesprochen werden soll: Kontakte mit

Gleichaltrigen, das außerschulische „Programm" des Kindes, das familiale Erziehungsmilieu und die Familiensituation. Zusätzlich fragten wir nach wichtigen Daten zum Aufwachsen des Kindes.

2.9 Aufbereitung der Beobachtungsprotokolle

Szenenkarteien: Zu Beginn unserer Auswertungen zerlegten wir die mehrfach kopierten Protokolle in einzelne Szenen, die zur weiteren Verarbeitung auf Karteikarten aufgenommen wurden. Diese Karteikarten können sortiert und nach Merkmalen ausgezählt werden. Der Ursprungstext bleibt für eine eingehende Interpretation erhalten. In dieser Weise wurde für die Kapitel 8, 10 und 11 in diesem Buch verfahren. Die Feststellung von Relationen ist auf diesem Wege allerdings sehr mühsam und fehleranfällig.

Elektronische Dateien: Um diese Nachteile zu überwinden, suchten wir nach Wegen der elektronischen Datenverarbeitung, die die eingehende Interpretation der Ursprungstexte (Szenen, Interaktionssequenzen) ermöglicht, den Auswertungsablauf transparent und leichter kontrollierbar macht und gleichzeitig die schnelle Feststellung von Relationen erlaubt. Um dies zu erreichen, erprobten wir sowohl das Datenbanksystem dBase III, das für unsere Zwecke recht schwerfällig war, als auch das von Klaus-Uwe Süß entwickelte Programm für die Analyse qualitativer Daten „Qualitas". Dieses Programm erlaubt das „Ausschneiden" beliebig vieler Textstellen aus dem Ursprungstext, auch wenn sich die Ausschnitte im Text überschneiden, das Anbringen beliebig vieler Kodierungen, das Ausdrucken von Textstellen einschließlich Kodierungen für jede beliebige Kode-Kombination sowie unmittelbar das Rechnen mit Statistikprogrammen. Als Kodierungen können auch Informationen aus anderen Datenquellen hinzugezogen werden. So kodierten wir beispielsweise jede Aushandlungsszene zwischen zwei Kindern danach, ob es sich um beste Freunde, um Freunde oder um Nicht-Freunde handelte (vgl. Kapitel 5 in diesem Buch).

Reliabilität: Sowohl die Zusammenstellungen von Szenen zu einem Auswertungsthema als auch die Kodierungen wurden durchweg von zwei Kodierern vorgenommen, deren Übereinstimmung für aussagekräftige Teile des Materials geprüft wurde. Wir verwendeten dafür Cohens ungewichtetes Kappa (vgl. *Asendorpf & Wallbott*, 1979).

Statistische Auswertung: Wir haben vor allem dann statistische Prüfungen vorgenommen, wenn auch die Interpretationen Verteilungen und Zusammenhänge behaupteten. Wir sind uns darüber im klaren, daß diese Berechnungen nur mit Vorbehalten durchzuführen sind, weil die Kinder in natürlichen Umgebungen in sehr unterschiedlichem Ausmaß an den beobachteten Interaktionen beteiligt sind und folglich Relationen „verzerren". Es lag uns deshalb primär daran, die sozialen Prozesse unter Kindern zu verstehen und neue Hypothesen zur förderlichen Kraft der Kinderwelt plausibel zu machen.

Beziehungen

Kapitel 3

Beziehungsgeflechte und Gruppen von gleichaltrigen Kindern in der Schule[1]

3.1 Zugänge zum Problem

3.1.1 Zum Gruppencharakter der Peer-group

Der tägliche Eindruck ist deutlich und scheint eindeutig: Kinder und Jugendliche treten in Gruppen auf. Man sieht sie überall zusammen, und die wenigen Kinder, die wir als einzelne entdecken, fallen uns auf, wir haben Bezeichnungen für sie, entwickeln Trainingsprogramme und Therapien und bestärken so als selbstverständlich den Eindruck, daß Kinder normalerweise zu mehreren sind. Doch was heißt das genau?

Die Wissenschaft folgt diesem Eindruck, indem sie die zugehörigen Bezeichnungen der Alltagssprache wie Gruppe, Clique, Bande im Begriff „Peergroup", „Gruppe der Gleichaltrigen" zusammenfaßt. Gemeint ist damit ein Zusammenschluß von annähernd Gleichaltrigen, der von diesen selbst gestiftet und nicht von Erwachsenen organisiert wird, in dem die Zugehörigkeit freiwillig ist und in welchem die Mitglieder ihre Angelegenheiten weitgehend ohne Aufsicht und Eingriffe Erwachsener regeln. Gelegentlich werden diese Gruppen „spontan" genannt: damit ist gemeint, daß sie sich frei bilden und daß keine formalisierten Zugangsregeln bestehen.

Diese Bestimmung hat den Vorteil, daß die organisierten Altersgruppen des Altersklassensystems unserer Gesellschaft ausgegrenzt sind, also Kindergartengruppen, Schulklassen, Hortgruppen, Kinder- und Jugendgruppen der Jugendverbände, Übungsgruppen und Mannschaften in Sportvereinen, Gruppen in den Kinder- und Jugendorganisationen von Kirchen, Parteien und son-

---

1 Dieser Aufsatz erschien zuerst unter der Autorenschaft von *L. Krappmann* und *H. Oswald* im Sonderheft 25/1983 „Gruppensoziologie" der Kölner Zeitschrift für Soziologie und Sozialpsychologie, hrsg. von *F. Neidhardt, S. 420- 450.*

stigen Verbänden von Erwachsenen.[2] Damit kann die Frage gestellt werden, in welcher Weise und in welchem Ausmaß Gruppen von Gleichaltrigen von der Zugehörigkeit zu organisierten Altersgruppen, insbesondere zu Schulklassen und Hortgruppen, abhängen, beziehungsweise inwieweit sie sich unabhängig von der Altersklassenorganisation etwa auf Straßen, Spielplätzen, Stränden, Campingplätzen usw. bilden.

Lassen sich außer den angeführten Merkmalen der Gleichaltrigkeit, der freien Bildung, der freiwilligen Zugehörigkeit und der Autonomie noch weitere Charakteristika der Peer-group finden? Seit *Cooley* (1909) wird die Gleichaltrigengruppe den Primärgruppen zugeordnet, womit auf einige strukturelle Eigentümlichkeiten, vor allem aber auf die Funktion verwiesen wird. Zu den strukturellen Merkmalen gehört, daß sich alle Mitglieder kennen und miteinander interagieren (face-to-face) und daß dies über einen längeren Zeitraum hinweg geschieht. *Bates* und *Babchuk* (1961) fügen das Merkmal der Mitgliederhomogenität hinzu. Als „primär" werden derartige Gruppen aber vor allem deshalb bezeichnet, weil in ihnen die menschliche Natur, die nach *Cooley* Gruppennatur ist, entsteht. Die Funktion der Primärgruppen sei Sozialisation, und die Spielgruppe der Kinder besorge dies ebenso wie Familie und Nachbarschaft. Wichtige Voraussetzung für die sozialisierende Wirkung der Gruppe ist die emotionale Beziehung der Mitglieder und häufiges Interagieren. Dies schließt Konflikt innerhalb der Gruppe nicht aus, stellt aber doch die überdauernden Gemeinsamkeiten über den momentanen Dissens. Damit ist impliziert, daß die Gruppe über gemeinsame Ziele, Werte und Verhaltensregulierungen verfügt und daß ein beträchtliches Ausmaß an Kohäsion und Wir-Gefühl besteht. Dies wiederum setzt voraus, daß die Gruppe eindeutige Grenzen hat. Die Subsumption des Begriffs Peer-group unter den Begriff Primärgruppe, die in der soziologischen Literatur weitgehend unproblematisiert bleibt, bedeutet also, daß den Gruppen von Gleichaltrigen Eigenschaften zugesprochen werden, die wichtigen Definitionskriterien eines allgemeinen soziologischen oder sozialpsychologischen Gruppenbegriffs entsprechen.

Es ist aber nicht nur fraglich, ob Gruppen von Jugendlichen oder von Kindern diese Merkmale aufweisen. Alle diese Kennzeichen werden vielmehr auch in der Gruppensoziologie problematisiert, oft bereits von den Soziologen, die sich mit ihrer Hilfe um die präzisere Ausarbeitung des Gruppenbegriffs bemühen. Die diskutierten Probleme beziehen sich sowohl auf die strukturellen Eigenschaften der dem Gruppenbegriff zuzuordnenden sozialen Formationen als auch auf den spezifischen Inhalt der Interaktionen, die typischerweise in Gruppen stattfinden. *Merton* macht etwa darauf aufmerksam, daß „der so-

---

2   Unter „organisierter Altersgruppe" ist eine nach dem Alterskriterium gebildete Gruppe zu verstehen, die Teil einer größeren Organisation ist. Bei Kindern und Jugendlichen stehen derartige Altersgruppen unter der Leitung Erwachsener oder zumindest Älterer. Sie sind Teil des „Altersklassensystems", das in unserer Gesellschaft für Kinder und Jugendliche u.a. in dem nach Jahrgangsklassen und Schulstufen organisierten Schulsystem besteht (vgl. *Eisenstadt* 1966).

ziologische Beobachter Gruppenformationen entdeckt, die von den Mitgliedern nicht notwendig als solche erfahren werden" (1964, S. 286). Besonders bei derartigen Gruppen seien die Grenzen nach außen keineswegs eindeutig, sondern veränderten sich in Antwort auf situative Bedingungen. Bestimmte Bedingungen könnten das Ausmaß der Interaktion zwischen Gruppenangehörigen erheblich verringern, ohne daß der Partner die Gruppe verlasse. Für die Identifizierung von Gruppen in der empirischen Forschung ist die Feststellung *Mertons* von Belang, daß Mitgliedschaft nicht immer eindeutig sei, es Grade der Mitgliedschaft gebe (zum Beispiel nominelle Mitglieder, periphere Mitglieder) und daß derselbe Mensch in seiner Beziehung zu denselben anderen manchmal als Gruppenmitglied, manchmal als Nichtmitglied beschrieben werden könne (S. 287). In einer systemtheoretischen Betrachtungsweise tragen dem *Bates* und *Harvey* (1975, Kapitel 8) dadurch Rechnung, daß sie Multigruppenstrukturen bestimmen, die je nach Situation, augenblicklichem Zweck usw. unterschiedlich zusammengesetzt sind.

Damit ist auch die Grenze nach innen, zu nicht in das Gruppengeschehen einbezogenen oder nicht von der Gruppe regulierten Handlungen, Gefühlen, Bedürfnissen und Wertvorstellungen der Mitglieder angesprochen (*Neidhardt,* 1979, S. 647). Bei Gruppen, die einen klar umrissenen Zweck verfolgen, dürfte diese innere Grenzziehung relativ eindeutig durch die gestellte Aufgabe definiert sein, auch wenn es situativ Verschiebungen dieser Grenzen gibt. Je mehr die Beziehungen in Gruppen durch Unmittelbarkeit und Diffusität charakterisiert sind, und dies trifft für Kinder- und Jugendgruppen zu, desto größere Probleme wirft die Erfassung dieser Grenze auf. Die Vielfalt der Bezüge, die durch die wechselseitige persönliche Exponiertheit (Unmittelbarkeit) und die nicht spezifizierten Handlungszwecke (Diffusität) möglich werden, erschwert die eindeutige Bestimmung eines in der jeweiligen Gruppe geltenden spezifischen Sinnzusammenhanges (und damit deren Grenze), der den gemeinsamen Handlungen ihr Muster verleiht und gruppenspezifische Problemlösungen hervorbringt. Es ist *Bates* und *Harvey* zwar zuzustimmen, daß nicht alles Verhalten gegenüber Gruppenmitgliedern Gruppenverhalten beziehungsweise Ausdruck der Zugehörigkeit zu dieser bestimmten Gruppe ist (1975, S. 125 ff.), die empirische Unterscheidung dürfte aber bei Typen von Gruppen, wie sie von Gleichaltrigen gebildet werden, nur schwer möglich sein.

In bezug auf die Problematik der Peer-group führen diese Ausführungen zu äußeren und inneren Grenzen von Gruppen zu der Überlegung, daß es unterschiedliche Typen von Gleichaltrigengruppen geben könnte, die sich nicht nur dadurch unterscheiden, daß ihr Gruppencharakter mehr oder weniger stark ausgeprägt ist, sondern die qualitative Unterschiede aufweisen. Darunter mag es Typen geben, die Primärgruppencharakter im oben dargestellten Sinn haben. Es ist aber anzunehmen, daß auch andersartige Gruppierungen Anforderungen an Kinder und Jugendliche stellen, die die Entwicklung sozialer Fähigkeiten vorantreiben. Zu prüfen ist, ob die Sozialisationsfunktion der Gleichaltrigen nicht geradezu auf der Verschiedenartigkeit der Beziehungen und Gruppierungen beruht, in denen die Kinder und Jugendlichen unterschiedliche Erfahrungen sammeln (*Krappmann & Oswald,* 1983b). Die Analyse dieses Problems setzt voraus, daß die jeweilige Eigenart unterschiedlicher Gruppierungen von Gleichaltrigen beschrieben wird, ohne vorschnell auf die Bestimmungselemente der klassischen Gruppensoziologie zurückzugreifen. Für die Gruppensoziologie mag diese Beschreibung die Weiterentwicklung ihrer Konzepte in die angedeutete Richtung vorantreiben.

3.1.2 Empirische Befunde zur Peer-group

In der jugendsoziologischen Forschung wird für die Darstellung der Peergroup weitgehend auf das Primärgruppenmodell beziehungsweise auf das Modell einer homogenen und integrierten Gruppe mit klarer interner Struktur und deutlicher Außengrenze zurückgegriffen.[3] Es besteht der Eindruck, daß bei der Anwendung des Begriffs auf Kindergruppen diese Bestimmungen insbesondere dann zumindest implizit beibehalten werden, wenn die sozialisatorische Wirkung dieser Gruppen zur Diskussion steht.[4]

Die qualitativ reichhaltigen Untersuchungen von Gruppen Jugendlicher durch *Sherif* und *Sherif* (1964, 1969) zeigen, daß es Gruppen mit ausgeprägtem Gruppencharakter gibt. Doch das Ausmaß der Verbreitung dieses Typs wird zunehmend angezweifelt.[5] Über Kindergruppen können bislang aufgrund der Forschungslage nur wenige verallgemeinernde Aussagen formuliert werden.[6]

---

3 Insbesondere unter dem Einfluß der Studien von *Hollingshead* (1949) und *Coleman* (1961) wurden diese Bestimmungen weitgehend als Begriffsinhalt von „Peergroup" akzeptiert. Immer wieder nachgewiesen ist dieser Charakter der Peer-group für Straßenbanden seit den großen Studien von *Thrasher* (1927) und *Whyte* (1943). Sie haben eine ausgeprägte Rollen- und Statusdifferenzierung und ihr Gruppencharakter ist so hervorstechend, daß *Homans* seine Gruppentheorie unter anderem auf dieses Material gründen konnte (1960).

4 So schreibt etwa *Sullivan* der Kindergruppe die Funktion zu, den im Elternhaus ausgelösten Fehlentwicklungen gegenzusteuern (1983, Kapitel 15). Nach *Riesman* hat die Peer-group bereits im Alter von fünf bis sechs Jahren die Wirkung der Außenlenkung: „Alle Moral liegt bei der Gruppe" (1958, S. 86). Entwicklungs- und Sozialisationsmodelle betonen die Bedeutung der Peer-group als Sozialisationsinstanz (vgl. vor allem *Piaget* 1969, 1973, 1986; *Parsons* 1955, 1968; zusammenfassend: *Krappmann* 1991).

5 Schon *Coleman* (1961) konnte feststellen, daß weniger als die Hälfte der untersuchten Schüler cliquengebunden seien und *Hallinan* (1979b) ergänzt dies durch den Hinweis, daß in einem Drittel der Schulklassen der Jahrgangsstufen vier bis acht keine Cliquen existierten.

6 Es ist sicherlich bezeichnend, daß ein Überblicksaufsatz über „die Gleichaltrigengruppe der Kinder und Jugendlichen" von 1980 (*Machwirth*) keine Untersuchungsergebnisse für Kinder referiert und lediglich lapidar und ohne Beleg anmerkt, Kindergruppen seien Vorformen der Peer-group Jugendlicher.

In entwicklungspsychologischen Untersuchungen an Kindern werden fast ausschließlich *Beziehungen* unter Gleichaltrigen analysiert, auch wenn immer wieder über Peer-group gesprochen wird (vgl. zusammenfassend: *Hartup* 1983). Einigen Aufschluß über äußere Merkmale von Gruppen geben soziometrische Studien. Danach sind Gruppen von Kindern geschlechtshomogen und zeitlich instabil, wobei die Stabilität mit zunehmendem Alter zunimmt.[7] Uneinheitlich sind die Ergebnisse über geschlechtsspezifische Unterschiede in bezug auf die Größe von Gruppen. Einerseits weisen Untersuchungsergebnisse darauf hin, daß Jungen größere Gruppen bilden als Mädchen, daß Jungen zu extensiven und Mädchen zu intensiven Beziehungen neigen, daß für Mädchen exklusive Zweierbeziehungen typischer sind als für Jungen.[8] Andererseits finden sich hinsichtlich der Gesamtzahl von Freunden oft keine Geschlechtsunterschiede.

Von besonderem Interesse angesichts des Ziels unserer Untersuchung sind einige Feldstudien an Kindern, die sich explizit auf die Theorie des Symbolischen Interaktionismus beziehen. Dabei besteht die Tendenz, eher Strategien als Gruppen und deren Strukturen zu analysieren. Ganz deutlich ist dies etwa bei *Fine* (1980,1981), der Interaktionen von 12jährigen Jungen einer Baseball-Mannschaft beschreibt. Die Thematik reicht von Humor, Klatsch, Hänseln und Streiten bis hin zum Stehlen. Aber immer ist die Mannschaft als ganze im Blick, oder es werden zufällig sich bildende Teile oder Freundschaften beschrieben. Dabei wird deutlich, daß die „Mannschaft" als Teil des Systems Baseball-Liga mit dem Zweck des Wettkampfes auch als Gruppe mit diffusen Beziehungen handelt. Es bleibt aber offen, ob darüber hinaus eine Struktur von Beziehungen und Cliquen feststellbar ist, der das Auftreten bestimmter Interaktionen und Strategien entspricht.

In einer Untersuchung von *Glasner* (1976) findet sich eine aufschlußreiche Analyse physischer Auseinandersetzungen auf dem Schulhof, die von der „kid society" so geregelt seien, daß die Chance von Verletzungen minimiert würde. Die Analyse der Beziehungsstrukturen könnte Aufschluß geben, wie eine solche Regulierung durchgesetzt wird. Dies bleibt aber wie bei Fine außerhalb der Betrachtung, weil der Beobachter nur zwei Gruppen entdeckte, während alle anderen Kinder sich zu ständig neuen Spieleinheiten formierten. *Furlong*

---

7   Die Geschlechtshomogenität von Cliquen kann als gesichert gelten. Dabei gerät allerdings aus dem Blick, daß es viele Interaktionen über die Geschlechtsgrenze hinweg gibt. Zum Nachweis der Instabiltät sind soziometrische Methoden schlecht geeignet. Die in einem Teil der Literatur gängige Auffassung von der Instabilität der Kindergruppe könnte methodisches Artefakt sein.

8   Der Eindruck von den großen Jungengruppen könnte durch die Art der von ihnen bevorzugten Spiele entstehen (*Medrich u.a.,* 1982, *Lever,* 1976). Viel zitiert ist die Untersuchung von *Waldrop* und *Halverson* (1975), nach der Mädchen eher intensive Beziehungen zu einem oder zwei anderen Mädchen haben, wohingegen die Beziehungen von Jungen als extensiv charakterisiert werden. Eine von *Hallinan* (1981) referierte Studie ergab, daß sich weibliche Dyaden seltener zu Triaden wandeln als männliche.

(1976) hält in einer englischen Untersuchung von Jugendlichen diese fließenden Gruppierungen für typisch und lehnt den Gruppenbegriff und die Vorstellungen von Gruppennormen und Gruppendruck ab. Analyseeinheit wird der „interaction set", den diejenigen bilden, die eine gemeinsame Definition der Situation zu einem bestimmten Zeitpunkt teilen. Dies ist sicherlich eine akzeptable Forschungsstrategie, die auch von anderen englischen Kinderuntersuchungen verfolgt wird, so etwa in der Spielplatzstudie von *Sluckin* (1981). Diese Strategie ermöglicht eine genaue Analyse situierter Interaktionen und erlaubt, Situationen aus der Sicht der Kinder zu beschreiben. Damit definiert Furlong aber das Problem der Gruppe eher weg, als daß deren Nichtexistenz bewiesen wird.

Daß Kindergruppen auch durch Beobachtung und nicht nur durch Soziogramme identifizierbar sind, zeigen zwei weitere Feldstudien. *Davies* (1982) entdeckte in einer australischen Schulklasse der 5. Jahrgangsstufe unter den 11jährigen Kindern zwei größere Jungengruppen und fünf Dyaden und Triaden unter den Mädchen, die jeweils durch weitere Freundschaften einer sekundären Stufe („Notfall-Freundschaften") unter den Jungen und unter den Mädchen verbunden waren. Auch in dieser Studie wird die genauere Analyse dieser Gruppierungen zugunsten der Darstellung von sozialen Strategien zurückgestellt. Immerhin gerät aber das Problem, daß das Beziehungsgeflecht der Kindergesellschaft unter anderem durch verdichtetere Gruppierungen strukturiert ist, wieder in den Horizont der Betrachtung. In einer ebenfalls der interaktionistischen Tradition verpflichteten Untersuchung von *Meyenn* (1980) wird der Gruppenaspekt explizit thematisiert. Alle 12- bis 13jährigen Mädchen einer englischen Schulklasse gehörten zu einer von vier klar umgrenzten Gruppen. Meyenn glaubt, festgestellt zu haben, daß die Kinder um ihre eigene Gruppenzugehörigkeit ebenso wissen wie um die Zugehörigkeit der anderen Kinder. In diesem Sinne hätte jede Gruppe eine Identität und eindeutige Grenzen sowie eine anders geartete Einstellung zur Schule und eine andere Thematik, die das Gruppenleben bestimmt. Streit ist nach dieser Darstellung weitgehend auf Gruppen beschränkt, innerhalb der Gruppen würden immer wieder Freundschaften gebrochen und geschlossen. Dies kann als Hinweis dafür genommen werden, daß soziale Kontrolle ausgeübt wird. Ausführungen über interne Differenzierung fehlen. Es wird aber der Eindruck erweckt, als seien die Gruppen egalitär und als gebe es Statusunterschiede nur zwischen den Gruppen. Diese Ergebnisse können die Frage veranlassen, ob die Erfahrungen in unterschiedlichen Gruppen so andersartig sind, daß sie die Entwicklung sozialer Fähigkeiten in unterschiedlicher Weise beeinflussen.

3.1.3   Fragestellung unserer Untersuchung

Nach der Forschungslage kann es als offen gelten, wie die Zusammenschlüsse von Kindern zu beschreiben sind. Handelt es sich um klar umrissene Gruppen, oder sind die Gruppierungen lockerer? Gibt es unterschiedliche Typen von

Gruppierungen? Es gibt Hinweise darauf, daß Gruppen nach Alter, Geschlecht und Schichtzugehörigkeit homogen sind. Gibt es daneben strukturelle Unterschiede von Gruppen, die sich nicht auf diese Bedingungen zurückführen lassen?

Der skizzierte Stand der Diskussion läßt es geraten erscheinen, Zusammenschlüsse von Kindern möglichst genau zu beschreiben. Unser besonderes Augenmerk richtet sich auf die Unterscheidung von Zusammenschlüssen von Kindern, denen nach bestimmten Gesichtspunkten ein Gruppencharakter zuerkannt werden kann, gegenüber anderen Verdichtungen im Interaktionsgeflecht. Damit fragen wir nach den Gruppengrenzen, der Eindeutigkeit der Mitgliedschaft, nach Doppelmitgliedschaft sowie nach peripherer oder ambiguer Mitgliedschaft. Hierzu gehört auch die Frage, ob die Gruppe von den Mitgliedern und von Außenstehenden als solche gesehen und bezeichnet wird und ob es eine Hierarchie von Gruppen gibt.

Ein zweiter Interessenbereich bezieht sich auf die Beziehung der Gruppenmitglieder untereinander. Dazu gehören die Fragen, ob es innerhalb von Gruppen Freundschaften gibt oder auch Kinder, die sich weniger gut leiden können, ob sich Untergruppen unterscheiden lassen und ob es Statusunterschiede oder gar Anführerschaft gibt.

In einem weiteren Analyseschritt werden wir versuchen, von uns beobachtete Interaktionen auf die gefundenen Gruppierungen zu beziehen. Dabei geht es um die Frage, ob sich Interaktionen innerhalb von Gruppen von Interaktionen zwischen Mitgliedern verschiedener Gruppen und von Interaktionen mit nicht an Gruppen gebundenen Kindern unterscheiden. Diese Analyse müßte einen zusätzlichen Aufschluß über den Gruppencharakter von Kindergruppierungen geben. Weiterhin kann diese Analyse zeigen, ob sich Gruppen nach Art der Interaktionen ihrer Mitglieder unterscheiden.

3.2 Die Bestimmung von Kindergruppen

Wir interpretieren Daten aus zwei unterschiedlichen Informationsquellen.

a) Interview und Gespräche mit Kindern. Bei aller Reichhaltigkeit der Information, die die Kinder übermitteln, sind die Auskünfte der Zehnjährigen über Gruppenbildungen sehr unergiebig. Nur zwei Mädchen dieser Schulklasse verwenden von sich aus das Wort „Gruppe".

Nach Cliquen und Banden befragt berichten mehr als die Hälfte der Kinder (18 von 32; kein Unterschied für Jungen und Mädchen), daß sie Mitglieder einer Clique seien oder waren. Obwohl diese aus drei bis fünf Kindern bestehenden Zusammenschlüsse manchmal sogar einen „Boß", Mitgliedsausweise, deklarierte Ziele (detektivische Erkundungen, Hilfe für alte Leute, Streiche und ähnliches) haben und geheime Treffpunkte besitzen, lösen sie sich meist schnell wieder auf. Sie beherrschen nicht das soziale Leben dieser Kinder. Die Fragen nach der Gruppenstruktur im Beziehungsnetz der Kinder läßt sich von hier aus nicht beantworten.

Die Kinder berichten jedoch viel über Kinder, mit denen sie häufig und bevorzugt zusammen sind und von denen sie einige „Freunde" oder sogar „beste Freunde" nennen. Diese Angaben über Spielkameraden und Freunde, die wichtige Hinweise auf den Verkehrskreis enthalten, bedürfen jedoch noch weiterer Prüfung, denn das Verständnis und das Vermögen der Kinder, über differenzierte soziale Beziehungen Auskunft zu geben, ist sehr verschieden.

Die Ausdeutung der Mitteilungen über Freunde stützt sich zusätzlich darauf, daß die als Freunde benannten Kinder oft noch durch Geschichten beleuchtet werden, die die Kinder an anderer Stelle des Interviews über Spiele, Streitereien und ähnliches erzählen. Außerdem können die Aussagen der Kinder mit den Angaben derjenigen Kinder verglichen werden, die sie als Freunde oder häufige Spielpartner aufgezählt haben. Diese Prüfungen führen in etlichen Fällen dazu, die sozialen Beziehungen der Kinder anders einzustufen, als sie selbst es tun. Aber gerade dann, wenn die Qualität der Beziehungen, an denen die Kinder Anteil haben, herausgearbeitet wird, enthalten die Darstellungen der Kinder deutlich Hinweise auf Gruppierungen. Zu den verwendeten Informationen gehörten auch die Soziogramme der Lehrerin.

b) Teilnehmende Beobachtungen von Interaktionen. In den in Feldnotizen festgehaltenen Szenen kommen zwar größere Ansammlungen von Kindern vor, aber Zusammenschlüsse, die Gruppen sein könnten, sind selten erkennbar. Eine Ausnahme besteht dann, wenn Gruppentische gebildet werden und zusammengehörende Kinder sich zusammensetzen. Die Inventare der dyadischen Interaktionen, in denen auch vermerkt wurde, wenn noch andere Kinder an der Interaktion beteiligt sind, zeigen, daß nur in der Hälfte der dyadisch aufgeschlüsselten Fälle noch andere Kinder einbezogen sind. Schon schulunabhängige Interaktionen von vier oder fünf Kindern sind im Material sehr selten, allerdings im Klassenzimmer auch kaum möglich. Aber auch auf dem Schulhof interagieren die Kinder in Konstellationen, die nicht erlauben, allein nach dem äußeren Erscheinungsbild Gruppen zu identifizieren. Offensichtlich ist dies nicht nur eine Folge der Schulsituation, denn auch in den Interviews sagen die Kinder, daß sie bei vielen Gelegenheiten nur zu zweit, schon seltener zu dritt und kaum jemals in größeren Gruppen zusammen sind (22 von 32 Kindern überwiegend „zu zweit und zu dritt"; bei den Jungen ist der Anteil größer als bei den Mädchen). Falls es Gruppen gibt, realisieren sie sich offenbar zumeist nur als Teilgruppen, und die Gesamtgruppe bleibt latent.

Welche Kinder wie häufig miteinander interagieren und welches Thema sie dabei beschäftigt, ist den gesammelten Interaktionsszenen sehr gut zu entnehmen. Diese Zusammenstellungen können somit zur korrigierenden Einschätzung der Kinderaussagen benutzt werden. Die Auszählungen können allerdings nicht ohne weiteres in ein Maß der Interaktionsdichte verwandelt werden. Die erfaßte Häufigkeit der Interaktionen ist von der Beobachtungshäufigkeit, der Sitznachbarschaft und der immer wieder verschiedenen Unterrichtssituation mitbeeinflußt und dies kann rein rechnerisch nicht korrigiert werden. Die Intensität des Umgangs mit Kindern außerhalb der Klasse, die über die Interviews deutlich wird, kann in einer solchen Prozedur gar nicht berücksichtigt werden. Nicht einmal die Rangplätze in der Häufigkeit der Interaktionen mit bestimmten Kindern zeigen unmißverständlich die Enge der Beziehung an, weil sich aufdrängende Kinder und wiederum die in der Nähe Sitzenden quantitativ die Kontakte mit den Freunden übertreffen können. Andererseits sind die insgesamt zur Verfügung stehenden Informationen so reichhaltig, daß man diese Häufigkeiten und Rangfolgen interpretierend in eine Einschätzung der Verkehrskreise der Kinder einfügen kann.

Die Identifizierung von Gruppen in dem vorliegenden Material ist folglich ein qualitativer Konstruktionsprozeß, in dem für jede Verdichtung im Beziehungsgeflecht der Kinder geprüft wird, in welcher Bedeutung ihnen Gruppencharakter zugesprochen werden kann.

Auf folgende Eigenarten von Verdichtungen in dem Netzwerk von Interaktionen und Beziehungen wird geachtet:

- Gegenseitige Benennung als von anderen abgehobene Interaktionspartner (nicht dem Wort, sondern dem Sinn der Äußerung entsprechend),
- das Ausmaß der Interaktionen nach Beobachtungen und Bericht (ggf. korrigiert nach Beobachtungsfokus und Außenstützung der Interaktion zum Beispiel durch Elternverabredungen),
- Art der Interaktionen, Bedeutung für die Partner,
- gemeinsame Interessen, Themen und Beschäftigungen der Gruppe,
- Verabredungen und Planungen in der Gruppe.

3.3 Gruppen, Geflechte und Interaktionsfelder in einer Schulklasse

In den Interaktionen und Beziehungen der Kinder dieser Klasse lassen sich bei Beachtung der in Abschnitt 3.2 entwickelten Gesichtspunkte die folgenden Gruppen, Geflechte und Interaktionsfelder unterscheiden:

Mädchengruppierung 1: die schulleistungsorientierte Gruppe. Mitglieder: Angelika, Beate, Hanna, Margot, Elke, Sybille. Davon schwach gebunden: Beate, Elke. Umfeld: Hella (Mitglied in Mädchengruppierung 2).

Mädchengruppierung 2: Das an Sozialbeziehungen orientierte Geflecht. Mitglieder: Berin, Doris, Hella, Monika, Sabine, Waltraud. Davon schwach angebunden: Doris, Sabine, Waltraud.

Die übrig gebliebenen Mädchen: Das Interaktionsfeld der „Notgemeinschaft". Dazugehörig: Claudia, Gabriele, Ilona, Jana, Karin.

Jungengruppierung 1: Die Gruppe der ordentlichen Jungen. Mitglieder: Gottfried, Hartmut, Matthias, Mirko, Thomas. Davon schwach angebunden: Gottfried, Mirko. Matthias ist auch ein Mitglied der Jungengruppierung 2.

Jungengruppierung 2: Das Geflecht der spielenden Jungen. Mitglieder: Sven, Joachim, Matthias, Roger. Davon schwach angebunden: Roger. Matthias ist auch Mitglied in der Jungengruppierung 1. Umfeld: Gottfried, Klaus, Wolfgang.

Die übrig gebliebenen Jungen: Das Interaktionsfeld der Nichtangebundenen. Dazugehörig: Jens, Lutz, Dieter, Ulrich, Klaus. Davon mit stabileren Kontakten außerhalb der Schule: Ulrich.

Von den 32 in diese Auswertung einbezogenen Kindern der Klasse wurden 21 Kinder vier Gruppierungen mit einem gewissen Gruppencharakter zugeordnet (13 der 18 Mädchen und 9 der 14 Jungen). Darunter befinden sich acht Kinder mit schwacher Anbindung an ihre Gruppierung oder mit sehr prekärer Stellung in ihr. Ein Kind hat eine Doppelmitgliedschaft. Ein in der Klasse keiner Gruppierung angehörender Junge und ein Mitglied einer Jungengruppe bilden mit anderen Kindern außerhalb der Klasse einen Zusammenschluß, über dessen Eigenschaften wir wenig wissen. Elf Kinder (fünf Mädchen und sechs Jungen) zählen wir zu zwei Interaktionsfeldern, die keine Gruppenmerkmale außer einer erhöhten Interaktionsdichte besitzen. Bei zwei dieser Kinder könnte ihre gegenwärtige soziale Stellung noch sehr von ihrer Neuaufnahme in die Klasse beeinflußt sein.

Als erstes fällt auf, daß alle vier Gruppierungen und auch die Interaktionsfelder entweder aus Jungen oder aus Mädchen bestehen. Zwar gibt es zahlreiche soziale Kontakte über die Geschlechtsgrenze hinweg, an denen die nichtangebundenen Jungen einen besonders hohen Anteil haben. Aber auch in den Fällen, in denen für ein Mädchen ein Junge (den umgekehrten Fall gibt es nicht) in der Rangfolge der aufgezeichneten Interaktionen auf vorderen Plätzen steht, läßt sich zeigen, daß diese Interaktionen nie eine Verbindung zu einer Gruppierung herstellen.

Legt man als Kriterium für die Anwendung des Begriffs Gruppe fest, daß die Mitglieder sich selbst so nennen oder doch sagen können, wer genau zusammengehört, dann ist keine der von uns identifizierten Gruppierungen eine Gruppe. Und doch handelt es sich um Beziehungs- und Interaktionsverdichtungen im Netzwerk der Gleichaltrigenbeziehungen, die etwas Ähnliches bedeuten wie das mit „Gruppe" Gemeinte. Bei diesen Verdichtungen können wir zwei Typen unterscheiden. Den ersten nennen wir *Gruppe*; er entspricht der Feststellung *Mertons*, daß oft erst der Forscher die Gruppe als solche erkennt. Den zweiten nennen wir *Geflecht*, weil der Kreis der Dazugehörenden zwar beschreibbar, der Gruppencharakter aber weniger ausgeprägt ist. Zu beiden Typen gehören je eine Jungen- und eine Mädchengruppierung. Es ist vielleicht bezeichnend, daß die beiden Gruppen in der Hierarchie der Klasse höher stehen als die Geflechte. Im folgenden werden diese Gruppierungen nach den Gesichtspunkten Gruppengrenze, zentrales Gruppenthema, Binnenstruktur beschrieben und der Unterschied zwischen Gruppe und Geflecht herausgearbeitet.

3.3.1 Gruppierungen

Die identifizierten Gruppierungen unterscheiden sich nach der Deutlichkeit, mit der sich Mitglieder und andere Kinder im Umfeld von einander abheben lassen. Bei der schulleistungsorientierten Gruppe der Mädchen gelingt dies am leichtesten. Sie hat eine klare *Grenze*, über die hinweg in der Schule keine Beziehungen bestehen, die eine Konkurrenz zu den Binnenbeziehungen darstellen. Die drei anderen Zuammenschlüsse haben weniger deutliche Grenzen. Die Gruppe der ordentlichen Jungen verhält sich außerhalb der Schule nicht exklusiv; die Grenzen zum Geflecht der spielenden Jungen verwischen sich, ohne daß die Gruppe auseinanderfällt. Zwei Kinder pendeln zwischen beiden Gruppierungen. Bei dem Geflecht der Jungen besteht die Schwierigkeit der Grenzziehung darin, ob man nicht auch die zum Umfeld gerechneten Kinder als Mitglieder betrachten müßte. Bei dem vornehmlich an Beziehungen interessierten Geflecht der Mädchen stellt sich bezüglich ihrer Grenze die Frage, ob nicht einige der hinzugerechneten Mädchen eher als Außenstehende anzusehen sind. Die Zweifel betreffen jedoch immer nur einige Kinder, insgesamt ist die Grenze deutlich.

Mit der Grenze hängt das *zentrale Thema* der Gruppierung zusammen, denn dieses Thema bezeichnet, was man zuerst untereinander und nicht oder erst danach mit Außenstehenden verhandelt. Dieses Thema ist nicht nur verschieden, sondern auch unterschiedlich deutlich erkennbar. Wiederum ist bei der schulleistungsorientierten Mädchengruppe das Thema am eindeutigsten, eben Leistungen und andere Anforderungen der Schule, wobei die Gruppe in das Konkurrenzstreben einzelner Mitglieder eingespannt wird. Obwohl auch für die anderen Zusammenschlüsse Unterricht und Schule ein unvermeidbares Thema sind, sind sie doch alle weniger ausschließlich von einer Orientierung an den Schulforderungen bestimmt. Am nächsten ist ihr noch die Gruppe der ordentlichen Jungen, deren Ordentlichkeit sich jedoch nicht nur auf Schulpflichten, sondern auch auf Regelspiele außerhalb der Schule bezieht. Das Spielgeflecht der Jungen, darunter etliche Schüler mit Leistungslücken, die Hilfe brauchen, kann das Thema Schule auch nicht auslassen, findet sich aber vor allem bei freien Spielen, also einer schulunabhängigen Beschäftigung. Ähnlich ist die Situation des beziehungsorientierten Mädchengeflechts: Schule wirkt sich aus. Aber das Hauptinteresse gilt der Pflege und dem Kampf um Freundschaften innerhalb ihres Geflechts. Alle diese schulfernen Themen legen weniger nahe, sich streng an Mitgliedschaft zu halten, als wenn man eine Stellung in der Schulleistungshierarchie einnehmen und verteidigen will. Fast ist es erstaunlich, wie oft die zusammengehörenden Kinder angesichts der für die Mitwirkung anderer offenen Beschäftigungen doch immer wieder auf die Kinder aus ihrer Runde zurückgreifen.

Die Gruppierungen unterscheiden sich auch nach ihrer *internen Struktur*. In der schulleistungsorientierten Mädchengruppe lassen sich einerseits Dyaden besser befreundeter Mädchen unterscheiden, andererseits stehen der Dyade mit Dominanzanspruch die vier anderen als Untergruppe gegenüber. Diese Teilgruppen wurden weder durch interne Auseinandersetzungen, noch durch Bemühungen, bei anderen festen Anschluß zu finden, verändert. Auch in der ordentlichen Jungengruppe gibt es überdauernde Substrukturen, die aus Zweier- und Dreier-Kombinationen bestehen. Von beiden Gruppen heben sich unter diesem Gesichtspunkt die Geflechte ab. Beide Geflechte kennen zwar auch Teilgruppen, die aber überwiegend entstehen und vergehen. Für das Mädchengeflecht fällt diese Dynamik mit ihrer Hauptbeschäftigung zusammen. Sie wird aktiv durch die Verbreitung von angeblichen oder wirklichen Äußerungen der einen über die andere und durch Versuche, Freundinnen abspenstig zu machen, betrieben. Dynamik gibt es ebenfalls, wenn auch in eingeschränkter Weise im Jungenspielgeflecht, weil die Intensität und die Zusammensetzung der Zweier- und Dreierspielgemeinschaften immer wieder wechselt. Hier sind Streit und Zerwürfnis ausgeprägter, und die Veränderungen werden weniger betrieben als erlitten.

Die Teilgruppen spiegeln auch die Problematik wider, daß in allen Gruppierungen nicht jeder mit jedem gleich gut umgehen kann. Es gibt etliche Brüche, Abneigungen und Vermeidungen, aber auch Vorlieben und Koalitionen, die den anderen wiederum mißfallen. Es ist eine der von den Kindern zu lösenden Aufgaben, diese Bevorzugungen und Antipathien um des gemeinsamen Ziels willen, Erfolg in der Schule oder Vergnügen am Spiel zu haben, in gewisser Weise zu neutralisieren. Man könnte in dem Ausweichen auf Teilgruppen einen Reflex der „inneren Grenze" von Gruppen sehen.

Ein besonderer Aspekt der Binnenstruktur ist das Vorhandensein einer *Führung*. In den beiden Gruppen, in der schulleistungsorientierten Mädchengruppe und in der Gruppe der ordentlichen Jungen, ist eine gewisse Führung erkennbar. Während Hanna, unterstützt von Sybille, eine solche Rolle für sich erstrebt, läßt sich Thomas in sie drängen und übt sie nur aus, wenn die Gruppenmitglieder ihn unterstützen. Die Führungsansprüche Hannas und Sybilles sowie ihre Rivalität mit Angelika lähmen die Gruppe mehr, als daß sie dadurch organisatorische Stabilität nach innen und Durchsetzungskraft nach außen gewinnen würde. Der zurückhaltende Einsatz Thomas' für die Regelung von Angelegenheiten gehört dagegen zu den integrierenden Momenten in seiner Gruppe. In den beiden Geflechten ist eine Führung, selbst ein Kind, das ständig informell Meinungsbildung und Entscheidung beeinflußt, nicht auszumachen. Wohl aber gibt es auch in den Geflechten eine Differenzierung nach Einflußchancen.

Die Unterschiede in der Binnenstruktur zeigen ebenso wie die Unterschiede in der Außengrenze und im Thema, daß es zweckmäßig ist, Beziehungsgeflechte von Gruppen zu unterscheiden. Dieser Begriff Beziehungsgeflecht soll herausstellen, daß es Verbindungen von Kindern gibt, die zwar zusammengehören, aber relativ weit von dem Modell einer klaren Außengrenze, der Konzentration auf angebbare Themen, der Interaktion eines jeden Mitglieds mit jedem anderen und einer dauerhaften Binnenstruktur entfernt sind. Der Begriff hält jedoch fest, daß die Beziehungen dieser Kinder nicht einfachhin unbeständig sind. Auseinandersetzungen der Kinder und Wechsel in ihren Beziehungen müssen auf das Beziehungsgeflecht bezogen werden. Dann ist einzuschätzen, in welchem Rahmen sich Veränderungen vollziehen und auf welcher Ebene es Konstanz gibt. Auch die Geflechte mit den so fransig erscheinenden Rändern und der extrem diffusen Thematik haben wir mit einigen Modifikationen noch zwei Jahre später in dieser Klasse wieder identifizieren können (vgl. Kapitel 4 in diesem Buch).

In Richtung auf den dem Geflecht gegenüberliegenden Pol in der Ausprägung des Gruppencharakters liegt die schulleistungsorientierte Mädchengruppe. Ihr klarerer Umriß und ihre festere Struktur hängen damit zusammen, daß sie vor allem an einem Ort, mit engerem Interessenbereich und in Anlehnung an eine Institution mit großer Sanktionsmacht ihre Gruppenaktivität entfaltet. Aber auch sie enthält interne Inhomogenität, die Wir-Gefühle erstickt, und die Führung schafft es vielfach nicht, ihre Ansprüche durchzusetzen.

3.3.2 Interaktionsfelder

Sodann werden zwei Felder ebenfalls häufig miteinander interagierender Kinder, der Mädchen-Rest und die nichtangebundenen Jungen, identifiziert, deren Verbindungen keinen Gruppencharakter zeigen. Von Grenzen kann man bei beiden Feldern nur insofern sprechen, als diese Kinder ausgegrenzt werden; sie selber ziehen die Grenze nicht. Die nichtangebundenen Jungen mißachten sogar Grenzen und Territorien ausdrücklich, weil deren Überschreitung und die daran hängenden Folgen Teil der Unternehmungen sind, mit denen sie sich die Zeit vertreiben. Ist diese Suche nach „action" und „Spaß" vielleicht das gemeinsame Thema? Es ist zu vermuten, daß es sich eher um persönliche Probleme der Kinder handelt und daß diese Beschäftigungen oft genug die wenigen Anknüpfungspunkte der Kinder untereinander wieder zerstören.

Auch der Mädchen-Rest hat kein Gruppenthema, und doch gibt es einen Aspekt in den Interaktionen, der dem nahe scheint. Es sind dies die Hilfen, die sie sich am gemeinsamen Klassentisch sogar häufiger geben als viele der gruppengebundenen Kinder. Diese überwiegend freundlichen Interaktionen können im Sinne von *Homans* (1960) dazu führen, daß sich ein Gruppenzusammenhang ausbildet. Dies geschieht aber möglicherweise deswegen nicht, weil die Kinder sich nur als situative Partner annehmen und ansonsten vergeblich nach anderen Beziehungen Ausschau halten.

An Binnenstrukturen und Einflußdifferenzierungen ist in beiden Interaktionsfeldern nichts zu entdecken. Beide Kinderansammlungen können dies nicht aus sich heraus hervorbringen, freilich aus verschiedenen Gründen. Die Mädchen nehmen sich nicht in einem dauerhaften Aufeinanderangewiesen-Sein wahr, was eine gewisse Strukturierung der Beziehungen verlangen würde. Die nichtangebundenen Jungen dagegen scheinen die damit implizierten Bindungen nicht zu ertragen. Von daher ist die Wechselhaftigkeit in den Interaktionen dieser Jungen unterschieden von der in Beziehungsgeflechten. In Beziehungsgeflechten der beschriebenen Art wird mit Beziehungen gleichsam experimentiert; aber sie werden mit ihren gegenseitigen Ansprüchen ernst genommen. Von den nicht festgelegten Jungen werden - aus welchen Gründen auch immer - die Festlegungen gescheut, die Beziehungen in Dyaden oder Gruppen verlangen.

3.4 Der Gruppenbezug von Interaktionen

Daß sich Ingroup- von Outgroup-Beziehungen unterscheiden, gehört zu den ältesten Theoremen der Gruppensoziologie. Wieweit dies aber für Gruppierungen unter Kindern gilt, wie sie vorstehend beschrieben wurden, ist weitgehend unerforscht. Es gibt Hinweise darauf, daß sich Kindergruppen nach ihrer bevorzugten Thematik unterscheiden (*Meyenn,* 1980). Doch ob dies das Resultat von Gruppenprozessen ist oder ob sich eher Gleichgesinnte zusammenfinden, ist umstritten.[9] Die weiterführende Frage wäre, ob Kinder mit Mitgliedern der eigenen Gruppierung anders umgehen als mit Kindern, die nicht dazugehören.

In diesem Kapitel legen wir einen ersten und vorläufigen Versuch zu dieser Thematik vor. Ausgewählt wurden die Verhaltensbereiche „unterstützendes Verhalten", „Ärgern" und „soziale Kontrolle". Zusätzlich analysieren wir Gruppenrivalität. Zu diesen Typen von Interaktionen gehört eine Fülle von Strategien der Kinder untereinander, die wir im Rahmen dieses Kapitels nicht eingehend darstellen (vgl. aber die Kapitel 5 bis 10). In diesem Kapitel geht es lediglich darum abzuschätzen, ob bestimmte Typen von Interaktionen eher innerhalb der beschriebenen Gruppierungen auftreten und insofern indikativ für den Gruppencharakter dieser Gruppierungen sind, oder ob diese Interaktionen ebenso typisch den Verkehr von nicht gruppenmäßig zusammengeschlossenen Kindern bestimmen.

3.4.1 *Unterstützendes Verhalten*

Als entscheidendes Merkmal von Gruppen wird häufig Solidarität der Mitglieder genannt. Dieser Begriff umspannt viele Formen des Füreinanderstehens, die hier unbeachtet bleiben. Es soll aber die These geprüft werden, daß Verhaltensweisen wie Trösten, Helfen, Teilen, Schenken, Bevorzugen für den Umgang von Gruppenangehörigen untereinander typisch sind, und daß sich Grup-

---

9 *Cohens* (1977) Sekundäranalyse der Daten *Colemans* (1961) zeigt, daß sich Gleichgesinnte eher zusammenfinden. In dieselbe Richtung deutet die Literatur zur interpersonellen Attraktion, die allerdings meist nicht auf Gruppen rekurriert. Für Kinder sind die Untersuchungsergebnisse zusammengetragen in *Asher u.a.* (1977).

pen nach dem Ausmaß, in dem das gilt, unterscheiden.[10] Zum Teil geht es hierbei um Hilfen in Schulnöten, zum größeren Teil handelt es sich aber um Interaktionen, die etwas mit den Beziehungen der Kinder zu tun haben.

Auf der Grundlage unseres Materials kann die generelle Aussage, daß innerhalb von Gruppen mehr geholfen wird als zwischen Gruppen beziehungsweise unabhängig von Gruppenzugehörigkeit, *nicht* formuliert werden. Wohl aber gibt es Zusammenschlüsse, in denen sich die Kinder viel unterstützen.

In der schulleistungsorientierten Mädchengruppe sind die unterstützenden Verhaltensweisen häufiger auf Gruppenmitglieder als auf andere bezogen. Die einzelnen Kinder der Gruppe unterscheiden sich allerdings beträchtlich. So ist eines der führenden Mädchen, Sybille, in den Hilfebeziehungen ganz auf die Gruppe bezogen, während die Bedeutung von Hanna als dem einflußreichsten Mädchen der Klasse sich hier auch darin zeigt, daß sie ebenso viele Hilfsbeziehungen nach innen wie nach außen hat. Beide liegen beim Helfen übrigens nur wenig über dem Durchschnitt.

Die beiden marginalen Mädchen der schulleistungsorientierten Gruppe konzentrieren sich in ihrem Hilfsverhalten auf die Gruppe. Sie verkörpern zwei Extreme. Die eine, Beate, hat Hilfsbeziehungen nur zu dem anderen marginalen Mädchen, Elke. Darüber hinaus hat Beate keine unterstützenden Beziehungen, weder innerhalb noch außerhalb der Gruppe. In diesem Punkt ähnelt sie den nichtangebundenen Jungen. Ihr marginaler Status innerhalb der Gruppe wie auch in der Klasse mag unter anderem durch ihr mangelndes Unterstützungsverhalten erklärbar sein. Die andere, Elke, liegt im Unterstützungsverhalten über dem Durchschnitt und hat derartige Beziehungen zu vier der anderen fünf Gruppenmitglieder, was aber ihre marginale Stellung nicht bessert. Im Unterschied zu Beate gibt sie sich im Unterstützungsbereich Mühe - der Lohn hierfür bleibt allerdings aus.

Für die Gruppe der ordentlichen Jungen ist unterstützendes Verhalten nicht bezeichnend, und zwar weder nach innen noch nach außen. Nur der Klassensprecher, Thomas, liegt über dem Durchschnitt, sein Hilfsverhalten ist nicht auf die Gruppe beschränkt. Vier von fünf Jungen des Jungengeflechts liegen über dem Durchschnitt und die unterstützenden Verhaltensweisen sind stark gruppenbezogen. Dies gilt vor allem für das gegenseitige Verhältnis von zwei Kindern (Joachim und Sven), die eine Untereinheit bilden. Und es gilt nicht

---

10 Wir verarbeiten hier Verhaltensweisen, die in der Literatur üblicherweise als „prosoziales Verhalten" bezeichnet werden. Wir halten diese Begriffsbildung deshalb für unzweckmäßig, weil mit ihr unterstellt wird, daß andere Verhaltensweisen antisozial seien. So wird strafendes Verhalten, das in vielen Fällen dem Gruppenerhalt und der Gruppensolidarität dient (nach *Durkheim*, 1961, gilt dies auch für abweichendes Verhalten), meist ebenso als aggressives Verhalten gekodet, wie wenn jemand seinem Freund in einer körperlichen Auseinandersetzung beispringt. Nach *Simmel* (1968) haben selbst Streit und Kampf „prosoziale" Qualität. Wir handeln strafendes und streitendes Verhalten in getrennten Abschnitten ab, setzen es aber nicht in Gegensatz zu prosozialem Verhalten.

für ein marginales Gruppenmitglied, Roger, der ebenso wie oben die marginale Beate in dieser Hinsicht eher den nichtangebundenen Jungen entspricht.

Im Mädchengeflecht hat unterstützendes Verhalten ein durchschnittliches Gewicht. Wenn beispielsweise ein im Zentrum stehendes Mädchen, Berin, weint, dann kommen sofort zwei bis drei Mädchen aus dem Geflecht, streichen ihr tröstend übers Haar, teilen ihre Empörung und sorgen so für Hilfe. (Dies steht im scharfen Kontrast dazu, daß auch bitterliches und um Hilfe flehendes Weinen eines marginalen Kindes im Geflecht, Sabine, oder eines nicht gruppengebundenen Mädchens, Claudia, keinerlei tröstende Handlungen in der Gruppe oder der Klasse hervorruft.) Wir haben weiterhin schöne Szenen des Sich-Beistehens, des Helfens und Abgebens. Aber dies geschieht auch gegenüber anderen Kindern und es gibt innerhalb des Geflechts beträchtliche Unterschiede, die nicht erkennbar mit der Gruppenstruktur zusammenhängen. Ein Unterschied ist allerdings bezeichnend und bestätigt schon Gesagtes: Das marginalste Kind des Geflechts, Sabine, empfängt und vergibt keine unterstützenden Akte.

Fassen wir zusammen: Wir können nicht annehmen, daß unterstützende Verhaltensweisen innerhalb der Gruppierung für die Art von Peer-group, die wir untersucht haben, besonders typisch sind. Vielmehr richtet sich solches Verhalten genauso nach außen, und dies kann als weiteres Indiz dafür genommen werden, daß der Gruppencharakter dieser Gruppierungen nicht sehr ausgeprägt ist. Es gibt allerdings Unterschiede. Für zwei Gruppierungen sind nach innen gerichtete unterstützende Handlungen bezeichnend: für die Gruppe der schulleistungsorientierten Mädchen und für das Spielgeflecht der Jungen.

Ein weiteres wichtiges Ergebnis ist der Zusammenhang zwischen unterstützendem Verhalten und Marginalität. Kinder, die keiner Gruppierung angehören, sind sowohl häufig als auch selten in Unterstützungsverhalten einbezogen. Bei der ersten Kategorie handelt es sich um kontaktarme, aber freundliche Mädchen, die durch diese Freundlichkeit ihre sonstigen Interaktionsnachteile aber nicht ausgleichen können, bei den letzteren um die nichtangebundenen Jungen, deren schwach ausgebildetes Unterstützungsverhalten möglicherweise zu dem Ursachenbündel gehört, das bewirkt, daß sie nicht in Gruppen aufgenommen werden. Ähnliches zeigt sich auch innerhalb von Gruppierungen, hier haben wir Beispiele allerdings nur für Mädchen: Auch Kinder, die sehr am Rande ihrer Gruppierung stehen, unterscheiden sich in bezug auf unterstützende Verhaltensweisen. Bei den einen führt die Häufigkeit dieses Verhaltens nicht zu einer Verbesserung der Situation, bei den anderen gehört die Seltenheit dieses Verhaltens möglicherweise zu den Ursachen ihrer Marginalität.

3.4.2 Ärgern

Unter Ärgern sind Handlungen zu verstehen, die Absichten oder das Wohlbefinden eines anderen beeinträchtigen, ohne daß für diesen Eingriff in die Sphäre des Gegenüber ein Grund angegeben wird, der diesem plausibel gemacht werden könnte. Es kann auch eine Kraftprobe beabsichtigt sein. Die Reaktionen auf Ärger sind daher meist Zurechtweisung, Abwehr, Gegenangriff oder auch Hilferufe. Ärgern entsteht nicht selten aus vorherigem gemeinsamen „Quatsch" und „Remmidemmi", wenn einer der Beteiligten den Eindruck hat, daß der Unfug vor allem zu seinen Lasten geht. Aber Ärgern entzweit nicht nur, sondern kann den versteckten Versuch enthalten, einen Kontakt anzuknüpfen und einen gemeinsamen Spaß zu erfinden. Vielfach wird jemand geärgert, den man ablehnt. Jedoch trifft noch öfter das Ärgern den zufällig sich bietenden Gegenüber, auf den als Person sich das Ärgern nur mittelbar bezieht, der vielmehr das Opfer von Bemühungen wird, sich Langeweile zu vertreiben. Es gibt allerdings Kinder, die keine anderen Kinder ärgern, und es gibt Kinder, die nicht geärgert werden. Ausgenommen werden nicht nur solche Kinder, die körperlich überlegen sind, sondern auch andere, die nicht so reagieren, daß sich daraus ein Zeitvertreib ergäbe. Ausgenommen werden insbesondere auch diejenigen, die über wirksame Sanktionsstrategien verfügen, und das sind vor allem die Mitglieder der schulleistungsorientierten Mädchengruppe und der Gruppe der ordentlichen Jungen.

Jungen, die andere Kinder ärgern, gehören vor allem zum Interaktionsfeld der nichtangebundenen Jungen. Die vier Jungen Dieter, Jens, Lutz und Ulrich sind in etwa 90 Prozent der Ärgereien verwickelt, vor allem als Initiatoren. Nur Ulrich ist auch Opfer, überwiegend der anderen nichtangebundenen Jungen, aber ebenfalls von seiten der ordentlichen Jungen. Nichtige Anlässe sind meist die Auslöser, die aufgebauscht werden, wobei ein unentwirrbares Hin und Her von Übergriffen und Vergeltung entsteht. Es vertreibt die Langeweile und zeigt, wie unangefochten man den anderen zum Verlust der Selbstbeherrschung bringen kann.

Die übrigen, nicht sehr zahlreichen Ärgereien gehen von Mitgliedern der Gruppe der ordentlichen Jungen aus und richten sich ausschließlich gegen Nichtgruppenmitglieder. Während in ihrem Ärgern dreier Mädchen kein Bezug zur Gruppe zu erkennen ist, könnten die Quälereien Ulrichs einen Zusammenhang mit der Gruppe haben. Ulrich versucht nämlich immer wieder, Anschluß an diese Gruppe zu bekommen. Alle sehen ihn jedoch als Nervensäge, Spinner, Schwächling an. Ihn zu ärgern und zu quälen kann als gemeinsame Abwehr dieses unerwünschten Eindringlings verstanden werden und wurde in einer Szene auch geradezu als Gruppenritual praktiziert. Interne Ärgereien gibt es in dieser Gruppe ebenso wenig wie in den anderen drei Mädchen- und Jungengruppierungen. Auch die nicht zu einer Gruppierung gehörenden Mädchen ärgern sich nicht untereinander.

Gruppen könnten auch die Funktion erfüllen, Schutz gegen die ärgerlichen Übergriffe der nichtangebundenen Jungen zu bieten. Tatsächlich sind Mädchen der schulleistungsorientierten Gruppe sehr selten Ziele von Ärgereien. Die Mädchen des an Beziehungen interessierten Geflechts sind dagegen ebenso häufig wie die Mädchen des Interaktionsgeflechts „Notgemeinschaft" Opfer des Ärgerns. Bei ihnen scheint Geärgert-zu-Werden eher auf persönlichen Eigenarten und situativen Umständen zu beruhen. Hanna und Sybille schaffen es, Lutz in die Schranken zu weisen. Berin wird geärgert, weil sie eine Zeit lang in der Reichweite einiger Nichtangebundener sitzt. Solange Claudia und Jana im Aktionsbereich von Dieter und Jens sitzen, werden sie immer wieder gepiesackt; nach Veränderung der Sitzordnung taucht in den Notizen kein Hinweis auf weiteres Ärgern mehr auf.

Zusammenfassend ist festzustellen, daß innerhalb von Gruppierungen Ärgern nicht vorkommt. Innerhalb von Gruppierungen gibt es Konflikte, aber grundlose Ärgereien und Quälereien sind untypisch. Ärgereien sind auch nicht typisch für den Austausch zwischen Gruppierungen. Die Abwehr eines Ärgers kann zur Gruppenangelegenheit werden. Geärgert wird vielmehr fast ausschließlich von den nichtangebundenen Jungen. Dieses Verhalten ist kennzeichnend sowohl für ihr Verhalten untereinander, als auch für ihr Verhalten gegenüber einem Teil der Mädchen.

3.4.3   Soziale Kontrolle

Ein Klassenzimmer ist klein, man sitzt und steht eng beieinander. Zwangsläufig kommt es zu Zusammenstößen, beabsichtigt wie unbeabsichtigt. Man rempelt, man stolpert, man stört. Und man läßt es sich nicht gefallen, sondern man schimpft, beklagt sich, revanchiert sich. Mit Gruppe hat dies weniger zu tun als mit räumlicher Nähe. Vielleicht ist man mit Mitgliedern der eigenen Gruppierung vorsichtiger, vielleicht duldet man Grenzverletzungen, Ein- und Übergriffe von Gruppenmitgliedern eher als von anderen. Wir können dies nicht belegen und lassen deshalb diesen ganzen Bereich alltäglicher Zusammenstöße hier außer Betracht. (Ausführlicher kommen Übergriffe und Normbrüche in den Kapiteln 5 bis 7 zur Sprache.)

Bestimmt man als soziale Kontrolle das Feststellen, Mißbilligen, Zurechtweisen und Ahnden von Regelwidrigkeiten - Sanktionsverhalten also - dann fällt auf, daß sich die von uns beobachtete Kontrolle vor allem auf Normen der Schule und allgemeine kulturelle Normen wie etwa Ordnungsvorstellungen bezieht. Beides ist nicht eindeutig zu trennen, weil die Lehrer, an die sich die sanktionierenden Kinder anlehnen, in ihrer Eigenschaft als Systemvertreter beide Bereiche kontrollieren.

Daneben haben wir eine Reihe von Handlungen beobachtet, die sich gegen Angebereien und Versuche, über andere Kinder zu bestimmen, richten. Die meisten beobachteten Sanktionen beziehen sich aber auf Normen der Erwachsenen beziehungsweise der Schule. Dies zeigt, daß es eine Verschränkung der Orientierung an Erfordernissen des Systems und an Erfordernissen der Kinderwelt gibt. Ganz offensichtlich gibt es in der Welt der Kinder die Übereinkunft, daß Kinder im Sinne von Erwachsenen andere Kinder sanktionieren dürfen. Dies ist nicht neu, es wird von Lehrern genutzt und ist dem Schulsoziologen vertraut. Doch welche Kinder tun dies, und läßt sich hier ein Bezug zu Gruppen finden?

Dieses Kontrollverhalten wird vornehmlich von Mädchen ausgeübt, in geringerem Ausmaß von den „ordentlichen" Jungen, und es richtet sich überwiegend gegen die nichtangebundenen Jungen und weit seltener gegen Mädchen. Derartige Kontrolle bezieht sich also eher auf die Schulklasse als auf Gruppierungen. Eine Ausnahme bildet die Gruppe der schulleistungsorientierten Mädchen. Sie kontrollieren zwar ebenfalls häufig außerhalb ihrer Gruppe, aber dieses Kontrollverhalten ist innerhalb der Gruppe noch ausgeprägter.

Vergleichen wir zwei einflußreiche Mädchen der angesehenen schulleistungsorientierten Gruppe mit Mädchen, die, in keine Gruppierung eingebunden, eher marginalen Status haben. Mädchen beider Typen beobachten das Klassengeschehen sehr genau und registrieren Verstöße - die erste Stufe des Kontrollvorganges. Aber die marginalen Mädchen begnügen sich bei sie nicht selbst betreffenden Verstößen meist damit, mit wissendem Gesichtsausdruck das Ereignis zu speichern und sich ihren Teil zu denken. Sie können dem Forscher beredt schildern, was sie von einer derartigen Handlung oder von solch einem „bescheuerten Stänkerer" halten, aber im allgemeinen sagen sie dies zu niemandem, und ihr Gesichtsausdruck wird vom Normbrecher meist nicht gesehen. Insofern ist der Kontrolleffekt minimal. Bei selbstbewußteren marginalen Mädchen haben wir gelegentlich Zurechtweisungen und verletzende Worte gehört. Sie erreichen damit zwar nicht viel, aber sie zeigen dem Abweichler doch, was sie über ihn denken. Sind die marginalen Mädchen selbst von einem Normbruch betroffen, dann versuchen sie, durch stummen Appell das eindringende Verhalten zu stoppen, und bei den weniger hartnäckigen Jungen gelingt dies erstaunlich gut. Oder sie beseitigen wortlos mit unbewegtem, manchmal bösem Gesicht den angerichteten Schaden. Die Kontrolle liegt in der Stummheit des Vorwurfs und ist wenig effizient. Oder sie weinen: sie appellieren damit an das Mitleid des Eindringlings, in seltenen Fällen bekommen sie Hilfe von anderen und oft bedeutet dies das Eingreifen des Lehrers - Weinen als Sonderform des Petzens. In aussichtslosen Situationen wird direktes Petzen praktiziert, das heißt, die selbstregulierte Peerwelt wird verlassen, mit dem Anrufen der Erwachsenenautorität tritt das System in sein Recht.

Ganz anders die beiden durch eine enge Beziehung verbundenen statushohen Mädchen, Hanna und Sybille, die auch in der schulleistungsorientierten Mädchengruppe dominieren. Auch sie beobachten genau. Aber sie schalten sich ein und machen andere aufmerksam. So mobilisieren sie im Sinne *Durkheims* (1961) Solidarität gegen den Normbrecher. Finden sie, daß etwas zu weit geht, dann weisen sie auch zurecht. Dies richtet sich beispielsweise gegen Jungen, die großes Tohuwabohu erzeugen. Den deutlichsten Fall beobachteten wir aber in bezug auf ein Mädchen der eigenen Gruppe, Beate:

In einer Musikstunde mit Tanz wurde Beate weder aufgefordert noch folgte bei Damenwahl jemand ihrer Aufforderung. Sie glaubte - ob zu Recht oder Unrecht sei dahingestellt -, daß ihre mangelnden Chancen darauf zurückzuführen seien, daß eine Klasse mit etwas älteren Türkenkindern aus dem Nebenraum hinzugebeten wurde und mittanzen durfte, und schimpfte lauthals über die Türken. In der anschließenden Pause bildete Hanna den Mittelpunkt und die Wortführerin eines Kreises von Mädchen, der diese Diskriminierung laut und lange verurteilte.

Der Hauptunterschied zu den marginalen Mädchen ist also, daß die statushohen Mädchen nicht einfach mißbilligen, sondern eine Peeröffentlichkeit mobilisieren. Ähnlich initiativ wie Hanna und Sybille sind auch zwei Mädchen des Geflechtes, Berin und Ursula.

Die bisherige Analyse zeigt, daß die nach Art und Wirksamkeit auffälligen Sanktionen mit Status zusammenhängen. Gruppierungen sind dagegen von geringerer Bedeutung. In einer Gruppe (Mädchen) wird innerhalb noch stärker sanktioniert als außerhalb. In der zweiten Gruppe (Jungen) und in einem Geflecht (Mädchen) werden Mitglieder eher verschont; Sanktionen richten sich nach außen. Im zweiten Geflecht (Jungen) wird nach außen nicht kontrolliert, und die Kontrollen innerhalb gehen fast ausschließlich von einem Mitglied aus, bei dem möglicherweise auch Ressentiments mitschwingen. Sowohl auf Klassen- wie auf Gruppenebene üben Ranghohe Kontrolle wirksam aus, wohingegen Rangniedere gegenüber Ranghohen meist ins Leere laufen.

Dies gilt auch für einen anderen Aspekt sozialer Kontrolle, der bisher unbeachtet blieb. Von sozialer Kontrolle kann man auch sprechen, wenn ein Ziel erreicht werden soll und man andere dazu bringen will, sich so zu verhalten, daß dieses Ziel erreicht wird. Noch deutlicher als beim Sanktionieren ist hier der Zusammenhang mit sozialem Status. Oft wird dies von den Statushohen mit Verhaltensweisen erreicht, die von den anderen mißbilligt werden. Erfolgreiche sanktionierende Gegenmaßnahmen sind aber deshalb schwer, weil die Verstöße von Statushohen begangen werden.

Die ehrgeizige Hanna konnte in einer chaotischen Situation einen Wettkampf mit anderen Klassen nur dadurch retten, daß sie, zuletzt mit Hilfe der Lehrerin, zwei überzählige Mädchen von der Teilnahme ausschloß. Dies war zweifellos notwendig, um gewinnen zu können; denn eine Mannschaft, die bei einem Stafettenlauf zwei Läufer mehr hat, muß verlieren. Möglicherweise reichte die Zeit oder die Fähigkeit Hannas nicht aus, einen Auswahlprozeß in Gang zu bringen. Aber die beiden Ausgeschlossenen weinten noch nach dem Ende der Spiele.

Daß das Verhalten Hannas für die Zielerreichung „Gewinnen" zweckmäßig war, bewirkte also nicht, daß der unausgehandelte Ausschluß akzeptiert wurde. Der sich im Weinen äußernde Protest gegen Hanna zeigt, daß sie in ihrem Bestreben, ein Systemziel zu erreichen, gleichzeitig gegen Verhaltensregeln der Peerwelt verstoßen hat. Das Beispiel bezog sich auf die Schulklasse. Ähnliches geschieht aber auch in Gruppen:

Die schulleistungsorientierte Mädchengruppe, um Hella erweitert, verfaßte in Konkurrenz zu anderen Gruppen ein Rollenspiel, das später vorgeführt werden sollte. Sofort riß Hanna die Initiative an sich. Sie beriet sich fast ausschließlich mit Sybille. Anfänglich hatte Angelika versucht, Ideen einzubringen, doch diese wurden entweder verworfen oder gar nicht beachtet. Jedenfalls wurden sie von Hanna und Sybille nicht diskutiert. Am schnellsten resignierte Elke, die als Randseiterin überhaupt keine Aufmerksamkeit fand. Sie schimpfte einigemale, um wenigstens Angelika zum Zuge zu bringen, dann saß sie verdrossen und vorwurfsvoll daneben. Angelika wurde mehrmals richtig wütend, aber gegen Hanna und Sybille kam sie nicht an. Diese verfertigten das Stück, verteilten die Rollen und führten Regie. Und die anderen spielten mit.

Wieder kann man Elkes und Angelikas Verhalten als Sanktionen verstehen. Sie drücken Mißbilligung aus, und die Vorstellung, daß Hanna und Sybille nicht bestimmen dürften beziehungsweise daß die anderen Beiträge Berücksichtigung finden sollten, ist ihnen offensichtlich wichtiger, als das Ziel zu erreichen, ein möglichst gutes Rollenspiel. Doch Hanna läßt sich durch Protest nicht beirren. Ihre erste Priorität ist Zielerreichung, dafür übt sie Druck aus. Sie setzt sich durch und schluckt den Groll der anderen. Das vermag sie aufgrund ihrer hohen Stellung wie schon in der Klasse so auch hier in der Gruppe.

Mit den letzten Beispielen haben wir den Bereich, in dem Kinder unter sich Systemnormen durchsetzen, verlassen. Hier wurde vielmehr das Dominanzverhalten sanktioniert. Es wurde also, wenn auch vergeblich, versucht, das Egalitätsprinzip der Kinderwelt durchzusetzen, seine Verletzung zumindest nicht hinzunehmen. Ähnliche Beispiele zu einer anderen Thematik finden sich im Mädchengeflecht:

Dort spielt die äußere Attraktivität, auch schon im Hinblick auf Jungen, eine Rolle, insbesondere wird sehr auf Haare geachtet. Dabei versuchen die Mädchen, sich auszustechen. Gleichzeitig werden aber Anstrengungen unternommen, die dadurch entstehenden Ungleichheiten wieder einzuebnen beziehungsweise die Überhebung zu sanktionieren. So beteiligen sich einige Mädchen demonstrativ nicht am eifrigen Haarebürsten der anderen und zeigen deutlich ihre Mißbilligung. Ursulas Haarkämmen bringt ihr den Ruf einer „Angeberin" ein, und sie wird beschuldigt, die Jungen anzumachen.

Wir können nicht beurteilen, wie wirksam diese Kontrolle ist. Aber das Beispiel zeigt, daß auch in dieser Gruppe versucht wird, soziale Kontrolle zugunsten des Gleichheitsgrundsatzes auszuüben. In den beiden Jungengruppierungen haben wir Ähnliches nicht beobachtet. Dies mag daran liegen, daß hier Dominanzverhalten kaum auftritt. Thomas ist, auch aufgrund seines Klassensprecheramtes, der Einflußreichste in der Gruppe der ordentlichen Jungen. Aber man muß ihn immer erst drängen, etwas zu unternehmen. Anders als Hanna will er offensichtlich nicht bestimmen; Dominanzverhalten braucht demgemäß nicht sanktioniert zu werden.

Zusammenfassung: Innerhalb von Gruppierungen wird soziale Kontrolle ausgeübt, um Dominanzverhalten zu unterbinden. Diese Kontrolle ist schwer durchzusetzen, und sie ist zumindest in den Fällen, in denen es dem regelverletzenden ranghohen Kind wichtiger ist, ein Systemziel zu erreichen, wirkungslos. Sie ist auch wenig wirksam, wenn Mädchen versuchen, bei Jungen Erfolg zu haben. Die Konformität mit dem Egalitätsprinzip in den Jungengruppierungen kann aber als Hinweis auf eine gewisse Wirksamkeit dieser Kontrolle genommen werden.

Darüber hinaus konnten wir gruppeninterne Kontrollmechanismen in bezug auf Normen der Kinderwelt nicht feststellen. Dies geht gegen unsere auf der Grundlage von gruppen- und jugendsoziologischer Literatur geformte Erwartung. Wir können allerdings nicht ausschließen, daß wir die Eigenart kindlicher Kontrollausübung noch nicht kennen. Im Interview weisen die meisten Kinder von sich, daß es Strafen unter Kindern gebe. Vielleicht sind es bestimmte Formen des Streits, mit denen Kinder gruppenintern Kontrolle ausüben. Die Klärung dieser Frage bedarf weiterer Untersuchung. Deutlich ist dagegen, daß Kinder und vornehmlich Mädchen im Sinne der Erwachsenen beziehungsweise der Schule für Ordnung sorgen. Mit Gruppierungen hat das insofern etwas zu tun, als man gegenüber den Mitgliedern der eigenen Gruppierung milder ist. In einer Gruppe richtet sich diese Kontrolle allerdings noch stärker auf Gruppenmitglieder, und aus einem Geflecht heraus wird kaum sanktioniert. Im übrigen besteht ein Zusammenhang zwischen dem Ausmaß und der Wirksamkeit dieser Kontrolle und dem sozialen Status in der Klasse wie in der Gruppe.

3.5 Zusammenfassung

Die Ergebnisse dieses Kapitels sind nicht sehr deutlich, in dem soziologisch besonders wichtigen Teil über soziale Kontrolle sogar gegen die Erwartung unergiebig. Dies bestätigt den Eindruck des Literaturberichtes dahingehend, daß ein Verfestigungsgrad, wie er von Sherif und Sherif für jugendliche Gruppen geschildert wird, nicht erreicht wird. Kinder stehen in der Systemeinheit Schule andauernd in Situationen, in denen sie unabhängig von Gruppengrenzen interagieren und in denen andere Verhaltensorientierungen die Gruppenorientierung überlagern. Die von uns untersuchten Kindergruppierungen sind keine Primärgruppen im Sinne *Cooleys*.

Andererseits läßt sich zeigen, daß die Verdichtungen im Beziehungsgeflecht der Gleichaltrigen, die wir *Gruppe* und *Geflecht von Kindern* nennen, auch insofern bedeutsam sind, als sie sich auf die Art, wie die Kinder miteinander umgehen, auswirken. Zwei Gruppierungen, eine Mädchengruppe und ein Jungengeflecht, zeichnen sich deutlich durch gegenseitige Hilfe und Unterstützung aus. Innerhalb der Gruppen und Geflechte wird wenig geärgert, und die Abwehr der mit ihrem Piesacken grenzüberschreitenden Jungen kann Gruppenangelegenheit werden. Obgleich insbesondere die Mädchen, aber auch die ordentlichen Jungen, Verletzungen allgemeiner Ordentlichkeits- und Schulnormen ungeniert sanktionieren, geschieht dies, abgesehen von der Gruppe der schulleistungsorientierten Mädchen, doch seltener gegenüber den Mitgliedern der eigenen Gruppe oder des eigenen Geflechts. Innerhalb der Mädchengruppe und des Mädchengeflechts wird aber ganz deutlich sanktioniert, wenn Kinder zu dominieren versuchen oder sich durch Angeberei aus ihrem Kreis herausheben.

Darüber hinaus haben die verschiedenen Gebilde in der Klasse unterschiedliches Ansehen und unterschiedlichen Einfluß. Die Mädchengruppe und die Jungengruppe stehen in dieser Hierarchie oben.

3.6 Ausblick

Diese Untersuchung über soziale Gruppierungen unter zehnjährigen Kindern ist zu einem anderen Ergebnis gekommen als frühere Darstellungen der Peergroup. Dort wurde immer wieder der Eindruck erweckt, daß Kinder nur in einer Form miteinander in Beziehung treten. Die einen betonen mehr den instabilen Charakter von zeitweiligen Zusammenschlüssen mit offenen Grenzen; andere schildern feste Gruppen und Cliquen. Wir können dagegen zeigen, daß Kinder sich in nebeneinander existierenden, verschiedenartigen sozialen Gebilden zusammenschließen. Unter 32 Kindern der von uns untersuchten Klasse identifizierten wir mehrere qualitativ unterschiedene Gruppierungen, nämlich Gruppen und Geflechte, sowie Interaktionsfelder von nichtangebundenen Kindern. Diese drei Typen haben sich unabhängig vom Geschlecht und auch ohne erkennbaren Einfluß der sozialen Schichtung herausgebildet. Es ist die Aufgabe weiterer Forschung, zu prüfen, wie weit die in dieser Klasse identifizierten Gruppen, Geflechte und Interaktionsfelder verbreitet sind.

Keine der von uns identifizierten Gruppierungen entspricht in ihren Merkmalen den Kriterien einer strengen Definition von Gruppe. Ein Grund dafür, daß sich der Gruppencharakter nicht stärker ausprägt, kann durch Einschränkungen zustande kommen, denen das Leben jüngerer Kinder unterliegt: etwa die Regeln von Schule und Hort, die die Möglichkeiten der Kinder, ihre freie Zeit nach eigenem Wunsch mit anderen zu gestalten, eingrenzen, oder Verbote, zu viele Kinder mit nach Hause zu bringen, oder auch der Niedergang der Straße als Freistatt des Kinderlebens. So geht in das Gruppenleben immer auch der Kompromiß mit den Lebensumständen ein.

Weitere Unschärfen der beobachteten gruppenartigen Gebilde haben ihren Grund möglicherweise darin, daß in Konkurrenz zur Bildung von Zusammenschlüssen ein weiterer Impetus in dieser Gleichaltrigenwelt steckt: eine Vorstellung, daß alle zusammengehören, daß niemand - außer dem notorischen „Stänkerer" - ausgeschlossen werden sollte, daß ausgleichende Gegenseitigkeit alle Beziehungen zu bestimmen habe, daß sich keiner über die anderen erheben dürfe. Man kann diese Vorstellung einen Mythos oder eine Fiktion der Gleichaltrigenwelt nennen, aber sie ist wirksam. In den Unterhaltungen mit den Kindern erschwert sie den Zugang zu ihrem Wissen über die Gruppierungen. Die Aussagen über die engeren Verkehrskreise werden von dem gleichzeitig vorhandenen Wunsch eingefärbt, für neue Bekanntschaften offen zu sein, Erfahrungsbereiche zu erweitern und auch in den Gruppierungen sich nicht in feste Rollen pressen zu lassen.

Die regulative Idee von Egalität und Offenheit beeinflußt die Kinder darüber hinaus in ihrem Verhalten untereinander. Sie wenden Strategien an, Machtansprüche ins Leere laufen zu lassen, sich Anweisungen zu entziehen oder wenigstens Mißmut und Ablehnung zu demonstrieren. Untereinheiten von zwei oder drei Kindern verselbständigen sich zumindest zeitweise, indem sie die anderen aus ihrem Treiben ausschließen. So stärken sie die Untereinheit gegenüber der Gruppe. Es gibt also Gegentendenzen, die die Ausprägung von Gruppengrenzen und -strukturen erschweren.

Diese Einschätzung macht die Vorstellung fragwürdig, daß Kinder sich ausschließlich von einer Gruppe her verstehen und ihr Handeln allein an dieser Gruppe orientieren. Bei der Suche nach den sozialisatorischen Einflüssen der Gleichaltrigen ist nicht nur auf die Effekte von Gruppierungen zu achten, sondern es ist die Einbindung der Kinder in bestimmte Konstellationen von Gruppierungen und anderen Sozialbeziehungen zu analysieren.

Die dargestellten gruppenartigen Zusammenschlüsse scheinen uns nicht nur Vorformen von Jugendlichengruppen darzustellen, sondern eigene Bedeutung für die Kinder zu haben. Sicherlich lernen die Kinder in ihnen auch Wichtiges für später. Aber zunächst sind sie Ausdruck der Bedürfnisse, der Vorstellungen und des Vermögens der Kinder dieses Alters und stellen einen Ausschnitt der zu respektierenden und zu schützenden Vielfalt ihres gesellschaftlichen Lebens dar.

Kapitel 4

Konstanz und Veränderung in den sozialen Beziehungen von Schulkindern[1]

4.1 Fragestellung

Der von *Piaget* (1973; 1986), *Erikson* (1965), *Sullivan* (1983) und *Parsons* (1955) begründeten Fragestellung, welchen Beitrag die Interaktion unter gleichaltrigen Kindern für die Entwicklung grundlegender Fähigkeiten leistet, ist in der empirischen Forschung vergleichsweise wenig Aufmerksamkeit gewidmet worden. Sie verlangt als ersten Schritt aufzuklären, in welchem Verhältnis die interagierenden Kinder zueinander stehen. *Youniss* (1980;1982) hat aufgrund seiner Studien herausgearbeitet, daß sich die Beziehungen der Kinder untereinander von ihren Beziehungen zu Erwachsenen typischerweise durch ein höheres Ausmaß an „symmetrischer Reziprozität" im Gegensatz zur „Komplementarität", die ihr Verhältnis zu Erwachsenen kennzeichnet, unterscheiden. Erforscht wurde außerdem, über welche Stufen hinweg Kinder ein Konzept von Freundschaft ausbilden (*Selman*, 1981).

Kinder interagieren jedoch nicht nur mit anderen, die sie als Freunde betrachten, sondern auch mit ihnen ferner stehenden Klassenkameraden und gelegentlichen Spielgefährten. Solche Beziehungen unterschiedlicher Intensität und Qualität sind in Untersuchungen bislang nur sehr unzulänglich voneinander abgehoben worden; meist stellte man lediglich integrierte Kinder den Isolierten, Außenseitern und Ausgestoßenen gegenüber (vgl. den Überblick über die Peer-Forschungen bei *Hartup*, 1983). Es ist jedoch zu vermuten, daß zum Beispiel ein Streit unter Freunden andere Erfahrungen vermittelt und somit die Ausbildung anderer Vorgehensweisen begünstigt als eine Auseinandersetzung unter Kindern, die zueinander in einer weniger festen Beziehung stehen. Auch einen Freund zu halten oder einen neuen Spielgefährten zu gewinnen, ebenso wie eine Freundschaft aufzukündigen oder sich Kontaktange-

1 Dieser Aufsatz erschien zuerst unter der Autorenschaft von *H. Oswald* und *L. Krappmann* in der Zeitschrift für Sozialisationsforschung und Erziehungssoziologie, 4. Jg., 1984, S. 271-286.

boten zu verweigern, verlangt von Kindern, Verhaltensstrategien zu erproben, die sie möglicherweise dauerhaft in ihr Verhaltensrepertoire aufnehmen.

Daher haben wir - als Teil eines umfassenderen Forschungsprojektes über den sozialisatorischen Beitrag der Gleichaltrigen - die Frage untersucht, in welcher Weise Kinder Beziehungen zu den Gleichaltrigen unterhalten und welches Ausmaß an Konstanz und Veränderung die dyadischen Beziehungen und die sozialen Formationen der Kinder kennzeichnet.

Diese Frage wurde bislang ausnahmslos mit soziometrischen Methoden angegangen. Dabei werden meist ausschließlich Beziehungen innerhalb der Schulklasse einbezogen, Freundschaften außerhalb bleiben außer Betrachtung (*Hallinan*, 1981, S. 112; eine Ausnahme bildet z. B. *Medrich u.a.*, 1982, S.71 ff.). Die Zeiträume, in denen in soziometrischen Untersuchungen longitudinal Messungen durchgeführt werden, sind relativ kurz, meist erstrecken sie sich auf weniger als ein Schuljahr (*Busk, Ford & Schulman*, 1973; *Hallinan*, 1979a; *Tuma & Hallinan*, 1979; *Petillon*, 1980). Diese Studien stellen fest, daß Wechsel in Kinderfreundschaften häufig ist, daß bis zum Alter von zwölf Jahren das durchschnittliche Ausmaß an Wechsel abnimmt und daß sich nach diesem Alter das Verhältnis von Konstanz und Wechsel kaum noch ändert (*Horrocks & Buker*, 1951; *Hallinan*, 1979a). Diese Ergebnisse sind theoretisch plausibel und empirisch relativ gut belegt. Obwohl die soziometrische Methode Schwächen hat, weil sie sich allein auf spontane Antworten verlassen muß, deren Bedeutungskontext nicht aufgeklärt wird, und obgleich jede Veränderung des Meßinstrumentes zu einer anderen Einschätzung der Größe von Freundeskreisen bzw. der durchschnittlichen Freundeszahl führt (*Höhn & Seidel*, 1976; *Hallinan*, 1981), ist dennoch nicht wahrscheinlich, daß Verbesserungen in der Meßmethode das Ergebnis in dieser Allgemeinheit verändern würden.

Jedoch bleiben wichtige Fragen offen. Auch wenn wir wissen, daß mit zunehmendem Alter in Wiederholungsbefragungen dieselben Kinder häufiger wiedergenannt werden, so ist doch unklar, auf welcher Beziehungsebene diese Konstanz bestimmt wird. Ebenso wäre es wichtig, einen Blick auf die Beweggründe für Veränderungen zu gewinnen. Was veranlaßt einzelne Kinder, Beziehungen zu wechseln oder auf eine soziometrische Frage nicht zu nennen? Erst wenn diese Erwägungen bei Datenerhebung und Interpretation berücksichtigt werden, läßt sich Genaueres über das Ausmaß an Konstanz und Wandel in den Beziehungen von Kindern sagen. Darüber hinaus ist unbekannt, ob es in bezug auf Konstanz und Wandel in den Beziehungen unterschiedliche Verhaltenstypen unter den Kindern gibt. Unterscheiden sich Kinder nach dem Anteil ihrer konstanten und ihrer variablen Beziehungen? Eine weitere Frage bezieht sich darauf, ob Änderungen in den Beziehungen auch die sozialen Formationen der Kinder berühren. Es könnte durchaus sein, daß Gruppierungen Veränderungen in ihrer Mitgliedschaft überdauern und folglich einen relativ beständigen Rahmen für weniger dauerhafte Beziehungen darstellen.

Unsere *longitudinale* Untersuchungsanlage erlaubt uns, Veränderungen in den dyadischen Beziehungen und in den sozialen Formationen über einen

Zeitraum von zwei Jahren hinweg einzuschätzen. Unser *qualitatives* Vorgehen gestattet es, genauere Auskünfte auf die drei angesprochenen offenen Fragen zu erhalten, nämlich nach Ausmaß und Bedeutung von Konstanz und Variabilität in den Beziehungen, nach unterschiedlichen Kindertypen hinsichtlich der Anteile von Konstanz und Veränderung und nach den Folgen für die Gruppierungen unter den Kindern.

4.2 Methode

Wie die Soziometriker fragen auch wir die Kinder nach ihren Freunden. Aber wir stellen im Unterschied zum soziometrischen Vorgehen die Fragen im Rahmen eines umfassenden Gesprächs über Beziehungen unterschiedlicher Art mit anderen Kindern und vergleichen die Antworten mit Beobachtungsdaten. Außerdem ziehen wir Äußerungen der Eltern hinzu. Ein wesentlicher Unterschied unserer Methode zum Vorgehen der Soziometriker besteht darin, daß wir Freundschaft nicht *operational* als Nennung auf eine oder mehrere soziometrische Frage(n) *definieren*, sondern die Eigenart der Beziehung zweier Kinder aufgrund einer großen Fülle von Informationen aus unterschiedlichen Quellen *interpretieren*. Wenn beispielsweise ein Kind ein anderes bei t_1 Freund nennt und bei t_2 auf dieselbe Frage nicht erwähnt, weil die beiden gerade Streit haben, dann muß dies in der Soziometrie als Abbruch bzw. als Wechsel gezählt werden. Wir hingegen können interpretatorisch herauszufinden suchen, ob diese Kinder eine längere Beziehung haben, die trotz temporärer Verstimmungen nicht unterbrochen wird, oder ob sich die Qualität der Beziehung tatsächlich entscheidend verändert hat.

Konkret sind wir folgendermaßen vorgegangen: Im Anschluß an eine mehrmonatige Beobachtungsphase in einer Grundschulklasse der 4. Jahrgangsstufe haben wir mit den Kindern im Januar 1981 ein ausführliches halbstrukturiertes Interview durchgeführt, das in der Regel zwei Schulstunden dauerte. Dieses Interview wurde in derselben Klasse, ebenfalls nach einer vorangegangenen Beobachtungsphase, im Juni 1983 gegen Ende des 6. Schuljahres (in Berlin noch Grundschule) in leicht veränderter Form wiederholt. Zum ersten Zeitpunkt wurden die meisten Kinder zu zweit befragt, zum zweiten Zeitpunkt führten wir nur noch Einzelinterviews durch. In beiden Interviews wurde so intensiv wie möglich nach Freunden und Spielkameraden in der Schulklasse, der Nachbarschaft, im Bekanntenkreis der Eltern, in Sportvereinen, Kirchengemeinden u.ä. und nach der Qualität dieser Beziehungen gefragt. Im zweiten Interview wurde aber eine stärkere Strukturierung durch ein präziser festgelegtes Frageschema nach Orten und Zeitpunkten eingeführt. Außerdem wurde jeder auftauchende Name eines Kindes auf ein gesondertes Kärtchen geschrieben, und das Kind mußte abschließend sein Verhältnis zu jedem vermerkten Kind noch einmal qualifizieren.[2]

---

2 In dieser zweifachen Veränderung der Vorgehensweise drückt sich aus, daß wir zunächst explorativ mit der Erforschung einer Schulklasse begannen und insbesondere zu Beginn noch nicht sicher abschätzen konnten, was man Kindern an Beobachtungen und Befragungen zumuten kann.

Bei der Auswertung gehen wir so vor, daß wir mit Hilfe aller zur Verfügung stehenden Daten (Kinder- und Elterninterviews sowie Beobachtungen) zunächst die Beziehungen jedes Kindes für beide Zeitpunkte möglichst genau feststellen und die Qualität jeder Beziehung ermitteln. Besonders aufschlußreich ist es, auch die Schilderungen jedes genannten Kindes in dessen Interview über das zu nennende Kind einzubeziehen. Wir können auf die Weise nicht nur, wie auch in der Soziometrie üblich, wechselseitige von nicht reziprozierten Wahlen unterscheiden, sondern darüber hinaus vergleichen, wie die Beziehung von der einen bzw. der anderen Seite her aussieht, und zu verstehen versuchen, woran es liegen mag, wenn zwei Kinder ihre Beziehung nicht in der gleichen Weise charakterisieren. Es wird auch erkennbar, welche Nennungen und Charakterisierungen nur einen Wunsch ausdrücken oder völlig illusionär sind. Bei den Beziehungen zu Kindern außerhalb der Schulklasse fehlen die Informationen aus reziproken Interviews und aus Beobachtungen. Hier stützen wir uns auf die durch die Eigenart der Erzählung vermittelte Glaubwürdigkeit und auf die Berichte der Eltern. Eine Reihe von genannten Beziehungen wird auch durch Klassenkameraden bestätigt. Insgesamt sind unsere Aussagen insbesondere über schwache Beziehungen zu Kindern außerhalb der Klasse weniger gut abgesichert als zu Kindern innerhalb der Klasse.

Jede Beziehung jedes Kindes wird für jeden der beiden Zeitpunkte einer der folgenden Kategorien zugeordnet:

1 schwache, sporadische Beziehung
2 enge, sich häufig realisierende Beziehung
3 intensive, starke Beziehung einschließlich persönlicher Freundschaft
0 keine Beziehung (falls nur für den anderen Zeitpunkt eine Beziehung nach 1, 2 oder 3 bestand)

Für den Zeitvergleich zwischen t_1 (4. Jahrgangsstufe) und t_2 (6. Jahrgangsstufe) definieren wir Kategorien für Konstanz und Veränderung in folgender Weise:

A gleichbleibend enge Beziehung (Konstanz auf den Stufen 2 und 3, auch wenn ein Wechsel von 2 nach 3 oder von 3 nach 2 stattgefunden hat[3])
B beendete enge Beziehung (Wechsel von 2 oder 3 nach 0 oder 1)
C neue enge Beziehung (Wechsel von 0 oder 1 nach 2 oder 3)

---

3 Wir wollen damit ein Entwicklungsmoment eliminieren, das nicht mit der Frage nach der Konstanz von Beziehungen konfundiert werden darf. Auch wir beobachteten, daß sich in diesen Lebensjahren Beziehungen, in denen die Gegenseitigkeit noch sehr von den situativen Umständen beeinflußt wird, in vertrauensvolle Beziehungen verwandeln, die in sich selbst Gegenstand des Nachdenkens und Handelns werden (*Selman*, 1981). Dieser Übergang ist ein Entwicklungsschritt, über dessen soziale Bedingungen wir aufgrund unserer Daten später auch Aussagen hoffen machen zu können, der aber nicht mit dem hier anstehenden Problem, ob das Kind eine Beziehung in der seinem jeweiligen Entwicklungsstand gemäßen Art fortsetzt, verwechselt werden darf.

D   schwache Beziehung (Konstanz auf der Stufe 1 oder Wechsel von 0 nach 1 oder von 1 nach 0)

Aussagen über Konstanz und Wechsel werden nur über die Beziehungen formuliert, die zu einem der beiden Zeitpunkte eng (Stufe 2 und 3) waren. Bei der Bestimmung von sozialen Formationen berücksichtigen wir die Intensität der Beziehungen, die Grenzen, gemeinsame Themen und die interne Struktur. Dabei gehen wir in der an anderer Stelle geschilderten Weise vor (vgl. Kapitel 3 in diesem Buch).

Unsere Vorgehensweise ist der qualitativen Sozialforschung zuzurechnen. Insofern mag die Darstellung von Ergebnissen in Tabellenform und die Errechnung von Durchschnitten und Prozentanteilen befremden und bedarf vorweg einer kurzen Erläuterung. Die quantifizierende Vorgehensweise erklärt sich dadurch, daß für die Fragen nach der Größe von Bekanntenkreisen und nach Konstanz und Wandel in den Beziehungen die *Quantität*, d.h. die Zahl der konstanten und wechselnden Beziehungen eine entscheidende zu analysierende *Qualität* ist. Dies macht Kodier- und Zählvorgänge erforderlich und ermöglicht die übersichtliche und ökonomische Darstellung in Tabellenform. Es ist dies eines der Beispiele, das die Behauptung vom sich ausschließenden Gegensatz qualitativer und quantitativer Methoden besonders anschaulich relativiert.

4.3   Ergebnisse

4.3.1   *Überblick über die sozialen Beziehungen der Kinder auf der 4. und 6. Jahrgangsstufe*

In die Auswertung der Erhebung auf der 4. Jahrgangsstufe konnten wir die Daten von 32 Kindern, nämlich von 18 Mädchen und 14 Jungen, einbeziehen. Die Auswertung der Daten der Erhebung auf der 6. Jahrgangsstufe stützt sich auf Material über 29 Kinder, 19 Mädchen und 10 Jungen. Die Veränderungen in der Zusammensetzung der Klasse waren umfangreicher als diese Zahlen erkennen lassen: Zwei Mädchen und ein Junge sind in den zweieinviertel Jahren zwischen den Erhebungen neu in die Klasse eingetreten, fünf Jungen haben sie verlassen.[4] Diese Kinder haben beträchtlich zu Veränderungen in den Beziehungen der Klasse beigetragen.

---

4   Zwei die Klasse außerdem besuchende ausländische Kinder wurden in die Auswertung der ersten Erhebung nicht einbezogen, weil sie nicht integriert waren. Zwei weitere ausländische Kinder, die seit den ersten Lebensjahren in Berlin leben, wurden eingeschlossen. Bei der Auswertung der zweiten Erhebung wurden ein nicht integrierter ausländischer Junge und ein das Interview verweigerndes Mädchen nicht berücksichtigt.

Tabelle 4-1: *Enge* und *schwache* Beziehungen von Mädchen und Jungen zu Kindern innerhalb und außerhalb der Klasse

Geschl./ Klassen- stufe	innerhalb der Klasse zu				außerhalb der Klasse zu				insgesamt		$\bar{x}$
	Mädchen abs.	%	Jungen abs.	%	Mädchen abs.	%	Jungen abs.	%	abs.	%	
Mädchen											
4.Klasse	108*	73	13*	9	25	17	2	1	148	100	8,2
6.Klasse	124*	57	22*	10	38	17	34	16	218	100	11,5
Jungen											
4.Klasse	13*	10	80*	59	7	5	35	26	135	100	9,6
6.Klasse	22*	20	49*	44	6	5	34	31	111	100	11,1

*   innerhalb der Klasse sind alle Beziehungen jedes Kindes gezählt, dyadische Beziehungen sind also zweimal berücksichtigt

Insgesamt haben wir für die Mädchen in der 4. Klasse im Durchschnitt 8,2 enge und schwache Beziehungen (Stufe 2/3 und 1) und 11,1 in der 6. Klasse gezählt. Im Durchschnitt stieg die Zahl der Beziehungen also für Mädchen und Jungen an. Die Differenz zwischen Mädchen und Jungen ist insbesondere in der 6. Klasse geringfügig (vgl. Tabelle 4-1).

Tabelle 4-2: *Enge* Beziehungen von Mädchen und Jungen zu Kindern innerhalb und außerhalb der Klasse

Geschl./ Klassen- stufe	innerhalb der Klasse zu				außerhalb der Klasse zu				insgesamt		$\bar{x}$
	Mädchen abs.	%	Jungen abs.	%	Mädchen abs.	%	Jungen abs.	%	abs.	%	
Mädchen											
4.Klasse	44*	83	--	--	9	17	--	--	53	100	2,9
6.Klasse	42*	65	4*	6	15	23	4	6	65	100	3,4
Jungen											
4.Klasse	--	--	32*	70	2	4	12	26	46	100	3,3
6.Klasse	4*	8	26*	53	3	6	16	32	49	100	4,7

*   innerhalb der Klasse sind alle Beziehungen jedes Kindes gezählt, dyadische Beziehungen sind also zweimal berücksichtigt

Wenn wir nur auf die engen Beziehungen (Stufe 2/3) schauen, zeichnet sich ein entsprechendes Bild ab. Die Zahl der engen Beziehungen nahm bei den Mädchen von der ersten zur zweiten Erhebung von durchschnittlich 2,9 auf 3,4, bei den Jungen von 3,1 auf 4,7 zu. Die durchschnittliche Zahl an engen Beziehungen stieg also ebenfalls bei Mädchen wie bei Jungen (vgl. Tabelle 4-2).[5]

---

5   Der etwas stärkere Anstieg bei Jungen ist darauf zurückzuführen, daß mehrere der ausgeschiedenen Jungen einen besonders niedrigen Anteil enger Beziehungen hat-

Dieser Vergleich zeigt, daß die in der Literatur behauptete Tendenz, Mädchen neigten zu weniger, aber intimen, Jungen dagegen zu vielen, aber weniger engen Kontakten (*Waldrop & Halverson,* 1975; *Omark u.a.,* 1975; *Lever,* 1976; *Eder & Hallinan,* 1978), in unserem Material nicht nachweisbar ist. Auch *Medrich u.a.* (1982 S. 71) fand für Elf- bis Zwölfjährige keinen Geschlechtsunterschied in den engen Freundschaften.

4.3.1.1 Beziehungen von Mädchen zu Mädchen und Jungen zu Jungen innerhalb der Klasse

Den höchsten Anteil aller Beziehungen stellen die *gleichgeschlechtlichen Beziehungen innerhalb der Klasse* dar. Dabei sind die Beziehungen der Mädchen stärker auf die Schule konzentriert als die der Jungen, und das Gewicht der Beziehungen innerhalb der Klasse, bezogen auf alle Beziehungen, nimmt für Mädchen wie Jungen von der 4. zur 6. Klasse hin ab (Tabellen 4-1 und 4-2).

Auf der 4. Jahrgangsstufe haben die Mädchen innerhalb der Klasse im Durchschnitt 2,4 enge Beziehungen mit anderen Mädchen, zwei Jahre später ist dieser Durchschnitt geringfügig auf 2,2 abgesunken. Bei den Jungen ist die Tendenz schwach gegenläufig, der Durchschnitt enger Beziehungen zu anderen Jungen ist von 2,3 auf 2,6 gestiegen.

Hinter diesen Durchschnitten verbergen sich allerdings beträchtliche Unterschiede. Über die Hälfte der Kinder hat auf der 4. Jahrgangsstufe innerhalb der Klasse drei bis fünf enge gleichgeschlechtliche Beziehungen. Bei den Jungen ist dies auch zwei Jahre später noch so, bei den Mädchen haben auf der 6. Jahrgangsstufe noch ein Drittel drei bis fünf enge Beziehungen in der Klasse. Dafür ist der Anteil der Mädchen, die ein bis zwei enge Beziehungen in der Klasse haben, von einem Drittel auf über die Hälfte gestiegen. Bei den Jungen ist dies bei etwa einem Drittel geblieben[6].

Zwei Mädchen und zwei Jungen haben bei der ersten Erhebung und ein Mädchen und ein Junge bei der zweiten Erhebung keine enge Beziehung in der Klasse. Aber auch diese Kinder haben Beziehungen der schwachen Stufe innerhalb der Klasse. Nach einer amerikanischen Studie (vgl. *Asher, Oden & Gottman,* 1977, S. 33) haben 6% der Kinder zwischen der 3. und 6. Klasse

---

ten. In der Klasse blieben Jungen mit vielen engen Beziehungen, während die Mädchen der Klasse breiter in der Zahl ihrer engen und schwachen Beziehungen streuen. Insofern kann hier nicht von einem Geschlechtsunterschied gesprochen werden.

6 Die Veränderung bei den Mädchen mit wenigen engen Beziehungen zu anderen Mädchen in der Klasse bedarf einer Interpretation. Einige dieser Mädchen haben enge Beziehungen außerhalb der Klasse. In anderen Fällen handelt es sich nicht um fortschreitende Isolation, sondern um die Konsolidierung eines engeren Bezugskreises. So bleiben nur zwei Mädchen übrig, die beide „Opfer" des Zerfalls von sozialen Formationen sind, die ihnen vorher mehr Anschluß sicherten.

keine Freunde in der Klasse; in den von *Petillon* (1982, S. 421) untersuchten Klassen der 4. Jahrgangsstufe variiert die Zahl der Außenseiter zwischen 12 und 18 Prozent.

4.3.1.2 Beziehungen von Mädchen zu Mädchen und Jungen zu Jungen außerhalb der Klasse

Den zahlenmäßig nächstgewichtigen Bereich stellen die *gleichgeschlechtlichen Beziehungen außerhalb der Klasse* dar. Dabei sind die Jungen stärker außenorientiert als die Mädchen, für Mädchen wie Jungen nimmt dieser Bereich mit dem Alter geringfügig zu. Jedoch ist für beide das Gewicht außerschulischer Beziehungen auch in der 6. Klasse noch deutlich geringer als das der innerschulischen (Tabellen 4-1 und 4-2).

In der 4. Klasse hatten nur bei einem Jungen und einem Mädchen die Beziehungen zu Partnern des gleichen Geschlechts außerhalb der Klasse mehr Gewicht als die Beziehungen innerhalb der Klasse; in der 6. Klasse waren es zwei Mädchen und vier Jungen. Bei den Mädchen handelt es sich um ein sehr kontaktfreudiges und um ein kontaktarmes, das anstelle verlorengegangener Beziehungen in der Klasse Anschluß außerhalb gesucht hat. Die vier Jungen sind diejenigen, die sich um Mädchenfreundschaften bemühen und sich dadurch von den anderen Jungen in der Klasse abheben. Es geht ihnen zwar um die jungenorientierten Mädchen in der Klasse. Da diese aber am Nachmittag auch mehrere Jungen aus anderen Klassen in einem kleinen Park um sich sammeln, ergeben sich für die sie umschwärmenden Jungen auch Kontakte untereinander, vor allem über Crossrad-Kunststücke, mit denen sie sich gegenseitig zu übertreffen und den Mädchen zu imponieren suchen.

4.3.1.3 Beziehungen von Mädchen zu Jungen und von Jungen zu Mädchen

Anteilsmäßig geringfügig sind die Beziehungen der *Mädchen mit Jungen* und der *Jungen mit Mädchen*, sei es mit Partnern in der Klasse, sei es außerhalb. Enge Beziehungen zu Kindern des anderen Geschlechts tauchen erst auf der 6. Klassenstufe auf und sind auch hier auf wenige Kinder beschränkt (Tabellen 4-1 und 4-2). Diese Geschlechtssegregation in der Grundschule wird immer wieder festgestellt (z.B. *Lever,* 1976; *Eder & Hallinan,* 1978). In der Untersuchung von *Petillon* (1982, S. 415) werden auf der 4. Jahrgangsstufe in Soziogrammen Kinder des anderen Geschlechts nur von 4% der Probanden als Sitznachbar gewählt. Bei *Hallinan* und *Tuma* (1978, S.276) bezogen sich allerdings 23% aller Wahlen in 4. bis 6. Klassen auf das andere Geschlecht.

In unserer Untersuchung wurden in der 4. Klasse bei fünf von 18 Mädchen Beziehungen zu Jungen aus der Klasse festgestellt, die alle als Beziehungen der schwachen Stufe eingeordnet wurden. In der 6. Klasse hatten neun Mädchen (knapp die Hälfte) Beziehungen zu Jungen aus der Klasse. Die Gesamtzahl der gemischtgeschlechtlichen Beziehungen stieg von 13 auf 22 und enthielt zum zweiten Zeitpunkt auch vier enge Beziehungen.

Unter den Jungen unterhielten in der 4. Klasse neun von 14, also fast zwei Drittel, eine oder mehrere Beziehungen zu Mädchen in der Klasse, die stets nur als lockere Spielkontakte anzusehen waren. In der 6. Klasse reduzierte sich die Zahl der Jungen mit Mädchenbeziehungen in der Klasse auf fünf unter den nur noch zehn Jungen. Die Gesamtzahl der Beziehungen stieg dennoch auf 13 von 22 an, darunter waren auch vier enge Beziehungen.

Der geringere Anteil von Jungen mit Beziehungen zu Mädchen erklärt sich durch das allmähliche Auslaufen der Spielkameradschaften von Jungen und Mädchen, wie sie für die Zeit des Kindergartens und der ersten Schuljahre charakteristisch sind. In der 6. Klasse ist nur noch eine Beziehung zwischen einem Jungen und einem Mädchen diesem Typ zuzuordnen. Bei vier Jungen haben die Kontakte zu Mädchen vorläufig völlig aufgehört. Bei den vier Jungen, die weiterhin Beziehungen mit Mädchen haben, haben diese sich in Beziehungen verwandelt, in denen nun schon deutlich wird, daß Mädchen als Partner des anderen Geschlechts gesucht werden.

Diesem Stadium hatten sich einige Mädchen der Klasse schon auf der 4. Klassenstufe genähert. Die wenigen, die Beziehungen zu Jungen eingingen, suchten nicht Kameraden zum kindlichen Spielen und Herumtollen, sondern begannen, nach einem Freund Ausschau zu halten. Das hat sich zum Zeitpunkt der zweiten Erhebung verstärkt. Aus drei unter fünf Mädchen, die zur Zeit der ersten Erhebung bereits einen Freund des anderen Geschlechts haben wollten, wurden bei der zweiten Erhebung acht, die mit einem Jungen „gehen". Neben der geringen Zahl von Jungen in der Klasse hat offenbar die Ungleichzeitigkeit in dieser Entwicklung zwischen Jungen und Mädchen der Klasse dazu beigetragen, daß die Mädchen vermehrt auch Beziehungen zu Jungen außerhalb der Klasse eingehen.

Während bei der ersten Erhebung nur zwei Mädchen über eine Beziehung zu einem Jungen außerhalb der Klasse berichteten, waren es bei der zweiten Erhebung zehn. Unter den 13 Mädchen der Klasse, die Beziehungen zu Jungen innerhalb oder außerhalb der Klasse haben (zwei Drittel), überwogen zum zweiten Zeitpunkt die Beziehungen zu Jungen außerhalb der Klasse in der Gesamtzahl der Beziehungen zu Jungen. Bei den Jungen dagegen herrschten unter den Beziehungen zu Mädchen weiterhin die Beziehungen zu Mädchen aus der eigenen Klasse vor.

4.3.2 Konstanz und Wandel in den Beziehungen der Kinder nach zwei Jahren

Änderungen in den Beziehungen der Kinder beruhen nicht nur auf schwindenden Zuneigungen oder neuen Vorlieben, also auf persönlichen Umorientierungen, sondern ein Teil des Wechsels in den Beziehungen der Kinder wird durch äußere Umstände wie Umzüge, Sitzenbleiben und Schulwechsel erzwungen. Dieser Teil der Veränderungen hat seinen Ursprung außerhalb der Anziehungs- und Abstoßungskräfte der Peerwelt. Aber auch Kinder bemühen sich bereits, ungünstige Bedingungen zu überwinden. So sind zu zwei der fünf Jungen, die die Klasse verlassen haben, trotzdem Beziehungen bestehen geblieben.

Viele Kinder erzählten uns auf unsere Frage, sie hätten mit ihren Freunden bereits seit der 1. Klasse ein enges Verhältnis; einige verfolgen die Beziehungen sogar bis in den Kindergarten zurück. Auf dem Hintergrund der Literatur, in der der häufige Wechsel von Kinderfreundschaften behauptet wird, könnte man solche Aussagen dahingehend interpretieren, daß die Kinder ihre gegenwärtigen Beziehungen in ihrer Dauer übertreiben, weil sie rückblickend das bloße Sich-Kennen als Freundschaft interpretieren. Vielleicht haben die Aussagen der Kinder aber doch mehr Realitätsgehalt.

Hierfür spricht unser Vergleich der Kinderbeziehungen im Abstand von zwei Jahren. Von den engen Beziehungen mit Kindern des gleichen Geschlechts innerhalb der Klasse auf der 4. Jahrgangsstufe bestand die Hälfte auf der 6. Jahrgangsstufe immer noch. Dies gilt für Mädchen und Jungen gleichermaßen. Die andere Hälfte der Beziehungen ist weggefallen, etwa gleichviel neue Beziehungen sind hinzugekommen (Tabelle 4-3). Über ein Viertel dieses Wechsels ist auf äußere Umstände wie Zu- und Wegzug zurückzuführen.

Tabelle 4-3: Konstanz und Wandel in den engen gleichgeschlechtlichen dyadischen Beziehungen *innerhalb* der Schulklasse zwischen der 4. und 6. Jahrgangsstufe

	Jungen		Mädchen	
enge Beziehungen zu t_1 (4. Klasse)	16		22	
davon geblieben zu t_2	8 *	(50%)	11	(50%)
davon entfallen zu t_2	8 **	(50%)	11	(50%)
neu hinzugekommen zu t_2	8 ***		10 ****	
enge Beziehungen zu t_2 (6. Klasse)	16		21	

*	davon 2 zu einem Jungen, der die Klasse verlassen hat
**	davon 4 zu Kindern, die die Klasse verlassen haben
***	davon 1 zu einem Jungen, der die Klasse verlassen hat, und 3 zu einem Jungen, der neu hinzugekommen ist
****	davon 3 zu 2 Mädchen, die neu in die Klasse gekommen sind

Die Schätzung für die Beziehungen außerhalb der Klasse ergeben ein eher noch größeres Ausmaß an Konstanz. Bei der wegen der fehlenden reziproken Interviews mit den Partnern gebotenen vorsichtigen Interpretation ergibt sich, daß bei den Mädchen die Hälfte, bei den Jungen sogar zwei Drittel der Beziehungen auch noch zwei Jahre später bestehen (Tabelle 4-4). Bei Mädchen wie bei Jungen kommen mehr neue Beziehungen hinzu als weggefallen sind. Dabei ist zu beachten, daß dieser Zuwachs sich durch die erst auf der 6. Jahrgangsstufe zu beobachtenden Beziehungen zwischen Jungen und Mädchen erklärt.

Daß dieses hohe Ausmaß an Konstanz nicht nur in dem Bereich zu beobachten ist, in dem die Kinder einander aufgrund äußerer Bedingungen tagtäglich als Partner zur Verfügung stehen, sondern sich innerhalb und außerhalb der Klasse zeigt, ist ein erstaunliches Ergebnis. Die Qualität der als eng bezeichneten Beziehungen hat sich zwar teilweise geändert. Manche enge Spielkameradschaft hat sich zu einer intimen Freundschaft weiterentwickelt, mancher „beste" Freund ist durch einen anderen abgelöst worden und gilt nur noch als dauerhafter und verläßlicher Partner. Berücksichtigt man aber die Wirkung von Faktoren außerhalb der Dynamik der Kinderwelt, dann sind insgesamt die Kräfte der Beharrung unter Kindern eher stärker einzuschätzen als die Tendenzen der Veränderung.

Tabelle 4-4: Konstanz und Wandel in allen engen dyadischen Beziehungen *innerhalb und außerhalb* der Schulklasse zwischen der 4. und 6. Jahrgangsstufe

	Jungen		Mädchen	
enge Beziehungen zu t_1 (4. Klasse)	27		30	
davon geblieben zu t_2	17	(63%)	14	(47%)
davon entfallen zu t_2	10	(37%)	16	(53%)
neu hinzugekommen zu t_2	16 *		23 **	
enge Beziehungen zu t_2 (6. Klasse)	33		37	

| * | davon 2 zu Mädchen |
| ** | davon 7 zu Jungen |

Die bisher gemachten Durchschnittsangaben verbergen, daß die Kinder sehr unterschiedliche Erfahrungen mit dauerhaften und wechselnden Beziehungen haben. Wir können nach dem Umfang an engen Beziehungen und nach den jeweiligen Anteilen von fortbestehenden und von aufgegebenen oder neuen Beziehungen in unserem Material vier Typen unterscheiden:

Typ I „Randseiter": Diese Kinder standen zu beiden Erhebungszeitpunkten am Rand des intensiven Sozialgeflechtes unter Kindern.

Es handelt sich überwiegend um Mädchen. Die Jungen, deren Zuordnung hier zu erwarten wäre, haben vor der zweiten Erhebung die Klasse verlassen. Die Mädchen berichten alle über Schwierigkeiten in ihren Beziehungen zu anderen Kindern, gehören aber nicht zu den Ausgestoßenen. (So wären eher die nicht mehr anwesenden Jungen zu kennzeichnen.) Diese Mädchen haben das Problem, in den Beziehungen zu anderen ein ausgewogenes Verhältnis von Intensität und Distanz zu halten. Sie versuchen, andere zu „besitzen", und verhalten sich dann wieder zurückgezogen-kühl. Insofern haben sie bis zum Alter von zwölf Jahren allenfalls kurzfristige Erfahrungen mit engen gleichgeschlechtlichen Beziehungen gemacht. Von ihrer Sehnsucht nach einer festen Freundin haben sie im Interview gesprochen. Der einzige hier einzuordnende Junge phantasiert im Interview zahlreiche Freundschaften.

Typ II „Wechsler": Diese Kinder haben zu beiden Zeitpunkten enge Beziehungen, aber kaum eine davon hat die zwei Jahre überdauert.

Hier überwiegt also der Wandel. Diese Kinder machen Erfahrungen mit festen Beziehungen, aber sie sind nicht bereit oder nicht in der Lage, diese über längere Zeiträume aufrechtzuerhalten. Bei näherem Hinsehen ergeben sich unter den Kindern, die nahezu alle engen Beziehungen austauschten, zwei Untertypen.

Bei *Typ II.1* führt das Interesse am anderen Geschlecht dazu, daß neue Freunde unter Jungen und Mädchen, die dieses Interesse teilen, gesucht werden. Die Umorientierung auf das andere Geschlecht führt also auch zu einer Neuorientierung beim eigenen Geschlecht. Allgemeiner ausgedrückt: Ein grundlegender Interessenwandel führt zu neuen Freundeskreisen.

Der *Typ II.2* ist problematischer. Hier finden wir Kinder, die mit zehn Jahren zwar enge, aber wenig befriedigende Beziehungen hatten. Im Unterschied zu den Typ I-Kindern finden sie zwar wieder enge Beziehungen, aber wieder sind diese eher prekär. Insofern ist der Übergang zwischen den Typen I und II.2 fließend.

Typ III „Konstante". Diese Kinder bewegen sich in einem Rahmen enger Beziehungen, der sich über die Jahre hinweg kaum geändert hat.

Diese Kinder machen Erfahrung mit langanhaltenden Beziehungen, Erfahrungen mit neuen Beziehungen und Beziehungswechsel bleiben ihnen aber verschlossen. Die hier zugeordneten Kinder liegen in der Anzahl ihrer Beziehungen um den Durchschnitt. Es handelt sich vorwiegend um ruhige und sehr selbstkontrollierte, in einigen Fällen allerdings geradezu passive Kinder. Diese Kinder haben nur spärliche Beziehungen zu Kindern des anderen Geschlechtes, und die Beziehungen innerhalb der Klasse überwiegen die zu Kindern außerhalb. Einige von Ihnen haben unter den Kindern der Klasse einen guten Ruf, der sich auch auf gute Schulleistungen gründet. Die anderen bleiben im Klassenleben blaß. Bei ihnen könnte die Konstanz auf mangelnder sozialer Aktivität beruhen. Möglicherweise würde eine breitere Materialbasis hier ebenfalls zur Bildung von Untertypen führen.

Typ IV „Intensive". Diese Kinder unterhalten einerseits jahrelang andauernde enge Beziehungen, haben aber andererseits wichtige Beziehungspartner aufgegeben und neue hinzugewonnen.

Diese Kinder machen intensive Erfahrung mit Konstanz und Wandel. Vor allem die Mädchen haben zu beiden Zeitpunkten überdurchschnittlich viele enge Beziehungen sowohl innerhalb wie außerhalb der Klasse. Sie sind keineswegs unumstritten, aber durchweg angesehen. Die Veränderungen in den Beziehungen der Jungen halten sich in Grenzen und sind mehr durch die Umstände bewirkt als durch aktive Strategien.

Die Erhaltung und der Wechsel von Beziehungen scheinen beide von sozialisatorischer Bedeutung zu sein. Kinder haben bereits unter Gleichaltrigen die Möglichkeit, das Aufrechterhalten von Beziehungen auf freiwilliger Basis über längere Zeiträume hinweg zu lernen; sie lernen aber auch, Beziehungen zu lösen und damit fertig zu werden, Freunde zu verlieren. Und sie lernen, Beziehungen fortzusetzen, aber deren Qualität zu verändern.

Die Erfahrung, eine freiwillige Beziehung dauerhaft zu sichern, mag ebenso relevant sein wie die Erweiterung des Erfahrungshorizonts durch den Wechsel von Beziehungen. Wie die Typologie zeigt, machen allerdings nicht alle Kinder beide Erfahrungen. Die Kinder des Typs I sind von beiden Erfahrungsquellen abgeschnitten, auch wenn viele von ihnen nicht so isoliert sind, wie es in Soziogrammen erscheint. Die Kinder der Typen II, III und IV haben Erfahrungen mit engen Beziehungen. Kinder des Typs II erfahren aber schwergewichtig den Wechsel, Kinder des Typs III vor allem Konstanz. Nur die Kinder des Typs IV haben die reichhaltige Erfahrung von Konstanz und Wechsel. Erst die Ergebnisse weiterer Nachuntersuchungen in der Adoleszenz können zeigen, welche längerfristigen Folgen diese unterschiedlichen Erfahrungen mit Beziehungen zu Gleichaltrigen haben.

Abbildung 4-1: Veränderungen in den sozialen Formationen von der Jahrgangsstufe 4 zur Jahrgangsstufe 6

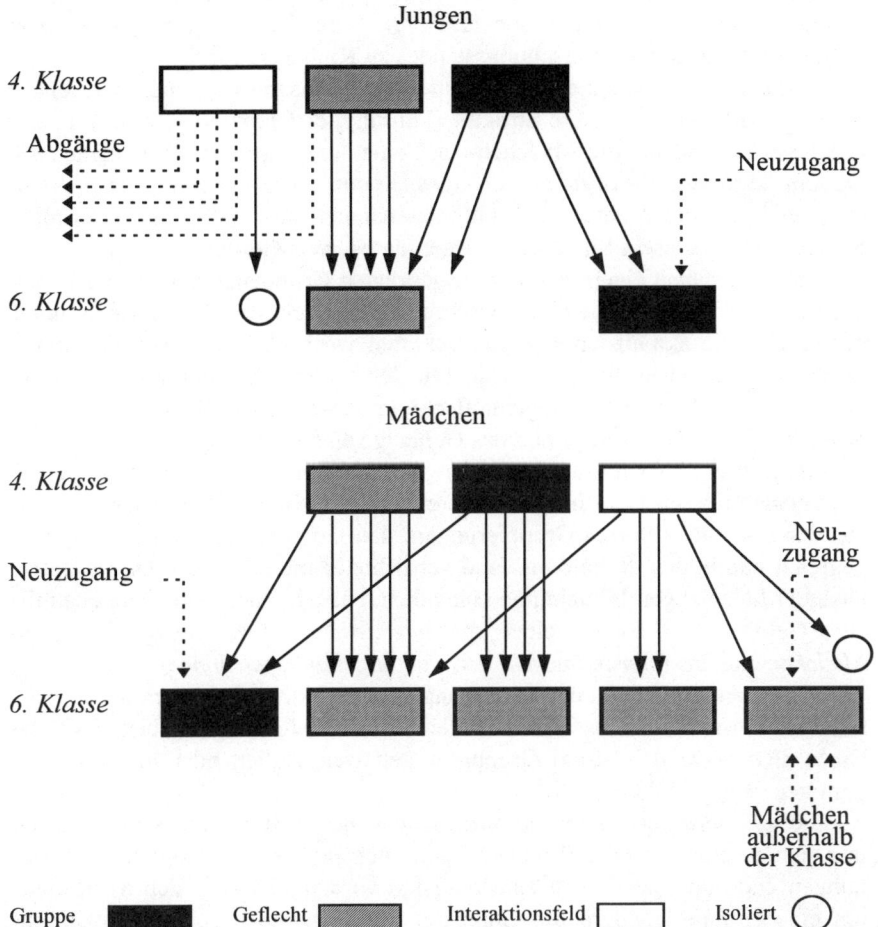

Jeder durchgezogene Pfeil symbolisiert den Weg einer Person von der 4. zur 6. Klasse

4.3.3 Veränderungen in den sozialen Formationen der Kinder nach zwei Jahren

Auf der 4. Jahrgangsstufe fanden wir drei Typen von sozialen Formationen: Gruppe, Geflecht und Interaktionsfeld (vgl. Kapitel 3 in diesem Buch; dort auch die Diskussion des Forschungsstandes zu Kindergruppen).[7]

Gruppen sind gekennzeichnet durch ein gemeinsames Thema, eine relativ klare Grenze und eine innere Struktur (Führung, differenzierte Rollen). In der 4. Klasse bestand je eine Mädchen- und eine Jungengruppe. Wir nennen sie *die schulleistungsorientierte Mädchengruppe* und *die Gruppe der ordentlichen Jungen*. Die Kinder beider Formationen nannten sich selbst nicht Gruppe, besaßen also in diesem Sinne kein ausgeprägtes „Wir-Gefühl".

Geflechte haben einen weniger ausgeprägten Gruppencharakter. Sie haben ebenfalls ein Thema sowie einen beschreibbaren Kreis von Zugehörigen, unter denen aber die aktualisierten Freundschaften wechseln. So bildet sich keine dauerhafte interne Struktur aus. Zur Zeit der ersten Erhebung gab es sowohl ein Mädchen- als auch ein Jungengeflecht, und zwar das an *Sozialbeziehungen orientierte Mädchengeflecht* und das *Geflecht spielender Jungen*.

Interaktionsfelder umfassen Kinder, die untereinander häufig interagieren, aber keine engeren Beziehungen untereinander ausbilden. Diese Kinder sind aus den oben angeführten Gruppierungen, den Gruppen und Geflechten, ausgegrenzt und bilden deshalb ein Feld verdichteter Interaktionen. Da sie untereinander keine engen Beziehungen eingehen, entsteht aber kein gruppenähnliches Gebilde. Wir unterscheiden das *Interaktionsfeld der übriggebliebenen Mädchen* und das *Interaktionsfeld der nichtangebundenen Jungen*.

Die Veränderungen in den Beziehungen der Kinder haben auch diese sechs sozialen Formationen beeinflußt. Welche sind bestehen geblieben? Welche haben sich gewandelt? Sind Gruppierungen weggefallen oder neu hinzugekommen (vgl. Abbildung 4-1)?

Die *schulleistungsorientierte Mädchengruppe* hat Randmitglieder verloren und sich zu einer Tetrade reduziert, in der nur ein Teil der möglichen Beziehungen und noch dazu wechselnd realisiert wird. Es handelt sich nicht mehr um eine Gruppe, sondern der Charakter des Zusammenschlusses entspricht dem eines Geflechtes. Der Einfluß der in der ehemaligen Gruppe tonangebenden Mädchen ist zurückgegangen. Das Schulleistungsthema teilen noch drei

---

7 Die Veränderung von Kindergruppen wurde bisher kaum untersucht. Einen interessanten Versuch, Cliquen mit soziometrischen Methoden zu ermitteln und longitudinal zu verfolgen, legt *Hallinan* (1979b) vor. Ihre Ergebnisse, wonach ein Drittel aller Klassen keine Cliquen hat und wonach Cliquen über das Schuljahr hinweg instabil und fluktuierend sind, lassen allerdings an der Validität der Messung zweifeln.

der vier Mädchen. Einzelne Mitglieder haben divergierende Außenorientierungen.

Die *Gruppe der ordentlichen Jungen* existiert nicht mehr. Zwei Mitglieder (einer davon damals schon am Rand) sind wegen ihres Interesses an Mädchen abgesprungen. Die übrigen sind Teil des Jungengeflechtes geworden, in dem ihre Beziehungen sich allerdings noch abheben. Der ursprüngliche Einfluß der Jungen dieser Gruppe ist wie bei den Mädchen zurückgegangen.

Das *an Sozialbeziehungen orientierte Mädchengeflecht* ist zum großen Teil erhalten geblieben. Da die neugebildete Mädchengruppe (s.u.) mit dem Geflecht zusammenhängt und ein ehemals isoliertes Mädchen aus dem Interaktionsfeld hier Anschluß gefunden hat, kann man von einer Erweiterung des Geflechtes sprechen. Es bleibt weiterhin ein Rahmen für sich bildende und zerfallende Dyaden und Triaden.

Das *Geflecht der spielenden Jungen* hat sich ebenfalls erhalten und etwas erweitert, weil die Reste der ehemaligen Jungengruppe sich hierher orientierten. Dieser Übergang wurde durch bereits früher bestehende Verbindungen erleichtert. Das Interesse an Fußball, jüngst Crossrad, und die vollständige Abstinenz von Mädchenfreundschaften stiften die Gemeinsamkeit. Die in der ehemaligen Gruppe einflußreichen Jungen haben hier keine besondere Stellung, sie bilden ein etwas abgesetztes Teilgeflecht.

Das *Interaktionsfeld der übriggebliebenen Mädchen* ist verschwunden. Alle ehemaligen Mitglieder bis auf eines haben befriedigenderen Anschluß gefunden. Zwei haben mit einem ehemaligen randständigen Mitglied der Mädchengruppe eine enge Beziehung angeknüpft. Diese Triade stellt deshalb keine Gruppe dar, weil die beiden aus dem ehemaligen Interaktionsfeld nach wie vor keine enge Beziehung zueinander haben. Die *Triade* hat demnach die Form eines „V". Ein weiteres Mädchen hat sich mit einer neuen Klassenkameradin zu einer *Dyade* zusammengetan, die zu einem außerschulischen Mädchengeflecht gehört. Ein Mädchen hat lockeren Anschluß an das Mädchengeflecht gefunden. Das fünfte Mädchen ist isoliert geblieben.

Das *Interaktionsfeld der nichtangebundenen Jungen* ist ebenfalls verschwunden, weil vier der fünf zugehörigen Jungen wegen persönlicher oder schulischer Probleme die Klasse verlassen haben. Ein Junge bleibt isoliert, hat aber einige Verbindungen zu Mädchen.

Eine *neue mädchenorientierte Jungengruppe* hat sich aus den zwei abgesprungenen Mitgliedern der damaligen Gruppe ordentlicher Jungen und einem neuen Klassenkameraden gebildet. Das gemeinsame Interessengebiet sind Mädchen; die Grenze gegen andere Jungen aus der Klasse ist eindeutig, gegen Jungen aus anderen Klassen allerdings nicht so klar. Die drei Jungen sprechen von „Wir". Die Gruppe hat im Schulbereich keinen Einfluß, sie ist fester Bestandteil einer Welt, die sich nachmittags in einem kleinen Park neben einer Kirche bildet.

Eine *neue jungenorientierte Mädchengruppe* hat sich aus einem Mitglied des Geflechtes, das zu dessen Mitgliedern immer noch enge Beziehungen hat, einem ehemaligen Randmitglied der Mädchengruppe und einer Neuen in der

Klasse gebildet. Das Interesse gilt primär Jungen außerhalb der Klasse. Auch die Sozialwelt dieser Mädchen entfaltet sich im Kirchpark, und sie identifizieren sich selbst als Gruppe. Diese Gruppe beeinflußt stark das Mädchengeflecht, führt aber neben diesem Geflecht ein durchaus eigenständiges Leben.

Die beiden neuen Gruppen, Mädchen und Jungen, treffen sich nachmittags zusammen mit anderen Jungen und Mädchen aus Parallelklassen und Wohnumgebung im Kirchpark. Hier stoßen auch noch andere Mädchen aus der Klasse hinzu. Für uns ist sehr deutlich, daß es sich weder in der Klasse noch auf dem „Kirchi" um eine geschlechtsheterogene Gruppe handelt, sondern um zwei geschlechtshomogene Gruppen, deren Mitglieder intensiv miteinander interagieren. In diesem Alter scheint der Kontakt zu Mädchen bzw. Jungen noch nicht individuell hergestellt zu werden, sondern gestützt auf Gruppen.

Die Jungen geben kollektiv an, etwa indem sie Kunststücke auf ihren Crossrädern vorführen und die Mädchen necken, während sich die Mädchen unterhalten, mit den Jungen scherzen und sich für Neckereien mit Späßen revanchieren. Dabei kommt es auch zu mancher „Entführung" auf der Lenkstange eines Rades, zu viel Gekicher, Gekreisch, zum Verwuscheln der Haare und zu anderen körperlichen Attacken auf der Grenze zwischen Raufen und beginnender Sexualität.

Insgesamt zeigt sich also auch in den sozialen Formationen eine Mischung von Konstanz und Wandel. Wie kam es zu Veränderungen?

Zur Auflösung der ehemaligen schulleistungsorientierten Mädchengruppe könnten interne Gruppenprozesse beigetragen haben. Aus den Daten heraus läßt sich nicht entscheiden, ob der Weggang von zwei statusniederen Mitgliedern den Zusammenhalt schwächte (Theorien von der Gruppenintegration durch Sündenböcke und Kulis) oder ob die Orientierung eines statushohen Mädchens an Jungen die Bindungen lockerte, weil die anderen dem noch nicht folgen können (Theorien von der Integrationskraft des Anführers). Auch könnte das auf der 4. Jahrgangsstufe festgestellte Konkurrenzverhalten der Gruppenmitglieder die Bindungskräfte geschwächt haben. Eine gewisse Konstanz ist darin zu sehen, daß vier der ehemals sechs Mädchen immer noch in einem Geflecht verbunden sind.

Bei der ehemaligen Jungengruppe hat der mit dem neuen Interesse an Mädchen verbundene Abgang zweier Mitglieder, die mit einem Dritten eine neue Gruppe bildeten, zum Zerfall beigetragen. Beide Jungen hatten für Aktivität und ein gewisses Maß an Aufregung und Spaß gesorgt, den sich die übriggebliebenen, ziemlich stillen Jungen alleine nicht zu schaffen vermögen. Sie fanden Anschluß bei den etwas lebhafteren Jungen des Geflechtes. Die Orientierung dorthin lag nahe, weil bereits vorher Verbindungen bestanden.

Besonders bedeutsam für Wandlungen in den Gruppierungen unter Kindern dieses Alters ist die zunehmende Orientierung am anderen Geschlecht. Aufgrund der voranschreitenden psychosexuellen Entwicklung haben sich die zwei neuen Dreiergruppen gebildet, und die Auflösung der ehemaligen Jungengruppe hängt ebenfalls mit diesem neuen Interesse zusammen. Die Neubildungen und die Auflösungen von Gruppen wurden auch durch den Eintritt der beiden Mädchen und des Jungen in die Klasse begünstigt. Alle drei verstärkten die Kontakte über die Geschlechtsgrenze hinweg.

Die relative zeitliche Stabilität der Geflechte beruht nach unserer Interpretation auf ihrer Flexibilität. Zwar gehören die meisten Mitglieder den Geflechten über lange Zeiträume an. Jedoch können Kinder hinzukommen oder weggehen, ohne daß dadurch, wie bei Gruppen, für das Funktionieren wichtige Strukturen zerbrechen. Gruppierungen vom Typ „Geflecht" lassen Wandlungen in der internen Beziehungsstruktur zu. Sie tragen damit dem Phänomen Rechnung, daß Beziehungen stark werden, abflauen und wieder stärker werden können. Wenn sich Mitglieder eines Geflechtes streiten, dann können sie ihre Beziehung ruhen lassen und später problemlos wieder aufnehmen.

Wir möchten auf der Grundlage unserer Daten die Hypothese formulieren, daß *Geflechte* die *bevorzugte Gesellungsform* in dieser Altersphase sind. Immer wieder bilden sich zwar auch stärker strukturierte Gebilde vom Typ „Gruppe" um ein gemeinsames Thema. Diese Gruppen bieten andere Lernchancen als Geflechte. Das Leben in ihnen scheint ernster, die Mitglieder müssen Rang- und Rollenverteilungen berücksichtigen. Aber die sich in Gruppen ausbildenden relativ starren Strukturen und Festlegungen vor allem auf der Status- und Einflußdimension stimulieren Gegenkräfte und überstehen daher Krisen und Belastungen oft nicht. Die am Gleichheitsprinzip orientierten Kinder verfügen über die Freiheit und Fähigkeit, solche Gruppen zu verlassen, wenn die Hierarchie als unangenehm empfunden wird, sich das Interesse ändert oder sich befriedigendere Freundschaften anbieten.

Gruppen in der von uns beschriebenen Eigenart sind zwar Phänomene der Kinderwelt, aber sie sind zeitlich instabiler als Geflechte. Wir vermuten, daß ihnen insgesamt auch weniger Kinder angehören. Geflechte sind dagegen relativ dauerhaft, weil das Fehlen einer verfestigten Struktur und insbesondere das Fehlen einer Hierarchie den Gleichheitstendenzen dieser Altersphase entspricht und weniger Friktionen erzeugt. Geflechte vereinigen in sich engere Bindungen und größere Distanz von Kindern. Sie ermöglichen lustvolle Interaktion, aber auch die Austragung von Konflikten im Rahmen dauerhafter Zusammengehörigkeit, die Bewegungsspielraum läßt. Mehr als in Gruppen bieten sich jedoch Auswege; vor Konsequenzen kann man sich drücken. Mitglieder von Geflechten sind zwar nicht leicht allein, aber sie trotten vielleicht auch nur mit den anderen mit und profitieren wenig von den sozialen Erfahrungen. Vermutlich leisten Gruppen *und* Geflechte einen Beitrag zur Sozialisation der Kinder. Ein Teil von ihnen erlebt, wie unsere Beobachtungen zeigen, beide Gesellungsformen mit ihren sozialen Herausforderungen.

Aushandlungen

Kapitel 5

Strategien der Aushandlung unter gleichaltrigen Kindern im Grundschulalter[1]

5.1 Problemstellung

Im Verlauf der mittleren Kindheit gewinnen Kinder viel selbständigen Aktionsraum, in dem sie sich darüber verständigen müssen, was sie zusammen spielen und unternehmen wollen. Somit bilden Aushandlungsprozesse in den Interaktionen unter Kindern einen besonders wesentlichen Teil. Auf diesem Hintergrund erhält die bekannte Aussage *Piagets* (1986), daß die Struktur der sozialen Interaktionen unter Gleichaltrigen sich von der zwischen Erwachsenem und Kind unterscheidet, eine besondere Bedeutung; denn den unterschiedlichen Beziehungen entsprechen unterschiedliche Strategien des Aushandelns. Aushandlungsprozesse unter Gleichaltrigen müßten folglich andere Entwicklungsanstöße vermitteln als Aushandlungen zwischen Kindern und Eltern. Wie Piaget ausführt, neigen Kinder dazu, sich den Erwartungen der Eltern zu unterwerfen, weil sie sie lieben oder ihre Strafen fürchten. Dagegen bieten Interaktionen unter Kindern größere Chancen, sich der Dominanz anderer zu entziehen und die eigenen Ansprüche von denen der anderen abzuheben. Angesichts der geringeren Möglichkeiten, andere zu zwingen, liegt es nahe, die Kooperation der anderen dadurch zu gewinnen, daß auch ihre Sicht-

---

1 Grundlage dieses Kapitels sind zwei Vorträge, die wir unter der Autorenschaft von *L. Krappmann* und *H. Oswald* auf den 52nd Biennial Meetings of the Society for Research in Child Development in Baltimore/USA im April 1987 und auf der 8. Tagung für Entwicklungspsychologie in Bern/Schweiz im September 1987 gehalten haben. Die Ergebnisse gingen unter Verwendung von teilweise anderen statistischen Methoden in das Kapitel 4.2.2 des Buches von 1988 ein (*Oswald & Krappmann* unter Mitarbeit von *Fricke*). Auf einer breiteren quantitativen Basis und unter Verwendung von Strukturgleichungsmodellen berichteten wir das Ergebnis in der Sitzung des Wissenschaftlichen Beirates des Max-Planck-Institutes (*Krappmann & Oswald*, 1992). Die Ausführungen dieses Kapitels folgen im Wesentlichen den Ausführungen des Vortrages in Bern, wurden aber um die statistischen Analysen und einige Argumente aus dem Papier von 1992 erweitert.

weisen und Wünsche einbezogen werden (*Piaget*, 1972). Auch *Youniss* (1980) betont, daß sich unter Kindern eine Vorstellung von Gleichheit ausbildet, die im Umgang miteinander angestrebt wird.

Allerdings widerspricht die soziale Realität der Kinderwelt oft dieser Hoffnung, für eigene Vorschläge Gehör zu finden. Kinder versäumen es immer wieder, sich abwägend mit den Ansichten der anderen auseinanderzusetzen. Nur zu oft versuchen Kinder, durch Drohungen, Bestechungen oder Schmeicheleien andere für ihre Zwecke auszunutzen. Immerhin können Kinder gewalttätigen oder unfairen Partnern aus dem Weg gehen und nach Freunden suchen, die einander die Erfahrung eröffnen, daß es sich lohnen kann, aufeinander eingehend nach Lösungen zu suchen.

In zahlreichen Untersuchungen wurde nachgewiesen, daß der Austausch von Meinungen und Argumenten unter Kindern ihre soziale Entwicklung beeinflußt (*Smollar & Youniss*, 1982), ihre kognitiven Kompetenzen und ihr moralisches Urteil fördert (*Doise*, 1985; *Mugny u.a.*, 1984; *Damon & Killen*, 1982; *Berndt*, 1984) sowie die Kinder zu besseren Lösungen bei Streitfragen kommen läßt (*Nelson & Aboud*, 1985). Diese förderlichen Auswirkungen sind sogar zu beobachten, wenn keines der Kinder über die verlangte Fähigkeit oder Lösung verfügt, bevor es in den Aushandlungsprozeß eintritt (*Glachan & Light*, 1982). In diesen Studien wurde vor allem geprüft, ob Fortschritt bei der Problemlösung mehr durch gemeinsame Anstrengungen unter Kindern oder durch die Hilfe von Erwachsenen stimuliert werden. Demgegenüber liegen nur wenige Untersuchungen vor, die die Vorgehensweisen der Kinder zum Gegenstand haben, mit denen sie die besseren Lösungen erreichen oder ihre Fähigkeiten steigern.

Dieser Prozeß wurde fast ausschließlich in Studien analysiert, die sich der Förderung des moralischen Urteils widmen. Diese Studien zeigen, daß es unterschiedliche Muster des Argumentierens gibt, um sich mit diskrepanten Auffassungen auseinanderzusetzen. Es werden verschiedene Entwicklungsmodelle vorgeschlagen, in denen diese Kommunikations- und Interaktionsmuster hierarchisch geordnet werden (*Berkowitz & Gibbs*, 1983; *Berkowitz, Oser & Althof*, 1987; *Miller*, 1984; *Oser*, 1981). Auch *Powers* (1982) unterscheidet eine Vielzahl von Verhaltensweisen, die in Auseinandersetzungen angewandt werden und die keineswegs alle zu einer konstruktiven Lösung beitragen wie etwa „Ablenkung" oder „Abwertung/Feindseligkeit". *Selman* und *Demorest* (1984) stellen Aushandlungsstrategien einander gegenüber, die auf die Veränderung des Selbst oder des anderen zielen und ordnen sie in einem Vierstufenmodell, das auf der untersten Stufe mit physischer Dominanz über den anderen oder widerstandsloser Unterwerfung unter den anderen einsetzt und zu Strategien kooperativer Entwicklung von Lösungen führt, die die Interessen beider Partner berücksichtigen. Hinter diesem Modell steht die Konzeption Selmans, daß Kinder Stufe für Stufe voranschreitend die Kompetenz entwickeln, nicht übereinstimmende Perspektiven zu koordinieren (*Selman*, 1984). Demgegenüber bezieht sich das Modell von *Keller* und *Reuss* (1985) auf die Vorstellung eines idealisierten Diskurses, und sie bestimmen aus dieser Sicht Stufen in den

Begründungen, die Kinder in der Auseinandersetzung mit Freundschaftsdilemmata verwenden.

Wie etliche Studien nachgewiesen haben, stehen die Aushandlungsstrategien, die Kinder verwenden, in Verbindung mit ihrem soziometrischen Status und mit ihrer Integration in das Geflecht der Gleichaltrigenbeziehungen. Dieser Zusammenhang ist für den hohen Anteil physischer Aggressionen, die von unbeliebten Kindern ausgehen, am besten abgesichert (*Dodge*, 1983). Beliebte Kinder aus der dritten bis zur siebten Schulklasse erreichten höhere Werte für die Fähigkeit, Kompromisse zu schließen, als weniger beliebte Kinder. Auf den differentiellen Einfluß der sozialen Stellung eines Kindes unter den Gleichaltrigen weist ferner hin, daß die Werte bei den vernachlässigten, von den anderen übersehenen Kindern höher lagen als bei abgelehnten; und diese Kinder erreichten sogar höhere Werte als Kinder mit durchschnittlicher Popularität (*Kurdek & Lillie*, 1985). Beliebte Kinder aus der ersten und zweiten Schulklasse beteiligten sich weniger an Streitereien als andere Kinder. Wenn sie doch in Konflikte verwickelt waren, dann ging es häufiger um gegenseitige Beeinflussung und seltener um Streit über Gegenstände (*Shantz & Shantz*, 1985). Ältere Kinder und Kinder mit höherem soziometrischem Status waren eher bereit, die Aufrechterhaltung einer guten Beziehung zu berücksichtigen, wenn sie mit einem hypothetischen Problem zwischen Kindern konfrontiert wurden, als jüngere und unbeliebtere Kinder (*Renshaw & Asher*, 1983). *Nelson* und *Aboud* (1985) fanden heraus, daß Freunde stärker als weniger befreundete Kinder sich in einem Streit über ein soziales Problem unter Kindern in einer Weise beeinflußten, die schließlich zu einer besseren Lösung führte.

Wir folgern aus den referierten Untersuchungen, daß Kinder in Auseinandersetzungen verschiedene Vorgehensweisen benutzen, um Kontroversen zu lösen oder zu beenden. Wir bezeichnen diese Vorgehensweisen als Strategien, um herauszustellen, daß diese Verhaltensmuster zielorientiert sind. Diese Strategien richten sich auf einen Abschluß der Auseinandersetzung, der dem Anwender dieser Strategie oder beiden Aushandlungspartnern nützen soll. Die dargestellten Ergebnisse lassen auch fragen, mit welchen Eigenschaften der aushandelnden Kinder die Auswahl bestimmter Strategien zusammenhängt, da deren Verwendung nicht nur durch die erreichte Entwicklungstufe, Perspektiven zu koordinieren und seine Interessen und Sichtweisen zu vertreten, beeinflußt zu sein scheint. Wir nehmen deshalb an, daß (1) Kinder Strategien verschiedener Qualität verwenden, und zwar (2) im Hinblick auf den Gegenstand der Aushandlung, insbesondere im Hinblick auf normative Regelungen, die den Aushandlungsgegenstand betreffen. Wir nehmen ferner an, daß (3) das Ergebnis der Aushandlung mit dem Gegenstand und der Qualität der Strategien in Beziehung steht. Außerdem nehmen wir an, daß das Vorkommen bestimmter Aushandlungsgegenstände, die Auswahl von Strategien und die erreichten Ergebnisse sowie die Zusammenhänge zwischen diesen Variablen (4) nach der Qualität der sozialen Beziehung zwischen den Aushandlungspartnern variieren.

Der hier vorgelegte Bericht stützt sich auf die Analyse des ersten Aushandlungsschrittes sowohl des die Aushandlung eröffnenden Kindes als auch des auf diesen Schritt antwortenden Kindes und des Zusammenhanges der Vorgehensweise der Kinder in ihrem jeweiligen ersten Schritt mit dem Gegenstand der Aushandlung und mit dem am Ende der gesamten Aushandlung erreichten Ergebnis. Für diese Beschränkung entschieden wir uns, um eine bessere Vergleichbarkeit der uns vorliegenden Aushandlungsprozesse zu erreichen, denn in etwa einem Viertel der beobachteten Aushandlungen bestand die Aushandlung nur aus drei Schritten, das angesprochene Kind reagierte also nur einmal und das erste Kind sah sich bestätigt, gab auf oder lenkte ein. Abgesehen von dieser pragmatischen Erwägung spricht für dieses Vorgehen auch die Annahme, daß in Aushandlungen vor allem durch den ersten Schritt und die erste Entgegnung die Intentionen beider Teilnehmer eingebracht werden und diese beiden Schritte insofern wesentlich die „Definition der Situation" (*William Isaak Thomas*) bestimmen und daher besondere Aufmerksamkeit verdienen.

5.2   Methode

Den folgenden Ausführungen liegen die Beobachtungsprotokolle aus den drei vierten und aus einer sechsten Klasse zugrunde. Aus dem Gesamt aller Interaktionen, die in den Protokollen zu finden sind, wurden alle Aushandlungen unter Kinder herausgesucht und zu einem Datensatz „Aushandlung" zusammengefaßt, zu dessen Erstellung und weiterer Bearbeitung das Programm Qualitas benutzt wurde, das *Klaus-Uwe Süß* speziell für die Analyse unserer Beobachtungsdaten entwickelt hat. Eine Interaktion wurde dann als Aushandlung kategorisiert, wenn zwischen mindestens zwei Kindern ein Dissens auftrat, der aktiv von den Beteiligten ausgetragen wurde. Im einzelnen erforderte die Zuordnung zum Datensatz „Aushandlung", daß ein Aushandlungsgegenstand durch den Initiator explizit oder implizit verbal oder durch eine Handlung, die mit den Interessen eines anderen interferierte, eingeführt wurde und daß ein antwortendes Kind ebenfalls explizit oder implizit reagierte.[2] Ostentatives Ignorieren wurde zum Beispiel als eine implizite Reaktion betrachtet. Wenn ein angesprochenes Kind dem Vorschlag eines Initiators umstandslos und offenbar einvernehmlich folgte, wurde die Interaktion nicht als Aushandlung angesehen.

In die vorliegende Analyse wurden Aushandlungen, die im Beobachtungsprotokoll nur allgemein beschrieben waren, nicht aufgenommen, etwa eine Notiz „Die Kinder treffen eine Verabredung", weil nicht zu entnehmen ist, wie

---

2   Zumindest zu Beginn der Aushandlung ließen sich in den Daten stets zwei Seiten, die ein nicht übereinstimmendes Ziel verfolgten, unterscheiden. Allerdings waren in nicht wenigen Fällen mehr als zwei Kinder beteiligt. Wir sprechen dennoch durchgängig von „Initiator" und „antwortendem Kind" oder „Replikator" oder von den „beiden Seiten".

die Kinder ein Übereinkommen erzielten. Ebenso wurden alle Aushandlungen aus dem Datensatz entfernt, bei denen der Initiator nicht eindeutig feststellbar war. So beruht unsere Analyse schließlich auf 727 vollständig beschriebenen Aushandlungen, und zwar auf 536 Aushandlungen auf der vierten Jahrgangsstufe und auf 191 Aushandlungen auf der sechsten Jahrgangsstufe. Je ungefähr ein Drittel der Aushandlungen in unserem Datensatz fanden unter Jungen, unter Mädchen und zwischen Jungen und Mädchen statt.

Die folgenden Variablen wurden definiert und zur Kategorisierung von Eigenschaften der beobachteten Aushandlungen und der aushandelnden Kinder benutzt:

Variablen mit Bezug auf die teilnehmenden Kinder: Zusätzlich zu Klassenstufe und Geschlecht wurde kodiert, welches Kind die Aushandlung eröffnete und welches auf die Initiative eines anderen Kindes antwortete. Hinsichtlich der Stellung in sozialen Beziehungen wurde die Variable „Freundschaftsstatus" eingeführt. Sie mißt die Intensität der sozialen Beziehung zwischen den aushandelnden Kindern. Alle Kinderdyaden wurden aufgrund des Interviews mit den Kindern über ihre Freundschaften als „keine Freunde", „Freunde" oder „beste Freunde" eingestuft. Dazu wurde eine modifizierte Version einer bereits früher beschriebenen Kodieranweisung benutzt (Kapitel 4 in diesem Buch; *Fricke, Oswald & Krappmann*, 1987).

Die Reliabilität der Zuordnung zu den drei Stufen des Freundschaftsstatus wurde für die Kinder einer Klasse auf der vierten Jahrgangsstufe geprüft und erwies sich als zufriedenstellend (Übereinstimmung in 93 Prozent der Fälle; kappa = .88).[3]

Variablen in Bezug auf den Aushandlungsgegenstand: Aushandlungsgegenstände wurden nach dem normativen Rahmen unterschieden, der dem Aushandlungsgegenstand eine spezifische Bedeutung gibt. Wir greifen das symbolisch-interaktionistische Konzept des „Rahmens" auf, um damit zu verdeutlichen, daß interagierende Kinder derselben Handlung durch entsprechende Signale unterschiedliche Bedeutung geben können (*Goffman*, 1977). In bezug auf den Gegenstand einer Aushandlung halten wir für besonders wichtig herauszustellen, wie eng dieser Gegenstand auf allgemein akzeptierte Normen und Regelungen bezogen wird. Die Aushandlungsmöglichkeiten von Kindern werden davon beeinflußt, ob der Gegenstand ihrer Kontroverse zum Beispiel in einer Schulordnung eindeutig geregelt ist (wie etwa das Verlassen des Schulhofs in der Pause) oder ihnen zur freien Aushandlung überlassen bleibt (wie etwa die Entscheidung, Doppeltes E oder Blumenzeck zu spielen).

---

3 Die Kodierungsanweisungen für alle Variablen wurden in Manualen niedergelgt. Alle Kodierungen wurden von mindestens zwei trainierten Kodierern durchgeführt. Ihre Übereinstimmung wurde jeweils für einen ausreichenden Teil des Materials mit Hilfe von *Cohens* ungewichtetem Kappa geprüft (vgl. *Asendorpf & Wallbott*, 1979).

In diesem Sinne haben wir die beobachteten Aushandlungsgegenstände vier Kategorien normativer Rahmung zugeordnet: „strikt normativ", „übliches Verhalten", „nicht festgelegt" und „spielerisch, experimentell".

- Rahmen 1: „Strikt normativ". In diesen Aushandlungen geht es um persönliche Rechte, körperliche Unversehrtheit, Schulregelungen oder Anweisungen von Autoritätspersonen. Ärgereien anderer Kinder und deren Zurückweisungen wurden ebenfalls hier aufgenommen, weil sie persönliche Rechte und Integrität verletzen.
- Rahmen 2: „Übliches Verhalten". Der Aushandlunsgegenstand berührt eine Regelung, eine Konvention, die nicht strikt als Recht oder Pflicht eingeführt ist, sondern lediglich als wünschenswertes Verhalten, das jedoch im einzelnen noch näher zu bestimmen ist, wie zum Beispiel im Falle einer erbetenen Hilfeleistung. Kinder sind grundsätzlich der Meinung, daß Kinder einander helfen sollten. Dennoch bleibt es häufig ein Gegenstand des Aushandelns, ob in diesem Fall dem anderen wirklich geholfen wird und ob die Hilfe genau die erbetene ist. Dieser Kategorie wurden ebenfalls Aushandlungen über die richtige Lösung einer Aufgabe, die der Lehrer gestellt hat, zugeordnet, weil diese Arbeit zwar Pflicht ist, aber die Erwägungen im einzelnen nicht vorgeschrieben sind. Außerdem wurden hier Kontroversen über Konventionen der Kinderwelt aufgenommen wie Auseinandersetzungen über Petzen oder Angeben.
- Rahmen 3: „Nicht festgelegt". Es besteht keine generelle Regelung eines Aushandlungsgegenstandes, und die gemeinsame Lösung ist den Beteiligten anheimgestellt. Beispiele sind Auseinandersetzungen um Meinungsverschiedenheiten, freiwillige Verabredungen oder Spielvorschläge.
- Rahmen 4: „Spielerisch und experimentell". Die Aushandlungen werden gänzlich offen und mit ungewöhnlichen Mitteln und Ergebnissen geführt wie in Aushandlungen, die innerhalb eines Spiels stattfinden, in denen neue Regeln erfunden werden oder in denen „unsinnig" die Welt auf den Kopf gestellt wird. In Spielen, Streichen und barem Quatsch sind oft Verhaltensweisen erlaubt, die bei anderen Gelegenheiten eindeutig untersagt sind. Auch haben Kinder immer wieder Vergnügen daran, alltäglichen Routinen durch Wiederholungen, Übertreibungen und unpassende Anwendungen Aufregung und Spaß abzugewinnen. Jedoch müssen die anderen durch geschickte Rahmung überzeugt werden, daß dieser Unfug freundlich gemeint ist. Auch das Aushandeln der Grenze zwischen Spaß und Normverletzung wurde hier eingeordnet.

Die ersten beiden Rahmen „strikt normativ" und „übliches Verhalten" beziehen sich auf Regelungen, die über die aktuelle Aushandlungssituation hinausgehen und Berücksichtigung verlangen, während die anderen beiden Rahmen den Kindern weitgehend überlassen, auf was sie sich einigen wollen. Insgesamt entspricht die Abfolge der vier Rahmenkategorien einer Stufung von strikter Regelung bis zu völlig freiem, sogar experimentell (im Gegensatz zu abweichend) Konventionen verletzenden Umgang mit Aushandlungsgegenständen.

Die Rahmung erfolgte durch die an der Aushandlung beteiligten Kinder sehr deutlich zumeist bereits in ihrem ersten Aushandlungsschritt, wobei sie die Rahmung nicht erfanden, sondern sich explizit oder implizit auf eine allgemeine Norm oder Konvention bezogen bzw. zu erkennen gaben, daß sie den Gegenstand für frei aushandelbar oder gar für ein geeignetes Experimentierfeld ungewöhnlichen Verhaltens ansahen. In ungefähr vier Fünfteln der beobachteten Aushandlungen schrieben der Initiator und das angesprochene Kind dem Gegenstand denselben Rahmen zu. In den anderen Fällen akzeptierte das antwortende Kind die Rahmung durch den Initiator nicht und setzte eine andere Rahmung dagegen. Besonders oft weigerten sich Kinder, einen Gegenstand als spielerisches Experimentierfeld zu betrachten, etwa wenn ein Mädchen einem Jungen klarmachte, daß das Verwuscheln ihrer Haare kein hinnehmbarer Spaß sei, sondern ihre körperliche Integrität verletze.

Die Kodierung des Rahmens des Aushandlungsgegenstands erwies sich als zufriedenstellend reliabel (Übereinstimmung der Kodierer in 85 Prozent der Fälle; kappa = .80).

Variablen in Bezug auf die Strategien des Aushandelns: Die Aushandlungsstrategien, welche die Aushandelnden jeweils in ihrem ersten Schritt anwenden, wurden drei Mustern zugeordnet:

- Muster 1: „Zwang, Mißachtung, Unterwerfung". Der Gegenüber wird lediglich als ein Hindernis auf dem Weg zur Erfüllung der eigenen Zielsetzung gesehen und wird daher vom Initiator oder vom antwortenden Kind zur Seite geschoben, ohne daß seine Wünsche oder auch legitimen Ansprüche berücksichtigt werden. Die Strategien antwortender Kinder wurden auch dann diesem Muster zugeordnet, wenn sie sich ausgeübtem Zwang unterwarfen, ohne Erwartungen geltend zu machen oder Rechte einzuklagen. Es mußte allerdings erkennbar bleiben, daß das Kind mit der Behandlung nicht einverstanden war, weil wir, wie oben erwähnt, Interaktionen nicht in die Datei „Aushandlung" aufgenommen haben, in denen ein Kind einem anderen umstandslos folgte.

- Muster 2: „Anfrage, Antwort". Der Aushandlungspartner wird vom Initiator oder vom antwortenden Kind als Person mit eigenen Absichten und Erwartungen berücksichtigt, die er ändern oder aufgeben soll, ohne daß ihm Gründe, Gegenangebote oder Erklärungen für die Bitte oder Ablehnung angegeben werden. In vielen Fällen bedarf es vermutlich auch keiner Erläuterungen, weil der Grund für die Handlung evident ist. Auch diese Fälle wurden hier zugeordnet.

- Muster 3: „Argumentative Vermittlung". Der Initiator oder das erwidernde Kind bemühen sich, dem anderen die Bitte, den Vorschlag oder die Ablehnung zu begründen, damit das Anliegen oder Vorgehen verständlich wird. Mit diesen Strategien wird gemeinsame Verantwortung für ein einvernehmliches Ende der Aushandlung hergestellt, gleichgültig ob am Ende den Absichten der einen oder der anderen Seite mehr gefolgt wird.

Strategien des Musters 2 sind gemessen an einer idealen Aushandlungssituation unter gleichberechtigten Partnern sicherlich den Strategien des Musters 1 überlegen. Und die Strategien des Musters 3 übertreffen die anderen Strategiemuster im Hinblick auf die ihnen innewohnenden Möglichkeiten, gegensätzliche Sichtweisen und Absichten so einzubeziehen, daß Perspektiven und Erwartungen aller Beteiligten geachtet werden und die Aushandlung einen Ausgang nimmt, mit dem alle einverstanden sein können. Es ist sicher als Entwicklungsfortschritt zu betrachten, wenn ein Kind Strategien dieser Qualität erwirbt. Nicht nur in der Kinderwelt treten jedoch immer wieder Situationen auf, in denen die Anwendung von Strategien dieses dritten Musters unzweckmäßig ist, weil es zum Beispiel viel effektiver sein kann, einem Normbrecher die Beute wieder zu entreißen, als sich mit diesem Rabauken auf eine Diskussion einzulassen. Insofern kann es sich trotz der erkennbaren Qualitätsstufen in den Mustern der strategischen Vorgehensweisen nicht um Verhaltensstrukturen auf hierarchisch geordneten Ebenen handeln, die das Verhalten „irreversibel" bestimmen, wenn das Kind sie im Entwicklungsprozeß erst einmal erreicht hat. Es kann sogar sehr „lebenstüchtig" sein, dem Spielverderber eine Antwort nach dem Muster des von ihm eingeschlagenen Weges zu geben. Entwicklungsfortschritt könnte somit nicht nur daran gemessen werden, ob ein höheres Strategiemuster überhaupt erreicht ist, sondern auch daran, ob die gesamte Spanne der Strategien zur Verfügung steht, um auf die Vielfalt der Aushandlungsgegenstände und -situationen angemessen antworten zu können.

Die Reliabilität der Zuordnung der Strategien zu den drei Mustern erwies sich als noch zufriedenstellend (Strategie des Initiators: Übereinstimmung der Kodierer 90 Prozent, kappa = .73; Strategie des angesprochenen Kindes: Übereinstimmung der Kodierer 77 Prozent, kappa = .59).

Variablen in Bezug auf das Ergebnis der Aushandlung: Hinsichtlich des Ergebnisses, das die Aushandelnden erreichen, wurde unterschieden, ob es sich entweder um eine Lösung, die „beidseitig akzeptiert" wird, handelt oder ob das Ende „nicht akzeptiert oder keine Lösung" ist. Die erste Kategorie umfaßt Lösungen, die von beiden Beteiligten unterstützt und angenommen werden. Hier wurden Kompromisse eingeordnet, aber auch Lösungen, die nur dem Vorschlag eines der Aushandelnden entsprachen, wenn sie von der anderen Seite akzeptiert wurden. Der anderen Kategorie wurden Beendigungen der Aushandlung zugeordnet, die gegen den Willen einer Seite erfolgten, und auch Fälle, in denen die Aushandlung durch äußere Umstände abgebrochen wurde oder ergebnislos auslief.

5.3 Ergebnisse

5.3.1 Allgemeine Charakterisierung der Aushandlungsprozesse

Aushandlungsgegenstand (vgl. Tabelle 5-1): Obgleich die Beobachtungen weitgehend im Kontext von Schule und Unterricht durchgeführt worden waren, behandelte der Initiator nur in einem knappen Drittel der Fälle den Aushandlungsprozeß als durch eine „strikte Norm" oder die Anordnung einer Autoritätsperson festgelegt.

Tabelle 5-1: Variablen des Aushandlungsprozesses

	von seiten des			
	Initiators		Replikators	
	N	%	N	%
Rahmung				
(1) strikt normativ	229	31	272	37
(2) übliches Verhalten	171	24	155	21
(3) nicht festgelegt	192	26	178	25
(4) spielerisch, experimentell	135	19	122	17
	727	100	727	100
Qualität der Strategie				
(1) Muster 1:	177	24	282	39
Keine Gegenseitigkeit (Zwang, Mißachtung, Unterwerfung)				
(2) Muster 2:	514	71	382	53
Gegenüberstellung (Anfrage, Antwort)				
(3) Muster 3:	34	5	61	8
Wechselseitige Vermittlung (Argumentation, Begründung)*				
	725	100	725	100
		N	%	
Akzeptanz der Lösung				
(1) nicht akzeptiert, keine Lösung		376	52	
(2) beidseitig akzeptiert		349	48	
		725	100	

* In allen weiteren Berechnungen wurden die Muster 2 und 3 zu einer Kategorie zusammengefaßt

Das antwortende Kind, der Replikator, bezog den Aushandlungsgegenstand in etwas über einem Drittel der Fälle auf eine Norm oder eine Autorität. Ein knappes Viertel der Aushandlungsgegenstände gehörten dem Rahmen „übli-

95

ches Verhalten" an, bezogen sich also auf weniger verpflichtende Regelungen. Etwas weniger als die Hälfte der Aushandlungsprozesse war auf seiten des Initiators und/oder des antwortenden Kindes durch Normen oder Konventionen „nicht festgelegt" oder sie war als „spielerisch und experimentell" gerahmt.

In Interaktionen zwischen Kindern des gleichen Geschlechtes unterschieden sich Mädchen und Jungen kaum in der Häufigkeit, mit der sie die von uns unterschiedenen Rahmungen benutzten. In Interaktionen über die Geschlechtsgrenze hinweg wurden dagegen häufiger „strikte Normen" angesprochen. Kinder der vierten Klasse bezogen sich häufiger auf eine gewichtige Norm als Kinder der sechsten Klasse. Die Unterschiede nach Alter kommen vor allem dadurch zustande, daß auf der vierten Jahrgangsstufe „strikte Norm" in Interaktionen zwischen Jungen und Mädchen häufiger als Rahmen herangezogen wurde als auf der sechsten.

Strategiemuster in der Aushandlungseröffnung (noch Tabelle 5-1): Das erste Strategiemuster „Zwang, Mißachtung, Unterwerfung", bei dem Bedürfnisse oder Rechte des anderen nicht berücksichtigt werden, wurde in fast einem Viertel der Fälle vom Initiator und in 39 Prozent der Fälle vom antwortenden Kind gewählt. In fast der Hälfte aller Aushandlungsprozesse wurde eine zwangausübende, respektlose Strategie von mindestens einem der beiden Beteiligten angewandt. Das zweite Strategiemuster „Anfrage, Antwort", bei welchem dem Gegenüber ermöglicht wird, seine eigenen Intentionen einzubringen, war beim ersten und zweiten Schritt der Interaktion die am häufigsten gewählte Variante (71 bzw. 53 Prozent). Das dritte Strategiemuster „Argumentative Vermittlung" beobachteten wir als Eröffnungsstrategie in der Schulumwelt in beiden Altersgruppen erstaunlich selten. In nur 5 Prozent aller Aushandlungsprozesse benutzte der Initiator, in 8 Prozent das antwortende Kind Begründungen oder Erklärungen oder appellierte an gemeinsame Verantwortung.

Wie bei den Aushandlungsgegenständen sind die Unterschiede zwischen Jungen und Mädchen auch bei den Strategiemustern in den Aushandlungen innerhalb der eigenen Geschlechtsgruppe nicht erwähnenswert. In Aushandlungsprozessen zwischen Mädchen und Jungen wurden dagegen häufiger Strategien des ersten Musters benutzt. Der Unterschied ist allerdings nicht bedeutend und geht fast ausschließlich auf das Konto einiger weniger Jungen auf der 4. Klassenstufe, die von den Kindern in Berlin oft als „Stänkerer" bezeichnet werden. Wenn diese Jungen mit der ersten Strategie begannen, reagierte das angesprochene Mädchen meist ebenfalls mit dem ersten Strategiemuster. Häufig antworteten Mädchen mit einer Strategie dieses ersten Musters aber auch dann, wenn einer der „Stänkerer" eine Aushandlung mit einer freundlichen Anfrage eröffnete. Auf der sechsten Jahrgangsstufe benutzten die Kinder häufiger als in der vierten Klasse Strategien des zweiten Musters „Anfrage, Antwort". Dieser Altersunterschied wird allerdings sehr gering, wenn man nur Aushandlungsprozesse innerhalb der eigenen Geschlechtsgruppe einbezieht. Dieser Altersunterschied beruht also zum großen Teil ebenfalls auf den problematischen Interaktionen zwischen Mädchen und den als Stänkerer bezeichneten Jungen auf der vierten Jahrgangsstufe.

Ergebnis der Aushandlungen (noch Tabelle 5-1): Nur in etwa der Hälfte der Aushandlungsprozesse erreichten die Kinder eine Lösung, die von beiden Seiten akzeptiert wurde. Alle anderen Aushandlungen endeten damit, daß ein Kind dem anderen seinen Willen aufzwang, daß Standpunkt gegen Standpunkt stand oder daß die Kinder ohne Resultat auseinandergingen. Es ist bemerkenswert, daß in fast der Hälfte der Aushandlungen Gefühle oder Selbstbilder mindestens eines Teilnehmers durch physische oder psychische Einwirkung herabgesetzt wurden. Dies geschah durchaus auch in Fällen, in denen am Ende eine Lösung gefunden wurde.

Hinsichtlich der Lösungen fanden wir bei den Aushandlungen unter Kindern gleichen Geschlechtes einen signifikanten, aber schwachen Unterschied zwischen Mädchen und Jungen. Mädchen erreichten häufiger als Jungen eine Lösung, die beide Seiten akzeptieren konnten. Kinder auf der sechsten Jahrgangsstufe erzielten häufiger beidseitig akzeptierte Lösungen als Kinder der vierten Klasse. Dieser Altersunterschied wird geringer, wenn wir nur die Interaktionen zwischen Kindern des gleichen Geschlechtes einbeziehen.

5.3.2   Rahmungen, Strategiemuster und Ergebnisse von Aushandlungsprozessen

Die von uns unterschiedenen Variablen des Aushandlungsprozesses hängen untereinander eng zusammen (vgl. Abbildung 5-1). Die Rahmung des Aushandlungsgegenstandes durch den Initiator korreliert mit dem Muster seiner Eröffnungsstrategie sowie mit der Rahmung und mit dem Strategiemuster, mit dem das andere Kind antwortet. Auch die Gegenstandsrahmung des antwortenden Kindes hängt mit dem von ihm gewählten Strategiemuster zusammen. Als „strikt normativ" gerahmte Gegenstände wurden häufig mit Hilfe von Strategien des ersten Musters „Zwang, Mißachtung, Unterwerfung" beantwortet, Gegenstände, die als „nicht festgelegt" oder „spielerisch, experimentell" gerahmt wurden, wurden häufig mit Strategien des zweiten oder dritten Musters „Anfrage, Antwort" oder „argumentative Vermittlung" ausgehandelt. Außerdem bestanden Korrelationen zwischen den von Initiator und Replikator gewählten Strategien und dem Ergebnis des Aushandlungsprozesses.

Abbildung 5-1: Korrelationen (Pearsons r) zwischen den Variablen des Aushandlungsprozesses (727 Aushandlungen)

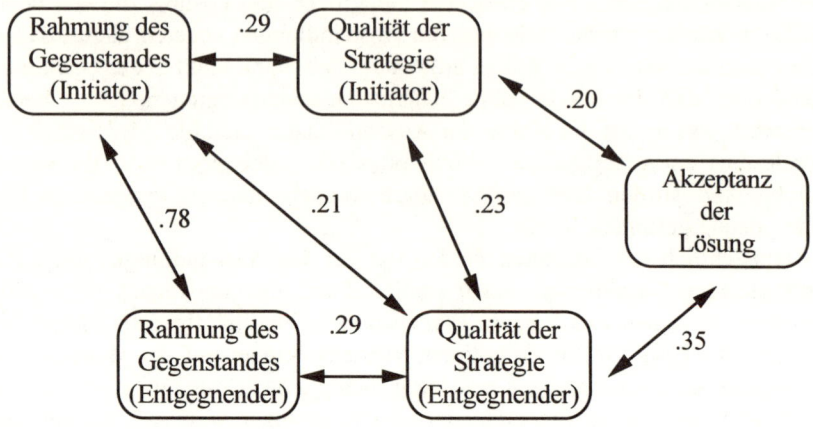

Alle Korrelationen sind signifikant mit p < .001

Man kann die Essenz dieser Zusammenhänge auch in der folgenden Weise zum Ausdruck bringen: Das Ergebnis von Aushandlungen ist vom Beginn her vorhersagbar. Die Frage, die uns besonders bewegt, bezieht sich nun darauf, ob unsere Aussagen über Aushandlungsprozesse unter Kindern für Freunde ebenso gelten wie für Nicht-Freunde.

5.3.3   Aushandlungsprozesse und Freundschaft

Da in unseren Befragungen die Mädchen keine Jungen und die Jungen keine Mädchen als beste Freunde oder beste Freundinnen bezeichneten, analysieren wir den Einfluß des Freundschaftsstatus nur für Aushandlungen unter Kindern des gleichen Geschlechtes (vgl. Tabelle 5-2). Zunächst haben wir geprüft, ob Freunde aushandlungsoffenere Themen aufgreifen, entgegenkommendere Strategien anwenden und eher gemeinsame Lösungen erreichen.

Auf die Rahmung des Aushandlungsgegenstandes und auf die Strategie, die der Initiator bei der Eröffnung der Aushandlung anwendet, hat die Intensität der sozialen Beziehung zwischen den aushandelnden Kindern keinen Einfluß. Nur die Reaktion der Gegenseite zeigt einen schwachen Zusammenhang mit der sozialen Beziehung der beiden Interagierenden. Deutlicher korreliert der Freundschaftsstatus mit dem Ergebnis der Aushandlung. Freunde erreichen häufiger eine Lösung, mit der beide einverstanden sind. Dieser Zusammenhang gilt sowohl für die Aushandlungen unter Jungen als auch für die unter Mädchen.

Tabelle 5-2: Korrelationen (Pearsons r) zwischen den Variablen des Aushandlungsprozesses und dem Freundschaftsstatus in Aushandlungen unter Kindern gleichen Geschlechts (N = 498)

Variablen des Aushandlungsprozesses	Freundschaftsstatus[1]		
	Jungen	Mädchen	alle
Rahmung des Aushandlungsgegenstandes			
- seitens Initiator	.03	-.07	.01
- seitens Replikator	-.04	-.05	-.01
Qualität der Aushandlungsstrategie			
- des Initiators	.04	.00	.02
- des Replikators	.11 *	.09 +	.09 *
Akzeptanz der Lösung	-.20 ***	-.18 **	-.19 ***

*** $p < .001$; ** $p < .01$; * $p < .05$; + $p < .10$
[1] Kodierung: (1) Nicht-Freunde; (2) Freunde; (3) beste Freunde

Danach haben wir geprüft, ob die oben geschilderten Zusammenhänge zwischen Rahmung des Aushandlungsgegenstandes, Qualität der Strategie und Akzeptanz der Lösung, also die Zwangsläufigkeit, mit der ein schlechter Beginn zu einem schlechten und ein guter Beginn zu einem guten Ende führten, in der gleichen Weise unter Freunden und unter Nicht-Freunden auftreten. Der Vergleich der Korrelationen für die abgestuften Freundschaftsstatusgruppen „beste Freunde", „Freunde" und „Nicht-Freunde" ließ vermuten, daß die Aushandlungen desto weniger deutlich vorhersagbar sind, je besser befreundet die Kinder sind. Dies zeigt, daß Freunde und insbesondere beste Freunde nicht in derselben Weise wie Nicht-Freunde dem stereotypen Handlungsablauf unterlagen, der sich in dem engen Zusammenhang zwischen der Art, wie eine Aushandlung begonnen wurde, und der Art, wie sie endete, ausdrückte, nämlich normativ gerahmte Gegenstände überwiegend barsch und rücksichtslos zu behandeln und ohne Einvernehmen auseinanderzugehen. Die Ergebnisse verschiedener Prüfverfahren (multiple Regressionsanalysen, Diskriminanzanalyse, Multiskalierung[4]) zum Einfluß von Freundschaft auf den Aushandlungsverlauf deuteten in dieselbe Richtung: Je enger die Beziehung, desto geringer wurden die üblichen Korrelationen, d.h. desto variabler und flexibler konnten die Kinder ihre Verhaltensweisen koordinieren und durchaus von einem rigiden, Normen verletzenden Anfang noch zu einer gemeinsamen Lösung gelangen.

Besonders deutlich tritt dieses Ergebnis in Pfadanalysen hervor, die anzuwenden naheliegt, da bei Aushandlungsprozessen der Gegenstand, die Strategie und das abschließende Ergebnis in einer gerichteten Abfolge stehen. Auf ihrer Basis lassen sich „simultane multiple Populationsanalysen" durchführen,

---

4 In *Oswald & Krappmann* (1988) berichten wir über das Ergebnis des Multiskalierungsverfahrens, mit dem Phillip Wood unsere Daten untersucht hat.

die Unterschiede in den modellierten Einflußpfaden für mehrere Gruppen prüfen können.[5]

Abbildung 5-2: Pfadanalytisches   Modell   des   Aushandlungsprozesses
(Standardisierte Pfade für alle Aushandlungen N = 679)

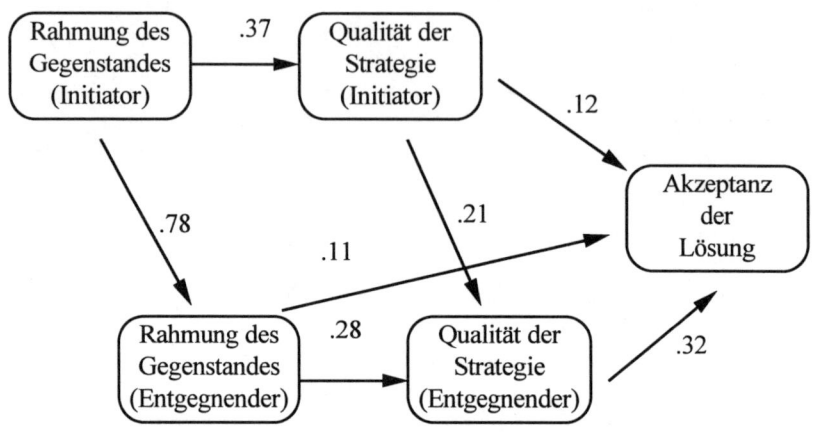

Chi-Quadrat = 4.88   df = 3   p = .18   Fit-Index = .995

Das von uns angenommene Grundmodell der Pfade bildet die Daten für alle Aushandlungen gut ab (vgl. Abbildung 5-2). Dafür sprechen p-Wert und Fit-Index (Bentler-Bonnets normierter Fit-Index = .995). Die Untersuchung der einzelnen Pfade zeigt, daß sie statistisch bedeutsam sind und sich die von uns angenommenen Variablenzusammenhänge bestätigen (Werte nicht im Schaubild).

Die Prüfung des Freundschaftseinflusses erfolgte durch die erwähnte „simultane multiple Populationsanalyse", mit der die beiden Gruppen „Nicht-Freunde" (267 Aushandlungen) und „beste Freunde" (96 Aushandlungen) verglichen wurden, und zwar in zwei Schritten. Zuerst wurde die Hypothese geprüft, daß die Pfadstruktur insgesamt und die einzelnen Pfade bei Nicht-Freunden und besten Freunden identisch sind. Diese Hypothese muß aufgrund der Ergebnisse verworfen werden (der p-Wert unterschreitet .05; Fit-Index = .961). Folglich muß angenommen werden, daß sich die Pfadstruktur für Nicht-Freunde und beste Freunde unterscheidet (vgl. Abbildung 5-3).

---

5   Diese statistischen Analysen hat dankenswerter Weise *Thomas Teo* auf der Grundlage unserer Modellannahmen unter Verwendung des Programmes EQS (Version 3.0 nach *Bentler*, 1989) durchgeführt (vgl. *Krappmann & Oswald*, 1992).

Abbildung 5-3: Pfadanalytisches Modell des Aushandlungsprozesses für Nicht-Freunde und beste Freunde (Vergleichende Populationsanalyse)

Standardisierte Pfade für Nicht-Freunde (N = 267)

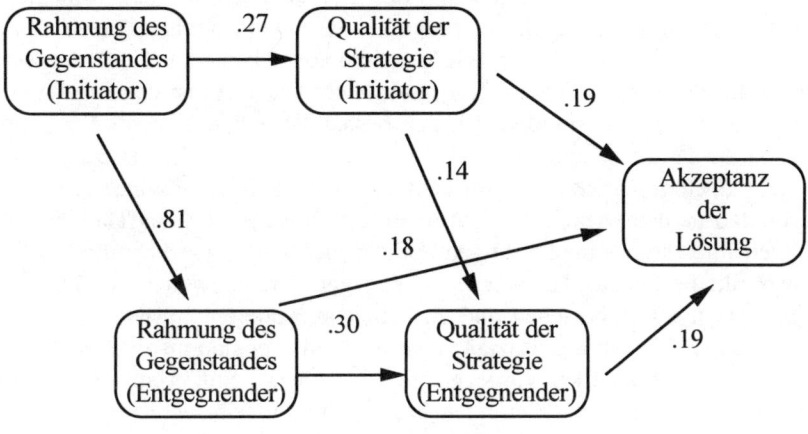

Standardisierte Pfade für beste Freunde (N = 96)

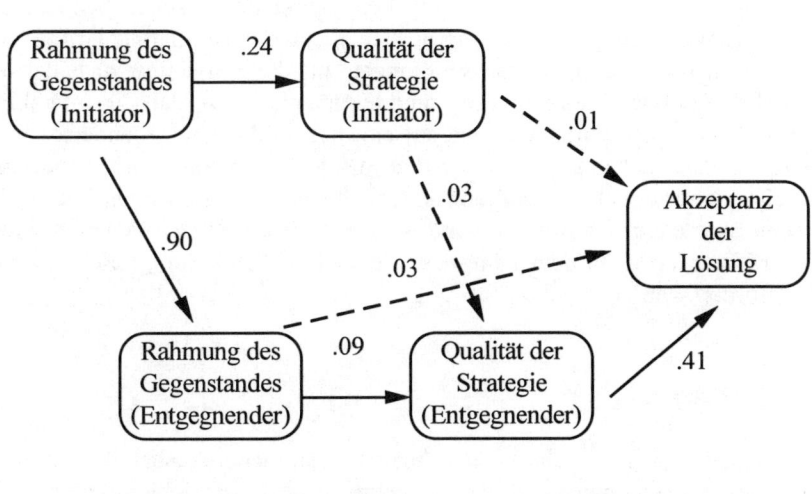

Chi-Quadrat = 9.64   df = 6   p = .14   Fit-Index = .984

Die simultane multiple Populationsanalyse, die auf der Basis der Annahme unterschiedlicher Pfadstrukturen durchgeführt wurde, ergibt zunächst, daß das Modell, das sich unterscheidende Populationen unterstellt, zu den Daten paßt. Dies bestätigen p-Wert (.14) und Fit-Index (.984). Ferner zeigen sich Unterschiede im Hinblick auf die Pfade bei den beiden Gruppen. Während bei den Nicht-Freunden alle Pfade statistisch bedeutsam sind und die jeweilige Folgevariable beeinflussen, trifft dies bei den besten Freunden nur auf drei von sieben Pfaden zu. Unter besten Freunden gibt es zwar auch einen Einfluß der Strategie des Entgegnenden auf die erreichbare Lösung, aber die Strategie des Entgegnenden ist weder von der Art des Themas noch von der Strategie des Initiators beeinflußt. Für beste Freunde verschwinden also, anders als für Nicht-Freunde, die gerichteten Einflüsse, die vom Thema auf die Strategie und weiter auf die Lösung führen. Nur unter Nicht-Freunden ist das Ergebnis von Aushandlungen „determiniert". Unter besten Freunden besteht der entsprechende Zusammenhang nicht.

Die „Determination" der Aushandlungen unter Nicht-Freunden zeigt sich darin, daß sie überwiegend zwei Ablaufmustern folgen: Offene Themen mobilisieren Interessen berücksichtigende Strategien und einvernehmliche Lösungen; strikt normative Themen rufen dagegen Strategien hervor, die andere Interessen nicht einbeziehen und zu keiner akzeptierten Lösung führen. Das erste Muster erscheint „prosozial", aber beide Muster sind insofern eng, als der Ablauf in beiden Fällen vorgezeichnet zu sein scheint. Man kann darüber nachdenken, warum das Verhalten bester Freunde sich nicht mit diesen Ablaufmustern beschreiben läßt. Sie beenden ihre Aushandlungen offenbar oft genug anders, als vom Beginn her zu erwarten wäre, so daß der statistische Zusammenhang verschwindet. Freunde zeigen vielleicht mehr Aufmerksamkeit für neue Argumente und sind bereiter, sie im weiteren Vorgehen zu berücksichtigen. Das mag aus der Verpflichtung in Freundschaftsbeziehungen hervorgehen, einander zu antworten, sich nicht ohne erklärten Grund dem anderen zu widersetzen und Auswirkungen auf die Beziehung zu bedenken. Umgekehrt müssen wirklich gute Freunde nicht fürchten, daß die Interaktion sofort abgebrochen wird, wenn sie auf ein offenes Angebot in anderer Weise eingehen als es der Initiator erwartet hat. Insofern kompensieren Freundschaften eine Schwäche der Interaktion unter Gleichen, die sich nicht durch eine Freundesbeziehung verpflichtet sind, und generieren einen eigenen Kontext, ein Erfahrungsfeld, in dem Fähigkeiten und ihre Anwendung besonders herausgefordert werden.

5.5 Diskussion

Die hier berichteten Ergebnisse der Analysen kindlicher Aushandlungen unter natürlichen Bedingungen mahnen Forscher, die nach Entwicklungsanstößen in der sozialen Kinderwelt suchen, ihren Modellen keine zu romantische Vorstellung des Kinderalltags zu unterstellen. Zwar enthalten die ausgewerteten Feldnotizen auch viele freundliche Episoden unter den Kindern, die sich helfen, trösten oder Spielzeug ausleihen. Auch viele Aushandlungen verliefen völlig problemlos. Jedoch ist nicht zu übersehen, daß in vielen Interaktionen Kinder sehr rücksichtslos und heftig ihre Anliegen durchzusetzen versuchten. Viele

Kinder kamen auf diesem Weg zwar nicht zum Erfolg, aber nicht wenige Kinder unterwarfen sich diesen Drangsalierungen oder zahlten auf gleiche Weise heim, was ihnen zugefügt wurde. Somit finden sich in den Aufzeichnungen viele Aushandlungen, die einen unreifen Eindruck machen und bei denen man bezweifeln möchte, daß sie die Entwicklung der Kinder voranbringen. Kann die Interiorisierung derartiger Verhaltensmuster wirklich psychische Strukturen hervorbringen, die dazu befähigen, mit überlegtem Vorgehen vielschichtige Probleme zu lösen? Ist die soziale Welt der Gleichaltrigen wirklich ein Ort, an dem die Kinder mehr lernen als eine rauhe Art von „Lebenstüchtigkeit" (*Sullivan*, 1983)?

Der genauere Blick in die Daten warnt davor, der Kinderwelt voreilig die fördernden Impulse abzusprechen. Viele der rüden und bedrängenden Vorgehensweisen sind durchaus zu verstehen, wenn man sie in ihrem Zusammenhang betrachtet. Viele Aushandlungsgegenstände des Schul- und Kinderalltags erfordern kein höheres Strategiemuster als das zweite „Anfrage, Antwort", weil die Begründung der Bitte oder der Weigerung dem anderen klar sein muß. Etliche Anfragen oder Aufforderungen werden von den Angesprochenen zu Recht als Zumutungen aufgefaßt und daher für den Beobachter gut nachvollziehbar barsch und nicht selten auch mit einer Beschimpfung zurückgewiesen. So wird dem anderen verdeutlicht, daß er die Regeln einer Interaktion, die auf Gleichberechtigung und Gegenseitigkeit angelegt ist, nicht einhält und sich daher selber aus dem Kreis der vernünftig miteinander Aushandelnden ausschließt. Außerdem gibt es einige wenige Kinder, die insgesamt außerordentlich selbstbezogen agieren und ihre Klassenkameraden nur als Mittel oder Hindernisse behandeln, wenn sie ein ihnen erstrebenswertes Ziel verfolgen. Ein sehr effektiver Weg, sich eine derartige Behandlung zu verbitten, besteht darin, mit einer Strategie des Musters 1 den rücksichtslos Vorgehenden abzuschmettern.

Aber auch wenn viele dieser rauhen und Mißachtung ausdrückenden Reaktionen im jeweiligen Zusammenhang verständlich sind, bleibt festzustellen, daß de facto viele der Aushandlungen unter den Gleichaltrigen ihrer Art nach nicht dazu herausfordern, die Perspektive des anderen zu übernehmen, ein kontroverses Thema unter verschiedenen Rücksichten zu betrachten, Begründungen darzulegen, Gefühle und Selbstbilder zu schützen und gemeinsame Verantwortung zu entwickeln. Allerdings gibt es auch Interaktionen unter den Kinder, in denen solche Verhaltensweisen auftauchen. Welche Bedingungen legen nahe, mit mehr Rücksicht und elaborierteren Begründungen gemeinsam getragene und beide Seiten befriedigende Lösungen auszuhandeln?

Unsere Ergebnisse lassen vermuten, daß Aushandlungen unter Freunden, vor allem unter besten Freunden anders verlaufen als Aushandlungen unter weniger freundschaftlich verbundenen Kindern. Beste Freunde weichen in ihren Aushandlungen von der üblichen Tendenz ab, daß Aushandlungsgegenstände, die einer strikten Norm unterliegen, sowie Druck und mangelnde Sensibilität zu Beginn einer Aushandlung die Kinder dazu bringen, ihre Aushandlung abzubrechen oder unakzeptabel zu beenden. Die Vorhersehbarkeit oder

„Determiniertheit" der Aushandlungssequenzen unter nichtbefreundeten Kindern gilt nicht für die Aushandlungen unter besten Freunden. Beste Freunde wandten öfter Strategien des zweiten und dritten Musters an und fanden öfter noch zu einer akzeptierten Lösung als Nicht-Freunde, auch wenn der Gegenstand ihrer Aushandlung „strikt normativ" gerahmt war. Es trifft zwar zu, daß auch Freunde sich des öfteren tadelten und beleidigten, wenn Normen berührt oder gebrochen oder am Anfang Strategien des Musters 1 benutzt wurden; jedoch vermieden Freunde derartiges Verhalten in höherem Maße als weniger befreundete Kinder. Wir folgern daraus, daß beste Freunde versuchen, das Beste auch noch aus einem problematischen Aushandlungsbeginn herauszuholen, der Nicht-Freunde dazu verleitet, sich rücksichtslos zu verhalten.

Warum verlaufen Aushandlungsprozesse unter engen Freunden anders als unter nicht befreundeten Kindern? Verfolgte Absichten, strategische Entscheidungen und eingesetzte Bemühungen hängen nicht nur von der aktuellen Interaktionssituation ab, sondern sind in überdauernde Bedeutungssysteme eingebettet. Eines dieser überdauernden Bedeutungssysteme wird möglicherweise durch Freundschaft angeboten. Freundschaft könnte sich folglich auf das Verhalten dadurch auswirken, daß Freunde Kenntnisse und Einschätzungen teilen, in deren Rahmen sich eine komplexere Aushandlung leichter führen läßt, als unter einander wenig oder gar nicht bekannten Personen, die in einer Auseinandersetzung größere Mühe haben, einander ihre Optionen und Beweggründe zu vermitteln. Aber vielleicht ist sogar der überdauernde Charakter von Freundschaft noch ausschlaggebender. Der überdauernde Rahmen für Interaktion, den Freundschaft schafft, legt den Aushandlungspartnern nahe, die jeweilige Auseinandersetzung unter mehr Perspektiven zu betrachten als lediglich im Hinblick auf den gegenwärtigen Erfolg. Welches Bild von mir gewinnt mein Freund oder meine Freundin, wenn ich mich so verhalte? Welche Konsequenzen hat dieses Verhalten für unsere Freundschaft? Solche Fragen legen nahe, auf befreundete Kinder mehr zu hören als auf andere und sich gründlicher zu überlegen, wie gerade dem Freund und der Freundin die eigenen Absichten verständlich gemacht werden können. Auch wird wohl unerwartetes Verhalten nicht einfach übergangen, sondern es ist anzunehmen, daß Freunde sich mehr darum bemühen, dieses Verhalten aufzuklären, als Kinder, die sich gleichgültig sind. So schaffen sich Freunde einen besonders günstigen Entwicklungsraum. Sie können vielleicht sogar gemeinsame mißliche Vorerfahrung nutzen, um auf ein bislang schlecht gelöstes Problem ein weiteres Mal und öfter zurückzukommen, bis sie es Schritt für Schritt zufriedenstellend bewältigen können.

Die bislang zur Verfügung stehenden Daten erlauben nicht zu entscheiden, ob Aushandlungsgegenstände und enge Freundschaft das Verhalten beeinflussen oder ob es die entwickelteren und vielfältigeren Strategien sind, die andere Aushandlungsgegenstände wählen und stabilere Freundschaften entstehen lassen. Beide Vorstellungen über die Richtung des Einflusses erscheinen sinnvoll, und wir nehmen an, daß sie auch beide in der Sozialwelt der gleichaltrigen Kinder wirksam sind.

Kapitel 6

Sanktionsprozesse unter Kindern[1]

6.1 Das Problem

Kinder sind Mitglieder ihrer Gesellschaft, wenn auch in dieser Eigenschaft noch nicht ernst und für voll genommen. Als Mitglieder ihrer Gesellschaft unterliegen sie den für alle geltenden Normen, den in bestimmten Situationen und Beziehungen auch für Erwachsene geltenden Rollennormen, den Normen gesellschaftlicher Untergruppen, welchen sie über ihre Eltern zugehören, Normen der eigenen Familie sowie spezifisch für Kinder geltenden Normen. Da sie noch nicht Vollmitglieder sind, werden an ihre Normkenntnisse und an ihre Normkonformität nicht dieselben Ansprüche gestellt wie bei Erwachsenen, dennoch ist für sie das Normenproblem von unkindlichem, oft dramatischem und bedrückendem Ernst. Das Rechtsinstitut der Strafmündigkeit und Sondereinrichtungen wie die Jugendgerichtsbarkeit reflektieren im Bereich der Rechtsnormen das noch nicht völlige Dazugehören. Aber ein stehlendes Kind beispielsweise wird von anderen Instanzen und Personen konsequent in die Sanktionszange genommen und einem Trommelfeuer an Normlegitimierung ausgesetzt. Im Bereich der Sittennormen[2] ist dies nicht anders, gelegentlich können diese bei Kindern gar schärfer kontrolliert und härter durchgesetzt werden als bei Erwachsenen. Der Ernst ist in der Erziehungsaufgabe und der Sozialisationsfunktion begründet, das Kind muß die Normen lernen, es muß ihnen gehorchen und es muß sie verinnerlichen.

---

1   Dieser Aufsatz erschien zuerst unter der Autorenschaft von *H. Oswald* in: *H. Oswald* (Hrsg.), Macht und Recht, Festschrift für Heinrich Popitz, Opladen, Westdeutscher Verlag 1990, S. 289-311.

2   Dies entspricht *Geigers* Sprachgebrauch, wonach Rechtsnormen durch staatliche Instanzen sanktioniert, Sittennormen hingegen unter den Beteiligten oder in der Gruppe, auch in unserer Gesellschaft also ohne Bezug auf das staatliche Gewaltmonopol, durchgesetzt werden (1964).

In dieser Perspektive sind andere Kinder weitgehend unnötig. Eltern, Erzieher, Lehrer, aber auch Busfahrer oder Passanten sind als Erwachsene kompetente Kenner und Interpreten des Normensystems, sie können es erläutern, legitimieren, durch Sanktionen bekräftigen und durch Vorbild modellieren. Daß sie Macht und Überlegenheit über das Kind besitzen und dies mit liebender Zuwendung verbinden können, fördert den äußeren Gehorsam wie die innere Übernahme. Soweit Erziehungswissenschaft, Sozialisationstheorie und Allgemeine Soziologische Theorie dieser Perspektive folgen, interessiert nur das sozialisierende Handeln der Erwachsenen. Im Vergleich zum Oktroi der Gesellschaft sind die antizipatorische Sozialisation im Rollenspiel der Kindergruppe (*Merton*, 1957), die erleichternde Funktion der Gleichaltrigengruppe beim Übergang von der partikularistisch organisierten Familie zur universalistisch organisierten Gesellschaft (*Parsons*, 1955), die Peer-group als Sozialisationsinstanz von untergeordneter Bedeutung.

In einer zweiten Perspektive zur Entwicklung des Umganges mit Normen rücken die Gleichaltrigen in den Vordergrund. *Piaget* (1986) zeigte, daß Kinder bei Schuleintritt ein besonders rigides Regelbewußtsein haben. Ihre „konventionelle Moral" läßt sie Regelbrüche hart beurteilen, die Regeln selbst halten sie für unantastbar, sie gehorchen konformistisch einem von außen kommenden System von Regeln. Diese Moral der Pflicht ist heteronom und beruht auf Zwang, die Konformität orientiert sich an übermächtigen Erwachsenen und unbeeinflußbaren Instanzen, an Autoritäten, denen einseitig Achtung entgegengebracht wird. Ausgehend von Beobachtungen des Murmelspiels, eines außerhalb der Kontrolle Erwachsener realisierten komplexen und regelgeleiteten Handlungssystems, und aufgrund klinischer Interviews mit Kindern zu moralischen Problemen postulierte Piaget, daß die Gleichaltrigen für die Weiterentwicklung des moralischen Bewußtseins hin zur Autonomie entscheidend seien; denn Autonomie des moralischen Urteilens und damit des normorientierten Handelns setzt Gleichheit statt Autorität, Zusammenarbeit statt Zwang voraus (ebd., Kapitel IV). Bei der „komplementären Reziprozität" in der Beziehung zwischen Erwachsenem und Kind wird die Konstruktion des Regelhandelns im Kind stärker durch die eine als durch die andere Seite kontrolliert, die „symmetrische Reziprozität" der Kind-Kind-Beziehung zwingt dagegen zur gemeinsamen, aneinander orientierten Konstruktion (*Youniss*, 1982). Die Kooperation, in der dies geschieht, gelingt nach *Sullivan* leichter unter Freunden als unter nichtbefreundeten Gleichaltrigen (1983). Prallt Meinung auf Meinung, dann finden nichtbefreundete Kinder oft keine Lösung, sie brechen die Interaktion ab oder wechseln das Thema. Freunde dagegen entwickeln ab einem bestimmten Alter in Kooperation neue Strategien der Diskussion, des Aushandelns und des Findens von Kompromissen, die erlauben, die Interaktion fortzuführen, weil beide Seiten angemessen berücksichtigt sind.

Die hier vorgelegte Analyse empirischer Daten orientiert sich an beiden Perspektiven. Aus der ersten wähle ich den Ansatz, der „die normative Konstruktion von Gesellschaft" genannt wurde (*Popitz*, 1980), wodurch der Fokus auf Normbrüche und deren Sanktionierung gelenkt wird. Die zweite Perspektive rechtfertigt die Auswahl der Untersuchungspopulation „Kinder" für ein Thema der Allgemeinen Soziologischen Theorie, lenkt die Aufmerksamkeit auf zu Autonomie führende „Ko-Konstruktion" zwischen Gleichaltrigen (*Youniss,* 1982) und führt zur Differenzierung der Norm-Sanktionsprozesse nach dem Grad der Freundschaft.

Im folgenden geht es darum, welche Normen Kinder brechen, wenn sie unter sich sind, und wie sie Normbrüche ohne Appellation an Erwachsene sanktionieren. „Norm" sei im Sinne des Geiger-Popitz-Paradigmas in Verhaltenstermini definiert als Handlungen, die in bestimmten Situationen von bestimmten Normadressaten gegenüber bestimmten Normbenefiziaren regelmäßig erbracht werden, wobei in Fällen des Abweichens (negative) Sanktionen erfolgen (*Popitz,* 1980, Kapitel 2 und 3). Normen im Sinne sanktionierter Verhaltensregelmäßigkeiten seien auch das regelmäßige Unterlassen von Handlungen, neben gebotenen also auch verbotene Handlungen. Sanktionen seien „Reaktionen, die mit der Intention der Erkennbarkeit für den Betroffenen als negative (strafende) Antwort auf ein bestimmtes Verhalten vollzogen werden" (ebd., S. 28), und „durch die demonstriert wird, daß das abweichende Verhalten nicht hingenommen wird" (*Spittler,* 1967, S. 23).

Mit diesen Definitionen ist nicht unterstellt, daß Normbrüche immer sanktioniert werden. Es spricht sogar einiges dafür, daß Normbrüche häufiger ungeahndet bleiben als bestraft werden (*Popitz,* 1968), und *Spittler* hat gezeigt, daß Sanktionsverzicht für den durch den Normbruch Geschädigten oft vorteilhafter ist als Strafe (1967, Kapitel 4.3). Aus methodischen Gründen, die unten näher erläutert werden, kann auf diesen Aspekt hier nur am Rande eingegangen werden.

Mit den aufgeführten Definitionen ist auch nicht unterstellt, daß Normen und Sanktionen ein im Verhalten der Menschen klar erkennbares System bilden. Die Normen selbst, vor allem aber die Subsumption von Handlungen unter Normen, sowie Sanktionen unterliegen vielmehr ständiger Aushandlung. Dieser Prozeßcharakter, die *Aushandlung der Ordnung* (*Strauss,* 1978), soll bei der folgenden Analyse im Vordergrund der Aufmerksamkeit stehen.

6.2 Methode

Für den Zweck dieses Aufsatzes wurden die Beobachtungsprotokolle einer Schulklasse, die wir auf der vierten und sechsten Jahrgangsstufe untersucht haben, benutzt.

Aus diesen Protokollen wurden 210 Interaktionsszenen herausgezogen, in denen jeweils die Handlung eines Kindes erkennbar von einem anderen Kind bestraft und damit als Normbruch definiert wurde. Über die Identifizierung dieser Szenen konnten zwei Bearbeiter leicht Einigkeit erzielen, weshalb wir zuversichtlich sind, nahezu alle protokollierten Norm-Sanktion-Prozesse erfaßt zu haben. Dieser Datensatz von 122 Episoden in der vierten und 88 Episoden in der sechsten Klasse bildet die hauptsächliche Grundlage der folgenden Analysen.

Schwieriger ist die Identifizierung von Normbrüchen, die nicht sanktioniert wurden. Handlungen, die auf der Phänomenebene so aussehen wie bei anderer Gelegenheit bestrafte Normbrüche, brauchen im Handlungszusammenhang keineswegs Normbrüche zu sein, wenn bestimmte situative Gegebenheiten die Handlung erlauben. Diese Situationsmerkmale kann der Beobachter und Interpret übersehen oder vergessen zu notieren, er braucht sie überdies keineswegs zu kennen. So war das Wegnehmen von Eigentum ohne Bitte und Erlaubnis normalerweise verboten und wurde häufig sanktioniert. Banknachbarn konnten unter sich jedoch ausmachen, daß dies unter bestimmten Umständen nicht galt, ohne daß der Beobachter dies immer wissen konnte. Er stand dann in der Gefahr, zu Unrecht einen nichtsanktionierten Normbruch zu notieren. Territorialverletzungen wurden immer wieder geahndet. Andererseits sahen wir Kinder sich andauernd unbefangen und ungestraft in fremden Territorien herumtreiben - besonders überraschten uns die häufigen Körperberührungen. Offensichtlich kennen wir die Feinheiten der Territorialregeln noch nicht und können deshalb ungesühnte Territorialverletzungen schwer von erlaubter Territorialbesetzung unterscheiden.

Weiter gibt es Handlungen, die wie Normbrüche aussehen, die von den Beteiligten aber anders gerahmt werden (*Goffman,* 1977). Beispielsweise rahmen Kinder Handlungen, die an sich verboten sind, als lustvollen Spaß oder Unsinn, den wir in ihrer Sprache „Quatsch" nennen. Wird diese Rahmung des Normadressaten vom Benefiziar akzeptiert, dann liegt kein Normbruch vor. Aber auch hier kann es sein, daß die Rahmung als Quatsch im Protokoll nicht erkennbar ist, weil der Beobachter beispielsweise das rahmende Augenzwinkern nicht gesehen oder nicht notiert hat, weshalb der Interpret einen unsanktionierten Normbruch zu erkennen glaubt.

Um die Problematik unsanktionierter wie auch hinweggerahmter Normbrüche bearbeiten zu können, haben wir 40 Szenen ausgewählt, die uns eindeutig ungesühnte Normbrüche zu enthalten scheinen. In weiteren 40 Szenen scheint uns das normverletzende Verhalten als Quatsch gerahmt und mithin erlaubt zu sein. Da diese Auswahl aber mit Sicherheit nur einen Teil, möglicherweise sogar nur einen kleinen Teil aller ungesühnten und hinweggerahmten Normbrüche enthält, verzichten wir bei diesen zusätzlichen 80 Szenen auf Häufigkeitsangaben und statistische Prüfungen und beschränken uns auf die Interpretation der Phänomene.

Die auf statistischen Berechnungen beruhenden Ausführungen über Normbrecher und Normbrüche sind demnach mit der Einschränkung zu lesen, daß nur bestrafte Abweichungen einbezogen wurden. Wir beziehen uns sozusagen auf die Verurteiltenstatistik. Die Taten der Freigesprochenen, Nichtangeklagten und Nichtentdeckten konnten statistisch nicht bearbeitet werden. Für die qualitativen Analysen gilt diese Einschränkung nicht.

6.3 Ergebnisse

Fast alle Kinder begehen Normbrüche und werden dafür von anderen Kindern bestraft. 35 von 37 Kindern sind unter unseren Augen mindestens einmal von einem anderen Kind für eine mißbilligte Handlung zurechtgewiesen worden, nur bei je einem Jungen und Mädchen konnten wir derartiges während beider Untersuchungsphasen nicht beobachten. Normbrüche und ihre Bestrafung gehören zu jeder Stunde des Alltags unter Kindern, mehr als drei Fälle haben wir durchschnittlich pro Beobachtungsstunde protokolliert. Normbrüche und ihre Bestrafung dominieren andererseits nicht den Alltag, nur etwa auf jeder dritten Protokollseite ist eine geahndete Tat beschrieben. Die in diesem Aufsatz analysierten Prozesse durchziehen unentrinnbar und unnachsichtig das Leben der Kinder, und manchen bereitet dies viel Kummer, aber die meiste Zeit haben sie anderes, Besseres und Lustigeres zu tun.

Zwischen den Kindern gab es große individuelle Unterschiede. So war der Spitzenreiter in der vierten Klasse ein Junge, der, während er beobachtet wurde, 29 Strafen auf sich zog, zwei weitere Jungen brachten es auf je vierzehn, die nächsten auf neun und sechs, dann erst kamen einige Mädchen mit vier nicht hingenommenen Normbrüchen. In der sechsten Klasse, in der die Beobachtungsphase knapp halb so lange dauerte, kamen die männlichen Spitzenreiter auf achtzehn und neun, gefolgt von zwei Mädchen mit je sechs Strafen. Man kann die Hypothese vertreten, daß die Rate sanktionierter Normbrüche mit dem Alter steigt.[3] Dies braucht nicht zu bedeuten, daß die Anzahl der Normbrüche ansteigt, vielleicht nimmt nur die soziale Sensibilität für Normverstöße und damit die Bereitschaft zu sanktionieren mit dem Alter zu.

Auf der vierten Klassenstufe gab es einen starken Geschlechtsunterschied, Jungen brachen im Durchschnitt signifikant häufiger als Mädchen Normen und wurden dafür von anderen Kindern bestraft. Zu diesem Unterschied trug vor allem eine Minderheit von besonders häufig abweichenden Jungen bei. Erhellender als der Durchschnitt ist deshalb die Typologie: Es gab eine kleine Gruppe häufig normbrechender und dafür bestrafter Kinder, es waren dies nur Jungen, die in Berlin „Stänkerer" genannt werden; die größere Gruppe der Mädchen wie der Jungen gab selten, aber doch hin und wieder Anlaß zum

---

3 Die durchschnittliche Zahl sanktionierter Normbrüche pro Beobachtungsstunde war von der vierten zur sechsten Klasse zwar nur leicht gestiegen, sie hätte aber bei Zutreffen der Nullhypothese wegen der in der sechsten Klasse verbesserten Methode - gleichzeitige Fokussierung beider Beobachter auf zwei nebeneinandersitzende Kinder - sinken müssen. Diese Änderung führte dazu, daß viele Normbrüche in den Protokollen beider Beobachter auftauchten. Da diese doppelt notierten Normbrüche aber nur einmal gezählt werden, wurde die Chance, Normbrüche in die Berechnung einzubeziehen gegenüber der vierten Klasse, in der die beiden Beobachter in unterschiedlichen Ecken des Klassenzimmers ihre Notizen machten, fast halbiert. Außerdem hatten vier der fünf in der vierten Klasse am häufigsten sanktionierten Jungen die Klasse zwischenzeitlich verlassen. Aus diesen Gründen ist ein methodisch einwandfreier Altersvergleich nicht möglich.

Strafen, dies ist offenbar das Normale und differiert quantitativ nicht zwischen den Geschlechtern; einige wenige Kinder - sehr ruhige Mädchen, aber durchaus auch Jungen - wurden so gut wie nie für Normbrüche bestraft. In Soziogrammen erscheinen die Stänkerer als Abgelehnte, ein Teil der Ruhigen als Vernachlässigte. Kinder mit niedrigem Status geben demnach besonders häufig - die meist männlichen Stänkerer - bzw. besonders selten - die meist weiblichen Vernachlässigten - Anlaß zum Sanktionieren. Nachdem vier der fünf Stänkerer die Klasse verlassen hatten, gab es auf der sechsten Jahrgangsstufe trotz der beiden männlichen Spitzenreiter im Durchschnitt keinen Geschlechtsunterschied mehr.

Bei den Geschädigten gab es auf beiden Klassenstufen keinen Geschlechtsunterschied: Mädchen und Jungen waren gleich häufig Ziel sanktionierter Normbrüche, und sie sanktionierten gleich häufig. Wieder gab es große individuelle Unterschiede. Die Spitzenreiter waren keineswegs typische Opfer.[4] Zwei der drei Mädchen beispielsweise, die in der vierten Klasse besonders häufig ihnen gegenüber verübte Normbrüche sanktionierten, Berin und Hanna, hatten einen hohen soziometrischen Status und wußten sich gekonnt zu wehren, zwei sich besonders häufig gegen Schädigungen wehrende Jungen, Ulrich und Lutz, brachen ihrerseits besonders häufig Normen, für die sie sanktioniert wurden.

6.3.1 Normbrüche

Territorium: Raum, Besitz, Körper. In der Enge des Klassenzimmers und auf dem überfüllten Schulhof ist die Regelung von Nähe und Distanz eines der schwierigsten Probleme, das die Schule den Kindern in Eigenregie zu lösen aufgibt. Territorialverletzungen bilden in unseren Protokollen die größte Gruppe sanktionierter Normbrüche.

Relativ selten sahen wir die aus der Ethologie bekannte Verteidigung des Reviers, vermutlich weil Regeln über Raumansprüche im engen Klassenzimmer nur schwer durchsetzbar sind. Zwar hatte jeder seinen Platz. Aber gehörte dazu ein bestimmter Stuhl oder nur irgendein Stuhl, und wie weit reichte der Anspruch auf dem Tisch und in den Raum hinein? Gelegentlich wurde sanktioniert, daß sich jemand auf des anderen Stuhl setzte, wenn der aber stur und stärker oder der Besitzer selbst nicht in Faustrechtlaune war, konnte der Besitzer nichts machen. Manche Nachbarn rückten oft nah zueinander, schauten ins selbe Buch, malten zusammen oder spielten. Aber manchmal wurde der andere doch weggeschoben, auf den Tisch sollte er weder sein Bein noch sich selbst legen. Ein Mädchen betonte mit weitausholender Geste, den Tisch mit der Handkante geradezu zerschneidend, wo sich die Mitte des Tisches und damit

---

4 Das könnte an der Beschränkung auf die „Verurteiltenstatistik" liegen. Opfertypen sanktionieren möglicherweise aus Schwäche nicht. Solche Normbrüche können in die quantitative Analyse nicht einbezogen werden.

die zu respektierende Grenze ihres Reviers befände. Wie man sieht, werden nicht nur durch Strafen und nicht nur durch Worte normative Raumansprüche demonstriert.

In den Raum des anderen kann man auch durch Gerüche eindringen, die Kinder hielten sich dann Ekel mimend die Nasen zu, zeigten auf den Verursacher oder schickten eine verbale Sanktion hinterher: „Klaus stinkt mit seinem Käsebauch!" Ins Riechorgan dringen unangenehm nicht nur schlechte Gerüche. Ein Mädchen biß herzhaft in einen Apfel und reichte ihn anbietend einer anderen vors Gesicht, diese wandte sich angewidert ab.

Das bloße Sich-Aufhalten im Revier des anderen wurde meistens nicht sanktioniert, die beschriebenen Beispiele sind Ausnahmen, die das Prinzip und gleichzeitig die geringe Durchsetzungschance oder -bereitschaft aufzeigen. Anders ist es, wenn mit dem Eindringen ins Revier ein Anschlag auf den Besitz oder den Körper des Inhabers verbunden war, Normbrüche, die *Goffman* (1974) den Territorialverletzungen zurechnet. Man stöberte beispielsweise im Fach unter der Bank oder im Schulranzen des Nachbarn, man faßte in sein Federmäppchen oder griff sich einfach den auf seiner Tischhälfte liegenden Radiergummi. Oft ging es dabei um dringend benötigte Schulutensilien, die man sich normalerweise ausborgen konnte. Nehmen ohne Bitte um Erlaubnis wurde dagegen sanktioniert, gelegentlich mit lehrerhaft erhobenem Zeigefinger: „Ulrich, erst fragen!" Objekte der Begehrlichkeit waren auch mitgebrachte Besonderheiten aus der kindlichen Konsumkultur, mit denen viele Kinder Aufmerksamkeit erregten, Haifischzähne, eine penisartige „Partywurst", Jo-Jos, neue Börsen und andere Accessoires, Schlümpfe, Muskelviecher, Krieg-der-Sterne-Spielzeug. Das wurde herumgezeigt und weitergereicht, begutachtet, betatscht und neidvoll heruntergemacht, aber einfach nehmen durfte man es eben nicht - es sei denn unter besten Freunden.

Die Hälfte aller Angriffe auf Besitz und Eigentum geschah nicht, um sich zu bereichern oder sich aus einer Notlage zu befreien, sondern um den Besitzer zu ärgern. Deutlich zu sehen ist dies beim Beschädigen und Beschmutzen. Der Tintenfingerabdruck im Heft der Nachbarin, der Spitzerdreck in ihrem Schulranzen brachte dem Normbrecher keinen materiellen Vorteil. Der Radiergummi des anderen wurde oft nur genommen, um ihn in die Klasse zu schleudern. Gelegentlich ist schwer zu entscheiden, ob es sich um Ärgern oder um Quatschangebote handelte.

„Klaus reißt Sven sein (vor ihm stehendes) Namensschild weg und versteckt es unter dem Tisch, Sven verlangt es zurück. Schnell versteckt Klaus auch sein eigenes, nach kurzem spannungsvollen Abwarten wirft er beide vor Sven auf den Tisch, ergreift aber blitzschnell sein eigenes wieder."

Das Bemerkenswerte an diesem Beispiel besteht darin, wie die durch die Reaktion bereits als Normbruch definierte Handlung im nachhinein durch geschickte Inszenierung nonverbal zum Spiel umgerahmt wurde. Aus territorialverletzendem Ärgern wird Quatsch, geschicktes Aushandeln läßt Normbrüche verschwinden.

Am häufigsten wurden die Territorialverletzungen bestraft, die bis an die Körpergrenze herankamen, die die körperliche Integrität bedrohten. Für den erwachsenen Beobachter ist es nicht leicht, die Grenze zwischen Erlaubtem und Unerlaubtem zu finden. Weit mehr als Erwachsene dürfen Kinder sich gegenseitig berühren. Das sah oft sehr liebevoll, zärtlich und vertraut aus, wenn sie sich um die Schulter oder die Hüfte faßten, wenn sie ins Ohr flüsterten oder sich gegenseitig auf den Schoß setzten, wenn sie beim Trösten übers Haar streichelten. Viele Berührungen geschahen bei gemeinsamer Tätigkeit und keineswegs nur unter guten Freunden, schwer zu sagen, ob aus Absicht oder als Folge der Nähe. Viele Spiele haben körperliche Berührungen zum Inhalt, und auch sie wurden nicht nur unter Freunden gespielt. Bei den Mädchen waren die Händeklatschspiele, die schnelle Reaktionen und perfekte Handlungskoordination erforderten, auffallend. Die Rangeleien und Ringkämpfe der Jungen bezogen ihren Spaß aus der Manipulation der Körper. Zwischen Mädchen und Jungen gab es ein Fangspiel, dessen Reiz darin bestand, Angehörige des anderen Geschlechts zu jagen, zu fangen und unter Körpereinsatz ins Gefängnis abzuschleppen, wobei die Rollen der Fänger und Flüchtenden von Pause zu Pause wechselten. Die Grenze des Erlaubten liegt bei solchen Spielen hoch. Gelegentlich kam es zu protestierendem Kreischen, doch schien dies dazuzugehören, denn niemand stieg aus diesem Grund aus. Böse und traurig ausgestiegen ist vielmehr ein Mädchen mit der Begründung: „Du rennst und rennst, und keiner rennt hinterher." Noch deutlicher geschlechtsbezogen waren Individualjagden zwischen Mädchen und Jungen, bei denen mancher Schlag fiel, mancher zu Boden ging und manches Haar verwuschelt wurde, ohne daß es zu Protest und Abbruch der Interaktion kam.[5] Wo die Grenze liegt und wie sie zu ziehen ist, bedeutet allerdings ein schwieriges Aushandlungsproblem, auf das unten in einem eigenen Abschnitt eingegangen wird.

Territorialverletzungen gegen Besitz und Körper wurden bei Jungen 73mal[6], bei Mädchen 20mal[7] sanktioniert. Noch deutlicher wird dieser Geschlechtsunterschied, wenn wir nur die Teilmenge der Interaktionen zwischen Jungen und Mädchen betrachten, in denen Jungen 47mal[8] Mädchen an Besitz und Körper schädigten und dafür sanktioniert wurden, wohingegen dies für Mädchen gegenüber Jungen nur sechsmal[9] zutraf.

---

5 Vgl. zu den Körperberührungen ausführlicher Kapitel 11 in diesem Buch und *Dubberke* (1988).

6 51% ihrer sanktionierten Normbrüche, N=143.

7 30% ihrer sanktionierten Normbrüche (N=67), der Unterschied nach Geschlecht ist signifikant (p < .01).

8 68% ihrer sanktionierten Normbrüche gegen Mädchen, N=69.

9 29% ihrer sanktionierten Normbrüche gegen Jungen (N=21), der Unterschied nach Geschlecht ist wiederum signifikant (p < .01).

Zwei Einschränkungen gegen die Interpretation, die Jungen würden die Mädchen ganz schön plagen, sind hier am Platze. Einmal kommt dieser Geschlechtsunterschied wieder durch die Minderheit der Stänkerer zustande, es handelt sich also nicht um ein allgemeines Problem im Umgang von Jungen mit Mädchen. Zweitens bestanden manche Handlungen der Jungen, die durch die Sanktionen der Mädchen als Normbrüche definiert wurden, im Angebot, zusammen Unsinn zu treiben. Während Mädchen solche Angebote oft - nicht immer und nicht bei jedem - mittels Sanktion ablehnten, nahmen andere Jungen sie meist an.[10] Ein Problem besteht darin, daß im Bereich dieser Quatschmachereien unklar normiert ist. Erst in der Aushandlung wird deutlich, ob es sich um den falschen Adressaten (mit einem Stänkerer mache ich das nicht), um den falschen Moment (siehst du nicht, daß ich beschäftigt bin) oder um die falsche Situation (der Lehrer erklärt gerade etwas) handelt, ohne die definierende Sanktion kann der Adressat das nicht genau wissen. Mit anderen Worten: *durch die Sanktion wird die Norm erst gesetzt oder präzisiert*.

Außer in der unklaren Normierung besteht ein weiteres Problem in der Deutung des Motivs. Dieselbe Handlung kann als Quatschangebot oder als Ärgern gemeint sein. Man kann dies oft am Gesichtsausdruck sehen, der die Handlung „rahmt". Oft sieht man es aber nicht, und uns scheint, daß manches Quatschangebot prophylaktisch abgewiesen wird, weil es sich um Ärgern handeln könnte. Wie dem auch sei, nirgends in unseren Daten wird die Richtigkeit und analytische Fruchtbarkeit des vielfach variierten Diktums *Meads* (1968), *die Bedeutung einer Handlung liegt in der Reaktion des Antwortenden*, so deutlich wie in den Quatschangeboten der Jungen, die von den adressierten Mädchen mit Sanktionen beantwortet werden und damit die Bedeutung von Normbrüchen erhalten.

Angriffe auf das Selbst. Viele der besprochenen Angriffe auf Raum, Besitz und Körper hatten demütigende Nebenaspekte, vor allem, wenn sie mit der puren Absicht zu ärgern lanciert wurden. Neben dem Schaden erhält der Geschädigte auch die Information: Du bist jemand, mit dem man so etwas tun kann. Kinder wissen sehr geschickt durch Gesichtsausdruck, Lachen, Worte oder Gestaltung der näheren Umstände diesen Aspekt zu verstärken (*von Salisch, 1991*).[11] Bei einem guten Fünftel aller sanktionierten Normbrüche war die Verletzung des Selbst oder die Erhöhung des eigenen Ich auf Kosten des anderen der einzige Inhalt des Normbruchs.

---

10 Dieser Unterschied in der Reaktion wird an einem Beispiel besonders deutlich, in dem der Junge eine leere Tintenpatrone auf ein Mädchen warf, worauf er angeschrieen wurde. Er schnappte sich die Patrone und warf sie auf einen Jungen, der fing sie auf, warf sie zurück, woraus sich ein lustiges Hin und Her entwickelte. In einem anderen Fall machte ein Mädchen in derselben Weise mit.

11 Wenn Kinder beispielsweise nach körperlichen Angriffen weinten, dann meist nicht wegen des körperlichen Schmerzes, sondern wegen der demonstrativen Demütigung. Fehlte diese, dann ertrugen sie wesentlich größere Schmerzen klaglos.

Plumpe Beleidigungen und Beschimpfungen - aus Geschmacksgründen an dieser Stelle nicht zitierbar - kamen vor, aber eher als Sanktionen denn als Normbrüche. Meist zeigte sich der Angriff auf das Selbst subtiler.

„Der kleine Roger kommt kaum rauf an die entsprechende Stelle der Tafel, Lutz: 'willste 'nen Stuhl?' Roger: 'Nee, was soll ich denn damit!'"

Auf solche kaum faßbaren Herabsetzungen (es könnte sich ja auch um ein freundliches Hilfsangebot handeln) kann man schwer hart reagieren, ohne die Sache öffentlich und damit schlimmer zu machen, insofern war die Reaktion des kleinen Roger klug. In Fällen von Selbsterhöhung, von in der Kinderwelt verpönten und doch allgegenwärtigen Angebereien, wurde dagegen oft mit besserer Münze heimgezahlt.

„Berin schleudert das Jo-Jo weit von sich weg, es kommt fast waagrecht in Höhe ihrer Hand zurück, aber der Trick scheint nicht gelungen zu sein. Jens drängt sich an ihren Platz, schleudert (sein Jo-Jo) mit derselben Bewegung von sich weg, das Ding kommt schneller als bei Berin waagrecht zurück und landet sicher in seiner Hand. Er grinst triumphierend ... Sie sagt mit Grimasse: 'Ich wollte ja 'nen Salto machen, bäh, bäh!' Sie wendet sich ab, ohne ihm die Chance einer Erwiderung zu geben."

Mit dem Hinweis auf eine schwerere Aufgabe holte sie ihn von seinem hohen Roß herunter und setzte sich auf ihres hinauf, das kleinkindhafte „bäh" machte nicht sie, sondern ihn zum kleinen Kind. Sie hat es ihm gegeben und gleichzeitig geschickt eine Gegensanktion verhindert. Bei den zahlreichen Angebereien mit besseren Noten und schulischen Leistungen waren solche Strategien schwieriger anzuwenden, wenn der von der Überheblichkeit Getroffene tatsächlich schlechter war.

Der Anteil von Angriffen auf das Selbst an allen sanktionierten Normbrüchen war bei Mädchen nur wenig größer als bei Jungen,[12] vor allem gingen diese Angriffe der Mädchen gegen die Jungen.[13] Plagten Jungen die Mädchen also eher körperlich, so bestanden die Normbrüche der Mädchen, die die Jungen nicht hinnahmen, eher in psychischen Attacken.

Allgemeine und schulische Normen. Kinder brachen immer wieder Schulnormen, wodurch andere Kinder beeinträchtigt wurden. Diese sanktionierten den störenden Lärm oder die Belästigungen beim Arbeiten. Die Kinder sanktionierten aber auch, wenn sie durch Normbrüche gar nicht direkt betroffen waren, etwa wenn Schuleigentum beschmutzt oder beschädigt wurde, wenn Kinder angeordnete Aufgaben schlecht erfüllten oder Fehler machten. Besonders Mädchen übernahmen in dieser Weise Ordnungsfunktionen der Lehrerin, kritisierten und tadelten und ernannten sich damit selbst zu Hüterinnen des Rechts.[14] Auffallend ist, daß sie dies nicht nur gegenüber Jungen, sondern eher noch häufiger gegenüber anderen Mädchen taten (p < .10).

---

12 25% vs. 18%, n.s.

13 In gemischtgeschlechtlichen Szenen wurden Angriffe auf das Selbst bei Mädchen zehnmal (46% ihrer Normbrüche gegen Jungen, N=21), bei Jungen achtmal (12% ihrer Normbrüche gegen Mädchen, N=67) sanktioniert (p < .01).

14 67% aller Ordnungsrufe kamen von Mädchen.

Etwas anders liegt der Fall beim Bruch von Spielregeln. Immer wieder mogelten Kinder zum Ärger ihrer Spielpartner und versuchten so, ihre Gewinnchancen zu steigern. Dies wurde, falls entdeckt, nie hingenommen. „Der hält sich nicht an die Spielregeln" war ein schwerer Vorwurf und konnte zum Ausschluß des Regelbrechers führen. Gelegentlich versuchten Kinder, die Spielregeln zu ihren Gunsten zu ändern. Mit diesen Aushandlungen verlassen wir den Bereich von Normbruch und Strafe und geraten auf das Gebiet konfligierender Interessen bei der Regelsetzung, das hier nicht zur Debatte steht.

6.3.2   Sanktionen

Sanktionen können sowohl dazu dienen, die Folgen des Normbruchs zu beseitigen, als auch den Normbrecher zu bestrafen. Man kann Sanktionen danach unterscheiden, ob sie *nur* der Korrektur dienen oder ob sie dem Normbrecher zusätzlich oder ausschließlich Schaden zufügen, um ihn zu bestrafen. Die *schädigenden Sanktionen* bestehen aus Handlungen, die normalerweise verboten und insofern normbruchartig sind. Sie wären Normbrüche, wenn sie nicht durch die jeweils vorangegangene Regelverletzung gerechtfertigt wären (*Popitz,* 1980, S. 49). Dem zunächst Geschädigten mag die schädigende Gegenhandlung als legitim erscheinen, sie ist dennoch in mehrfacher Hinsicht prekär. Erstens braucht der ursprüngliche Normbrecher diese Meinung nicht zu teilen, z.B. wenn der Normbruch unbeabsichtigt war oder wenn er die Strafe als zu hart empfindet. Tatsächlich ist im Bereich der Sittennormen meist recht unklar, wie hoch der Schaden sein darf, den die Sanktion anrichtet. Der talionische Zahn ist schwer zu finden und zu ziehen. Wird die Strafe aber als zu schädigend empfunden, dann sind Weiterungen des Konflikts auch bei Erwachsenen kaum zu vermeiden. Gar mancher, der im Recht ist, verspielt diese Position durch zorniges Übermaß beim Strafen und bringt den Normbrecher wieder in die günstigere Stellung. Zweitens und damit verbunden braucht die schädigende Sanktion nicht zu Einsicht und Verhaltensänderung zu führen, wofür Belege nicht nur bei Skinner stehen. Drittens hängt die Durchsetzungschance der Gegenschädigung von der Machtrelation zwischen Normbrecher und Sanktionierendem ab: Einem Stärkeren oder sonst Mächtigeren kann ich zwar schaden, aber die Folgen können mir sehr weh tun (*Spittler,* 1967, Kapitel 4.1). Insofern könnten *korrigierende Sanktionen* beim Bruch von Sittennormen von besonderer Bedeutung sein.

Als ob die Kinder um diese Probleme gewußt hätten, bestanden ihre Sanktionen nur zu einem knappen Drittel aus schädigenden normbruchartigen Handlungen, in der Mehrzahl der Fälle wurde korrigierend sanktioniert. Überproportional häufig schädigend waren die Sanktionen nur, wenn sich die Normbrüche gegen den Körper richteten oder wenn einzig die Absicht bestand, zu ärgern oder zu schädigen. In 60% der Fälle wurde dann mit einer normbruchartigen Sanktion geantwortet (p < .05). Bei nichtkörperlichen direkten Angriffen auf das Selbst reagierten die Kinder dagegen selten harsch, vermutlich weil es oft besser ist, Beleidigungen herunterzuspielen, um Weiterungen zu vermeiden.

Die folgende Typologie differenziert Sanktionen nach Ziel und Art der Strategie:

- Kinder bevorzugen Strategien, die sich direkt *auf den Normbruch* und nicht auf den Täter beziehen. Sie zielen darauf ab, die Störung abzustellen, das normverletzende Handeln zu unterbrechen, den Schaden zu beseitigen: *Wiederherstellung der Ordnung unter Verzicht auf Sühne* (49% der Fälle). Nach Spittler sind hierfür verbale Sanktionen wegen ihres hohen Informationsgehaltes und ihres geringen Strafcharakters besonders günstig (ebd., Kapitel 4.4). Dem scheinen die Kinder tatsächlich Rechnung zu tragen, drei Viertel der sich auf den Normbruch beziehenden Sanktionen waren verbal, kaum einmal wurden normbruchartige Handlungen benutzt. Die Kinder forderten auf, etwas zu unterlassen oder den Schaden zu beseitigen, oft wurde einfach der Normbruch oder die konforme Handlung benannt. Nonverbale Varianten dieser Strategie bestanden darin, den anderen an seiner Handlung zu hindern oder sich etwas, was einem weggenommen wurde, wortlos, aber demonstrativ wiederzuholen. Diese auf Herstellung der Ordnung und nicht auf Bestrafung des Täters zielenden Strategien wurden besonders häufig angewandt bei Verletzungen von Spielregeln, von allgemeinen und schulischen Normen sowie bei Angriffen auf den Besitz, seltener bei Angriffen auf das Selbst und ganz selten bei Angriffen auf den Körper.[15]
- Ein zweiter Typ von Strategien richtet sich *auf die Person* des Normbrechers: *Wiederherstellung des Gleichgewichtes durch Sühne* (37% der Fälle). Der Übeltäter wurde zurechtgewiesen, beschimpft, beleidigt, verhöhnt oder bedroht. Nonverbale Varianten waren Boxen, Schlagen, Treten, gelegentlich wurde als Kompensation das Eigentum des anderen beschädigt, zerstört, weggenommen. Diese Sanktionen sind immer schädigend. Besonders häufig wurden Angriffe auf den Körper in dieser Weise beantwortet.
- Eine seltenere nonverbale Strategie, die wir „*defensive Sanktion*" nennen (*Derscheid,* 1988), besteht darin, daß das Opfer des Normbruches seine Verletztheit zum Ausdruck bringt, indem es leidend schaut oder weint (5% der Fälle). Dies ist ein stummer Appell, der insbesondere dann Betroffenheit auslöst, wenn es gar nicht so böse gemeint war: „Wegen so was weint die!" Es gab einige wenige hartgesottene Täter, die sich durch solche Sanktionen nicht abbringen ließen, die meisten hörten dagegen auf, den Leidenden zu plagen. Insofern ist dies eine Variante des ersten Typs von Sanktionen, die wir deshalb gesondert hervorheben, weil sie passiv und

---

15 Der Zusammenhang zwischen der Art des Normbruchs und der Art der Sanktion ist signifikant ($p < .01$).

meist weniger bewußt und absichtsvoll dasselbe Ziel anstrebt wie jenes aktive Bemühen, nämlich die Störung abzustellen.

- Eine letzte Strategie besteht im *demonstrativen Ignorieren* (10% der Fälle). Der Täter konnte keinen Zweifel haben, daß die Tat bemerkt war, er wurde aber keiner Antwort für würdig befunden. Er lief dadurch ins Leere, daß die Tat gleichsam nichtexistent und damit wirkungslos war. Wir bezeichnen dies als Sanktion, weil für den Normbrecher die Strategie und die darin liegende Mißbilligung erkennbar ist. Die beiden letzten Strategien wurden fast nur bei Angriffen auf das Selbst und auf den Körper gewählt. Manchmal wurde so Aufsehen und Publikmachen der Beleidigung vermieden, manchmal hinderte es den Täter am Weitermachen. Das demonstrative Ignorieren konnte allerdings auch Ärger auslösen und zur Fortsetzung des bösen Tuns anstacheln.

Ein für den Ablauf des Prozesses entscheidendes Problem besteht darin, wie beide Seiten ihr Gesicht wahren können. Selbst wenn der Normbruch instrumentell ist und sich nicht direkt gegen die Person richtet, ist Art und Härte der Sanktion auch davon abhängig, wie sehr der Geschädigte vor sich selbst, vor dem Normbrecher oder vor Dritten sein Image als jemand, der sich solches nicht bieten läßt, wahren zu müssen glaubt. Aber auch der Sanktionierte steht vor diesem Problem, wenn die Sanktion demütigende Aspekte enthält. Die Gefahr, daß er glaubt, sein Gesicht zu verlieren, ist vor allem bei den Sanktionen gegeben, die in normbruchartigen Handlungen bestehen.

Die Strategien des Gesichtwahrens sind ambivalent. Auf der einen Seite können sie so eingesetzt werden, daß das Gleichgewicht, das durch die Sanktion erreicht werden soll, auch auf der Ebene des Selbstwertgefühls hergestellt wird. Dadurch kann die Angelegenheit endgültig bereinigt sein, und man kann wieder normal miteinander umgehen. Andererseits kann die Strategie des Gesichtwahrens die Sache unangemessen aufbauschen, und es kann zu Eskalationen kommen, die außer Kontrolle geraten, so daß eine Lösung unmöglich wird.

In 57% der Fälle war die Sache mit der Sanktion nicht abgeschlossen, sondern es kam zu weiteren Aushandlungen durch den Normbrecher. Dies war besonders häufig so, nämlich in 72% der Fälle, wenn die Sanktion in einer normbruchartigen Handlung bestand ($p < .01$). Sanktionen, die beim Bruch von Sittennormen den Normbrecher schädigten, waren also tatsächlich recht prekär. Der sanktionierte Normbrecher ließ sich solche Sanktionen nicht gefallen, er wiederholte den Normbruch oder sanktionierte seinerseits die als unangemessen empfundene Sanktion. Manchmal wurde die Gegensanktion nur symbolisch angedeutet, etwa mit einer drohenden Geste, die besagte, daß man sich weitere Schädigungen nicht gefallen ließe, und die bei demütigenden Sanktionen dazu diente, das Gesicht zu wahren.

Die Aushandlung bestand bei unbeabsichtigten Normbrüchen meist in einer Rechtfertigung, seltener in einer Entschuldigung. Bei einem knappen Fünftel aller sanktionierten Normbrüche stimmten zwei Kodiererinnen darin überein, daß keine böse Absicht vorlag. Dennoch kam es in diesen Fällen zu oft harten Sanktionen, der zugefügte Schmerz zählte mehr als die Intention. Dies variierte allerdings mit der Geschicklichkeit des absichtslosen Normbrechers, den Geschädigten von seiner Unschuld zu überzeugen. Manche Kinder taten dies, indem sie den Schaden beseitigten (der Tintenstrich auf dem T-Shirt wurde eifrig weggekillt), sich selbst denselben Schlag zufügten und damit demonstrierten, daß es nicht hatte wehtun sollen, oder indem sie sich einfach entschuldigten.

Wenn sie sich schuldlos fühlten, fiel es Kindern schwer, sich zu entschuldigen, manche schienen gar nicht zu begreifen, warum das andere Kind böse wurde. Dies mag bei einigen vom Stand der kognitiven Entwicklung abhängen. Für das Ausbleiben von Entschuldigungen muß es aber noch andere Gründe geben, sonst würden sie in unseren Daten nicht so selten auftauchen. Auf unsere Frage an eine Sechstkläßlerin, was sie mache, wenn sie jemanden aus Versehen anremple, antwortete sie, bei einem Mädchen würde sie sich entschuldigen, bei einem Jungen würde sie sagen: „Paß doch auf!" Die Taktik besteht hier darin, die Beweislage umzukehren, den Geschädigten als Schädiger zu definieren, dem Normbruch noch die Sanktion hinzuzufügen und so doppelt zu schaden. Das taten Stänkerer übrigens auch bei absichtlichen Rempeleien, oft mit frechem Gesichtsausdruck, mit dem sie ihre Taktik offenlegten, wodurch zu doppeltem Schaden noch der Hohn kam, was den Mut zur Gegensanktion nehmen und den Gewinn im Dominanzspiel sichern sollte.

Die Differenzierung nach Geschlecht in der Antwort des Mädchens zeigt, daß es bei Reaktionen auf Normbrüche immer auch um Gesichtwahren und Dominanz gehen kann. Die Entschuldigung kann als Unterwerfung, als Nachgeben, als Schwäche ausgelegt werden. Entschuldigungen sind demgemäß nur gegenüber jemandem ratsam, der dies nicht ausnützt. Und dies ist eher die Freundin als der stänkernde Junge.

Die Aushandlungsschritte, mit denen Normbrecher die Sanktionen beantworteten und das Gesicht wahrten, bestanden oft in neuen Normbrüchen. In fast einem Drittel aller Norm-Sanktion-Prozesse wurde der Normbruch ein oder mehrere Male wiederholt, oder dem sanktionierten Normbruch wurde eine andere schädigende Handlung hinterhergeschickt. Ebenfalls in jeder dritten Szene mußte die Sanktion wiederholt werden, wobei die Kinder oft steigerten: Die zweite Sanktion bestand häufiger als die erste in einer normbruchartigen Handlung, sie richtete sich häufiger gegen die Person, und sie war seltener verbal. Die zweite Sanktion verfolgte somit seltener als die erste das Ziel, die Ordnung wiederherzustellen, häufiger sollte sie den sich als hartnäckig erweisenden Täter bestrafen.

Der große Anteil von Aushandlungen, die sich steigernden Normbrüche und Sanktionen zeigen, daß die Durchsetzung der Sanktion nicht nur eine Rechtsfrage, sondern auch eine Machtfrage ist. Ist der Normbrecher stärker als der Benefiziar, dann besteht eine Möglichkeit der Machtverlagerung zugunsten des letzteren in der Hilfe Dritter. Dies geschah selten, in 82% der Fälle war der Geschädigte für die Sanktion alleine zuständig. Wir konnten aber doch elf Sanktionskoalitionen beobachten, die zwei unterschiedliche Funktionen hatten.

Kleine Pause in der vierten Klasse. Angelika steht auf einem Stuhl. „Ulrich kommt von hinten und zieht sie am Hosenbund herunter. Vier Mädchen ... dringen mit drohenden herausfordernden Gesichtern auf ihn ein, Elke sagt 'willste 'nen Pferdekuß haben?' Sie tun ihm aber nichts, er selbst macht außer einem drohenden Gesicht und einer drohenden Kinngebärde auch nichts, die Sache scheint ihm mulmig zu sein."

In mehreren Fällen bildeten Mädchen solche Koalitionen, die die Sanktionsmacht der Geschädigten stärkten und Gegensanktionen des Normbrechers verhinderten. Seine Antworthandlung sollte ausdrücken, daß er sich wehren würde, und diente wohl dazu, sein Gesicht zu wahren. Eine Gegenattacke wagte er nicht. Mädchen in der sechsten Klasse bildeten solche Koalitionen auch präventiv. Auf unseren Videoaufnahmen konnten wir sehen, daß Mädchen sich zusammenschlossen, auch wenn der sich einem Mädchen nähernde Junge vermutlich nichts Böses im Schilde führte. Mit ebensolchen Koalitionen bereiteten Jungen ihre Annäherung an Mädchen vor. Koalitionen vermindern die Risiken, die in den Interaktionen zwischen Mädchen und Jungen im Alter des beginnenden Flirtens noch liegen, Koalitionen ermöglichen nicht nur wirksames Sanktionieren, sie verhindern auch Normbrüche und machen Sanktionen unnötig (vgl. Kapitel 12 in diesem Buch und *Klaus,* 1985). Eine ganz anders geartete Koalition wird im folgenden Beispiel deutlich:

Ein Gruppentisch in der vierten Klasse. Stillarbeit. „Ulrich redet ... Hartmut schreit 'Mensch Ruhe!' Mirko steht auf und schreitet zur Strafaktion, d.h. er steht auf, schaut in die Luft, geht mit vollkommen ruhigem Gesicht um den Tisch herum, bis er hinter Ulrich steht und tut ihm dann richtig weh. Hinter ihm steht Hartmut auf, geht ebenfalls in ganz ähnlicher Weise um den Tisch herum und übernimmt von Mirko, der wieder mit unbewegtem Gesicht zurückgeht, das Wehtun. Als Dritter tut Matthias dasselbe. Ulrich ist wieder nahe am Weinen."

Im Laufe der Stunde wurde Ulrich mehrere Male in dieser Weise gequält, weil er die Gruppe durch unflätiges Reden gegen sich aufgebracht hatte. Es ging nicht oder nicht in erster Linie um Machtverlagerung, denn jeder der Jungen konnte Ulrich auch alleine bestrafen. Die Koalition drückte vielmehr die kollektive Abscheu der Gruppenöffentlichkeit aus (*Popitz,* 1980, S. 52 ff), der Täter wurde wie beim Spießrutenlauf aus der Gruppe ausgeschlossen. Es geht hierbei nicht um die Schwäche des Benefiziars, sondern um die Stärke der Sanktion. Kein einzelner kann so strafen.

Nicht immer sanktionierte das vom Normbruch betroffene Kind. Wir haben einige wenige Fälle, in denen ein Dritter stellvertretend für dieses Kind, das selbst nichts unternahm, sanktionierte. Auch hierbei konnte es um Machtverlagerung gehen, falls der Geschädigte aus Schwäche nicht sanktionierte, was in drei der fünf Fälle zutreffen könnte.

Häufiger kam es zu einer Sanktion Dritter, wenn es gar keinen Geschädigten gab, weil nur eine allgemeine oder eine Schulnorm gebrochen wurde, für die Kinder keine Benefiziare waren. Oft tadelte dies eine der oben schon erwähnten Hüterinnen von Recht und Ordnung in Vertretung zuständiger, aber nicht informierter Erwachsener.

6.3.3   Aushandlung der Grenze

Der Aushandlungscharakter der normativen Ordnung wird besonders deutlich erkennbar, wenn wir noch einmal zu den Territorialproblemen zurückkehren. Wir haben gesehen, daß sich Kinder häufig sehr nahe kommen und daß Körperberührungen Bestandteile vieler Spiele sind. Soviel Nähe ist risikoreich, die Grenze, bis zu der der Schmerz gehen darf, oft nicht genau zu kalkulieren, zumal das Vergnügen um so größer zu sein scheint, je näher man der Grenze zwischen Spaß und Ernst kommt, je schmaler der Grat ist, von dem das Spiel abkippen kann (vgl. *Seidel,* 1987). Ging eine Seite zu weit, war ein Schlag zu hart, bestand die Gefahr, das Gesicht zu verlieren, dann wurde dies mit einer Handlung, oft nur mit einer Geste - geballte Faust, wütende Miene, zorniges Kreischen, Beschimpfen - signalisiert. Danach wurde die Interaktion oft kunstvoll wieder auf den Grat der gefahrlosen normbruchfreien Tollerei heraufgeholt. Diese Handlungen und Gesten sind schwächer als Drohungen. Weil sie warnen sollen und der Feinjustierung der Interaktion dienen, nenne ich sie *Warnsanktionen.* Die Grenze ist normativ nicht genau markiert, sie wird dadurch ausgehandelt, daß man durch langsames Steigern testet, wie weit der Spaß gehen darf, und durch Warnsanktionen, die kein Unter- oder Abbrechen hervorrufen, eine Rücknahme der Steigerung dann veranlaßt, wenn die Grenze des Erträglichen überschritten wird .

Kleine Pause auf dem Flur: „Berin und Jens boxen und treten sich abwechselnd, wobei sie den ganzen Gang ausnutzen. (...) Manchmal lacht Berin, und manchmal schreit sie Jens wegen eines härteren Schlages an und revanchiert sich mit einem besonders harten Tritt. Jens grinst die ganze Zeit, seine Taktik besteht darin, seine Schläge nicht so stark werden zu lassen, daß das Spiel aufhört, aber doch immer wieder weh zu tun, den folgenden heftigen Tritten von Berin aber so weit auszuweichen, daß sie zwar treffen, aber nicht schmerzen. So hält er Berin am Weitermachen."

Beide hatten Spaß. Beide hielten das Spiel auf der Grenze. Es endete ohne Normbruch oder Sanktion, weil die Feinjustierung durch Warnsanktionen gelang. Das war nicht immer so. Manchmal geriet die Steigerung außer Kontrolle, und das Ganze endete in gegenseitigen Beschuldigungen oder gar in Prügelei. In diesen Fällen war schwer zu sagen, wer die Norm gebrochen und wer sanktioniert hatte. Beide fühlten sich im Recht, weil sie ebensowenig wie der Beobachter feststellen konnten, wer zu schnell steigerte, wer zu spät oder zu ungeschickt warnte, wer vorschnell oder zu stark sanktionierte oder wer vielleicht zu empfindlich reagierte. An diesem Punkt bricht der Aushandlungsprozeß auch unter Erwachsenen leicht zusammen. Das gegenseitige Sanktionieren wird Kampf und verliert seinen Rechtscharakter.

6.3.4   Ausblick

Viele der beobachteten Szenen sind vom Inhalt her gesehen kindlich, sie scheinen insofern allenfalls unter der Sozialisationsperspektive, nicht aber unter dem Gesichtspunkt des Funktionierens von Norm-Sanktion-Prozessen für eine Allgemeine Soziologische Theorie informativ zu sein. Näheres Zusehen enthüllt jedoch, daß diese zehn- bis zwölfjährigen Kinder sehr kompetent mit den Problemen umgehen, die unter den Bedingungen großer räumlicher Nähe und Enge, des Anspruches schulischer Leistungsforderungen und ihres Wunsches nach Spiel und gleichzeitiger Selbstbehauptung in Hinblick auf Vorhersehbarkeit, auf Regelbruch und Herstellung von Ordnung entstehen. Fast möchte man sagen, daß Kinder dieses Alters bereits alle Strategien beherrschen, die man für den flexiblen Umgang mit Normen in engeren persönlichen Beziehungen braucht, und daß sie um die begrenzte Tauglichkeit von Sanktionen ebenso wissen wie um ihre Unverzichtbarkeit. Besonders fällt auf, daß die Kinder häufiger für die Beseitigung des Schadens und der Störung, für den Fortgang des Normalen, des gerade Anliegenden sorgen als für die Bestrafung des Täters. Reibungsloser Alltag ist wichtiger als Sühne; Strafe wird eingesetzt, wenn Grenzen überschritten werden, allerdings muß dies meist ausgehandelt werden.

Die präsentierten Daten und Analyseversuche ließen so manche Verallgemeinerungen zu Eigenart und Funktionsweise von Norm-Sanktion-Prozessen zu. Stattdessen soll abschließend auf einen Punkt hingewiesen werden, der für die Analyse von Sittennormen in engen persönlichen Beziehungen besonders wichtig sein dürfte.

Vielfältige Aushandlungen scheinen ein Hauptcharakteristikum der beobachteten Norm-Sanktion-Prozesse zu sein. Dies drückt sich auch darin aus, daß das Normengefüge, das die Kinder mit ihren Handlungen und Aushandlungen konstruieren, weit weniger klar festgelegt und strukturiert ist, als es dem Verfasser eines Gesetzbuches der Kinderwelt einer Schule lieb sein kann. Klar und kodifizierbar sind vor allem Regeln für den Umgang mit Nicht-Freunden, mit Mitschülern, die man kennt, auf die man aus institutionellen Gründen immer wieder stößt, mit denen einen aber kaum etwas verbindet. Im Alter zwischen zehn und zwölf Jahren gehören hierzu für Mädchen auch die Jungen und für Jungen auch die Mädchen. Deutlicher erkennbar als Gebote sind für diesen Umgang Verbote: Man darf sich nicht auf einen fremden Stuhl setzen, man darf nicht anrempeln, an den Po stippen, ein Bein stellen, man darf fremdes Eigentum nicht beschmutzen, beschädigen oder ohne Erlaubnis wegnehmen, man darf nicht beleidigen, demütigen, kritisieren, man darf nicht beim Arbeiten stören, seine Aufgaben nicht vergessen, keine dummen Fehler machen, und man sollte sich an die Schulregeln halten.

Bei Kindern, die einem näher stehen, besonders bei guten und besten Freunden, ist dies teilweise anders. Hier kann man Normen außer Kraft setzen, hier gelten Territorialregeln von vornherein nicht, oder die Grenzen zur Normverletzung liegen sehr hoch, hier sind die Möglichkeiten zum spielerischen Umdeuten besonders mannigfaltig, vermutlich weil man kaum Sorge haben muß, daß die Blößen, die durch all dies leicht entstehen, ausgenutzt werden.

In gewisser Hinsicht gilt allerdings auch das Gegenteil. Der Normbruch eines Fremden kann einen kalt lassen, weil man gefühlsmäßig nicht involviert ist und weil keine langfristige Reziprozitätsbalance aufrechterhalten werden muß. Man läßt sich auch auf Riskantes ein, weil man jederzeit abbrechen kann. Man hat insofern auch in diesen Beziehungen die Möglichkeit, spielerisch auszuprobieren und seine Rahmungsfähigkeit zu üben. In der Freundschaftsbeziehung kann dagegen der Normbruch als Vertrauensbruch besonders schmerzen, das Risiko des Augenblicks muß immer auch unter dem Aspekt des Risikos für die Beziehung gesehen werden.

Vielleicht besteht eine der Schwierigkeiten in engen Beziehungen Erwachsener darin, die Diskrepanzen auszuhalten und auszugleichen, die entstehen durch

- einen flexiblen Umgang mit Normen, mit Umrahmen und Hinwegrahmen, mit Verzeihen, Verständnis und Entschuldigung, wodurch die Frage, was eigentlich gilt und was nicht, unklar werden kann einerseits
- und der größeren Verletzbarkeit bei Normbrüchen, die bei Vertrauten leicht Vertrauensbrüche sind, sowie der Sorge, daß Risiken den Bestand der Beziehung bedrohen andererseits.

Man könnte, Piaget und Sullivan ausdeutend, die These aufstellen, daß in den Freundschaften der Kinder und Jugendlichen geübt wird und damit gelernt werden kann, Normen an die Bedürfnisse einer engen, Distanz verringernden, Intimität erzeugenden Beziehung anzupassen, und das heißt auch, sie zeitweise und teilweise außer Kraft zu setzen, und gleichzeitig soviel Regelung, Konformität und Sanktionsrecht mit angemessenen Sanktionsstrategien zu erhalten, daß das Verletzungsrisiko klein und die Heilungschance bei Verletzungen groß gehalten wird.

Kapitel 7

Mißlingende Aushandlungen: Gewalt und andere Rücksichtslosigkeiten unter Kindern im Grundschulalter[1]

7.1 Fragestellung

In jüngerer Zeit wurde ausführlich diskutiert, ob die Anwendung von Gewalt unter Kindern und Jugendlichen in den letzten Jahren zugenommen hat und welche gesellschaftlichen Faktoren dafür verantwortlich zu machen sind. Dabei gerät leicht in Vergessenheit, daß Rücksichtslosigkeiten, ruppiges Durchsetzen und Kämpfe um Dominanz unter Einsatz körperlicher Gewalt unter Kindern schon immer beobachtet wurden, und zwar nicht nur in unseren westeuropäischen Kulturen (*Whiting & Edwards,* 1988). Entwicklungspsychologen und Sozialisationsforscher haben sogar vermutet, daß die Sozialwelt der Gleichaltrigen beiträgt, die Beherrschung „aggressiver" Impulse zu lernen. Die Heranwachsenden könnten erfahren, daß Gewalt und Zwang, die außerhalb des Aufsichtsbereichs der Erwachsenen mit minderem Strafrisiko eingesetzt werden, wenig geeignet sind, befriedigende Interaktionen auf Dauer zu sichern (*Ausubel,* 1976).

Die Daten, auf die sich dieser Aufsatz stützt, Beobachtungsprotokolle von Interaktionen unter zehnjährigen Jungen und Mädchen, erlauben nicht zu beurteilen, ob Kinder dieser Klassenstufe damals friedlich-entgegenkommender miteinander interagierten als gegenwärtig, weil keine vergleichbaren aktuellen Beobachtungen vorliegen. Einige explorative Beobachtungen in derselben Schule und Klassenstufe, die zur Zeit durchgeführt werden, sprechen allerdings gegen dramatische Veränderungen. Die Protokolle aus den frühen 80er Jahren belegen jedenfalls, daß es auch damals bereits zahlreiche Auseinandersetzungen im Alltag der Schulklassen gab, in denen physische Gewalt, verbale Angriffe und krasse Mißachtung der Erwartungen und Rechte der Beteiligten vorkamen. Dieser Befund soll nicht als Hinweis auf in diesem

---

1 Dieser Aufsatz erschien zuerst unter der Autorenschaft von *L. Krappmann* in der Zeitschrift für Sozialisationsforschung und Erziehungssoziologie, 14. Jg., 1994, S. 102-117.

Alter noch nicht gezügelte Aggressionstriebe gedeutet werden. Vielmehr soll im folgenden untersucht werden, in welchen Interaktionszusammenhängen diese physischen, verbalen und symbolischen Gewalttätigkeiten auftraten, um die Funktion dieser Vorgehensweisen in der Kinderinteraktion und die soziale Bedeutung dieses Verhaltens herauszuarbeiten. Diese Herangehensweise soll besser zu verstehen helfen, daß Gewaltanwendungen keineswegs gleichsam „von außen" in die Kinderwelt einbrechen, sondern aus einer inneren Problematik der Sozialwelt dieser Kinder hervorgehen, nämlich im Zusammenhang mit der Aufgabe stehen, sich in der wenig geregelten Kooperation unter Kindern mit eigenen Interessen zu behaupten, dies aber durch oft mühseliges und geduldiges Aushandeln zu erreichen.

Diese Problematik aufzudecken, scheint eine Untersuchung besonders geeignet, die darauf angelegt wurde, Interaktionsprozesse unter Kindern in ihrer qualitativen Natur Schritt für Schritt nachzuzeichnen. Die narrativen Protokolle ermöglichen, Arten des Sich-Durchsetzens von Kindern gegen andere detailliert zu beschreiben, um zu klären, welches Verhalten anderen gegenüber als Gewaltanwendung in welchem Sinne zu betrachten ist, welchen Konstellationen dieses Verhalten entspringt und welchen Zielen es dient. Bewußt wurde in soziologischer Tradition mit einer weiten Definition von Gewalt begonnen: Durchsetzung einer Absicht gegen andere durch irgendeine Form der Machtausübung, ohne auf deren Perspektive oder Ansprüche Rücksicht zu nehmen (*Weber,* 1960). Gewalttätiges Vorgehen bildet den Gegenpol zu argumentativem Aushandeln, in dem Beteiligte ihre Vorlieben, Ansprüche und Prinzipien vertreten können. Der Gewalttätige entzieht sich dem gemeinsam getragenen Einigungsprozeß, allerdings keineswegs immer in egoistischem, sondern gelegentlich durchaus in einem kollektiven oder sozialen Interesse. Nur in einem Teil der Interaktionen, in denen ein Kind sich „rücksichtslos" durchsetzte, wurde physisch attackiert; in anderen wurde die andere Seite verbal oder durch expressives Verhalten beeinträchtigt oder durch faktisches Handeln um Rechte gebracht.

Unter den Bedingungen, die den Einsatz von Gewalt und die Habitualisierung dieses Musters beeinflussen, spielt nach allgemeiner Erfahrung und manchen Untersuchungen neben anderen Erfahrungsbereichen die Familie der Kinder eine besondere Rolle (*Gugel,* 1983; *Rauchfleisch,* 1992). Derartige Einflüsse sollen nicht geleugnet werden. Die hier gewählte Fragerichtung, die nach dem Sinn von Gewaltanwendung in der Kinderinteraktion forscht, vermeidet jedoch, die Verantwortung für Gewalt unter Kindern ausschließlich den Familien anzulasten, in denen die Kinder aufgewachsen sind. Sie will vielmehr eine Perspektive eröffnen, die hilft, Gewalt als ein Element der Kinderwelt zu begreifen, und nahelegen zu untersuchen, ob es auch Momente in der sozialen Interaktion unter Kindern gibt, die Entgleisung von Interaktion durch Gewalt zu überwinden.

7.2 Theoretische Orientierung

Die Gesamtstudie stellt sich die Aufgabe einer interaktionistischen Revision von Sozialisationsmodellen. Sie lehnt sich zum einen an *Meads* These von der sozialen Emergenz des Selbst und seiner Handlungskompetenzen an (*Mead,* 1980, 299 f.), zum anderen an *Piagets* Konzeption des Kindes, das diesen Bildungsprozeß in Auseinandersetzung mit anderen und deren Perspektiven, Intentionen und Vorstellungen mit eigener Aktivität betreibt (*Piaget,* 1986). Der soziale Konstruktivismus hat aus diesen Ansätzen neue Denk- und Forschungsmodelle geschaffen, die die herkömmlich opponierenden Vorstellungen von Entwicklung und Sozialisation miteinander verknüpfen (*Hoppe-Graff & Edelstein,* 1993; *Youniss,* 1994). Gerade in der mittleren Kindheit, in der Kinder erste Schritte der Ablösung von ihrer Familie vollziehen, erschließt sich den Heranwachsenden die Vielfalt der Interessen und Auffassungen. Sie nehmen wahr, daß sie lediglich eine spezifische Sichtweise, ihren persönlichen Vorschlag und nur eine Stimme in die Bemühungen um Koordination des Handelns einbringen und suchen danach, wie sie ihrer Position Unterstützung sichern. Gewinnen sie Gewicht im Widerstreit der Interessen durch mehr Kompetenz oder durch die Ausübung von Zwang?

In dieser Phase des Aufwachsens entscheidet sich weithin, wieweit sich die Heranwachsenden geteilte Prinzipien einer fairen oder gerechten Problem- und Konfliktlösung aneignen oder sich diesem Konstruktionsprozeß verschließen, um eigene Interessen durchzusetzen. *Sullivan* (1983) ist der Auffassung, daß sich den Kindern unter den neuartigen Herausforderungen in ihrer relativ eigenständigen Sozialwelt auch Gelegenheit bietet, wenig nützliche Interaktionsstrategien abzulegen, die sie in ungünstigen Familienkonstellationen erworben haben. Anregungen für diesen Entwicklungsschritt liefern nicht nur die positiven Erfahrungen in symmetrisch-reziproker Interaktion unter Freunden, wie *Youniss* (1982) unterstreicht, sondern auch das harte Ringen um akzeptable Lösung, das Kindern von Regelbrechern, ärgernden „Stänkerern" und ausrastenden Schlägern auferlegt wird.

7.3 Methode

Für diese Analyse wurden die Beobachtungsprotokolle aus zwei vierten Grundschulklassen (62 Kinder; 30 Mädchen und 32 Jungen, Durchschnittsalter 9;11 Jahre) ausgewählt. Es wurde eine „Szenenkartei" zusammengestellt, die alle Vorkommnisse enthält, die der oben angeführten weiten Definition von Gewalt entsprechen. Für diesen Arbeitsschritt wurden aus dem Material heraus die definitorischen Merkmale bestimmt und ein Kodiermanual erarbeitet (*Born & Krappmann,* 1993). In diesem Aufsatz wird zum einen berichtet, welche Art von Vorkommnissen in welchem Umfang beobachtet wurde. Die Vorkommnisse wurden aber auch ausgedeutet, indem verschiedene Interpretationen auf ihre Verträglichkeit mit dem vorliegenden Material untersucht wurden.

Die weite Definition gewalthaltiger Interaktion wurde gewählt, um den für Kinder so typischen Zwischenbereich von heftigem Einsatz für Interessen sowie Experimenten an der Grenze des Tolerierbaren einerseits und inakzeptablen verletzenden Vorgehensweisen andererseits nicht auszuschließen, zum Beispiel Rangeleien zwischen Spaß und Ernst oder penetrante Neckereien, bei denen das Einvernehmen in Zweifel steht. Diese Entscheidung machte jedoch erforderlich, viele Vorkommnisse intensiv zu diskutieren, um Szenen, in denen Einverständnis auch zu unüblichem Verhalten vorliegt, von solchen zu unterscheiden, in denen Kinder irgendeinem Verhalten nicht zustimmen. Ein heftiger Knuff kann drohendes Aufbegehren oder freundschaftliche Besiegelung des wiedergewonnenen Einvernehmens sein.

Erlebte Sinneinheiten wurden zu einer Szene zusammengefaßt, um die Interpretation nicht durch Zerstückelung von Sequenzen zu erschweren. Diese Entscheidungen haben zur Folge, daß sich die Gesamtzahl der Szenen durch Aufnahme von Randfällen oder Untergliederung dahinläppernder Auseinandersetzungen eher steigern als reduzieren ließe. Beim Vergleich verschiedener Strategien des Zusammenfassens oder Auftrennens wurde deutlich, daß die internen Proportionen des Materials, Anteile verschiedener Vorgehensweisen, unterschiedliche Beteiligungen von Kindern, weitgehend stabil bleiben.

7.4 Ergebnisse

7.4.1 Häufigkeit der Szenen und Beteiligung der Kinder

In den Protokollen wurden 407 Szenen (199 und 208 in den jeweiligen Klassen) gefunden, in denen Kinder mit physischer, verbaler oder symbolischer Gewalt oder in Verbindung derartiger Vorgehensweisen Absichten durchzusetzen oder zu durchkreuzen versuchten. In etwa zwei Drittel der Szenen waren zwei Kinder beteiligt, in den übrigen Szenen drei und gelegentlich mehr Kinder. Die gewalthaltige Vorgehensweise konnte vom Initiator der Szene ausgehen oder von dem sich einer Absicht widersetzenden Kind. Körperliche Attacken gab es in 152 Szenen (37 Prozent). In den anderen Szenen wurde „nur" geschmäht, angebrüllt, weggerissen, ausgeschlossen oder ignoriert.

Unterrichtsspiel in Tischgruppen. Jörg hat sich beim Griff nach dem Würfel die Spitze seines Füllers tief in die Nase gerammt. Er sitzt gebeugt, die Hände vor der Nase. Iris drängelt: „Mann, nun mach doch mal, du Arschloch!" Urban: „Zeig mal, blutest du?" Jörg krümmt sich noch immer. Iris drängelt weiter. Jörg boxt Iris heftig in die Seite. Iris: „Hey, du bist ein Arschloch, ey!" Urban: „Nimm doch mal die Hand weg!" Iris albert: „Jetzt fängt er an zu heulen!" Jörg schnorchelt: „Soll ich Dir auch mal 'ne Spitze in die Nase stecken?" Iris: „Warst Du doch selber!" Urban: „Mann, mach weiter!" Weiteres Bedrängen in immer höheren Tönen. Jörg stöhnt und würfelt.

Grobheiten wurden oft, aber nicht immer mit Grobheiten beantwortet. Nur in einem guten Drittel der Szenen endete die Auseinandersetzung offenkundig unversöhnt. In etwa einem Drittel der Fälle wurde der Ausgang von dem beeinträchtigten Kind auf sich beruhen gelassen. In etwa 20 Prozent der Fälle bestand schließlich wieder beiderseitiges Einvernehmen. Im übrigen wurde nur in 11 Prozent der Fälle das Ende durch ein äußeres Ereignis, zumeist durch eine Aktivität der Lehrerin, herbeigeführt, obwohl fast 80 Prozent der Vorkommnisse während der Unterrichtsstunden stattfanden. Eine subjektive Beurteilung durch zwei Rater, welche Szenen als besonders grobe Verletzungen einzuschätzen sind, ergab eine Zahl von etwa 20 Szenen aus beiden Klassen (etwa zur Hälfte im Unterricht). Sie bestanden aus Schlägereien, aber auch oder nur aus psychischen Quälereien.

Fast die Hälfte der Szenen (46 Prozent) hatte nur Jungen als Beteiligte, kaum weniger bezogen Jungen und Mädchen ein (43 Prozent), und nur etwa jede zehnte Szene mit gewalthaltigem Vorgehen (11 Prozent) fand ausschließlich unter Mädchen statt. Insgesamt gab es 1033 Beteiligungen. Somit war jedes Kind im Durchschnitt fast 17mal in eine solche Szene verwickelt. Jedes Kind kam in derartigen Interaktionen vor, wenngleich eine Minderheit von Mädchen und Jungen kaum in Erscheinung trat und wenn, dann am Rande von Abläufen. Sie schlossen sich minder schweren Verletzungen anderer an und waren vor allem auf der Seite derjenigen, denen der Interpret recht in der Sache, wenn auch nicht in der Vorgehensweise geben würde.

Jungen nehmen im Durchschnitt an gewalthaltigen Interaktionen häufiger als Mädchen teil (21- gegenüber 12mal), und zwar in zwei Drittel der Fälle mit Jungen. Mädchen treffen auf Mädchen nur in einem Drittel ihrer ohnehin geringeren Zahl an Szenen mit Gewalt. Sie haben derartige Interaktionen überwiegend mit Jungen. Die Ungleichheit der Beteiligung an Interaktionen dieser Art wird daraus besonders deutlich, daß sieben der 32 Jungen (22 Prozent), die in der Zahl der Beteiligungen deutlich über den anderen liegen, 59 Prozent der Beteiligungen bestreiten. Unter den Mädchen ist dies weniger markant. Immerhin entfallen auf vier von 30 Mädchen (13 Prozent), die durch häufige Beteiligung auffallen, 22 Prozent dieser Interaktionen.

7.4.2   Gewalt in verschiedenen Interaktionszusammenhängen

Gewalthaltiges Vorgehen ereignet sich in unterschiedlichen thematischen Zusammenhängen (vgl. Tabelle 7-1). Dem Beobachter im Klassenzimmer und auf dem Pausenhof fallen als erstes *Rangeleien* ins Auge, bei denen Kinder - häufiger Jungen als Mädchen - sich knuffen, treten, miteinander ringen oder sich schmerzvoll gegenseitig auf die Hände klatschen. Obwohl sie sich dabei manches Mal sogar grimmig anstarren, handelt es sich um rauhes Spiel und Spaß. Diese Rahmung sorgt dafür, daß Handlungen erlaubt sind, die ansonsten auch Kinder nicht dulden würden: Schimpftiraden, Griffe an die Gurgel, Abkitzeln an delikaten Stellen.

Nach der Pause: Berin wirft Ilja vor, er habe Schneebälle auf sie geworfen. Sie versetzt ihm einen vermutlich strafend gemeinten Stoß. Ilja leugnet nicht ab, aber wehrt sich handgreiflich, allerdings gebremst-spielerisch. Sie hat Spaß daran, auf ihn heftig einzuschlagen, und ruft dabei wiederholt: „Jungen sollen Mädchen nicht hauen!" Ende durch Stundenbeginn.

Viele dieser Vorkommnisse entwickeln sich spontan; für andere stellen Kinder Regeln auf, etwa für die monatelangen abwechselnden Jungen-Mädchen-Jagden oder für ein „mörderisches" Roboter-Spiel. Weil viele dieser Handlungen „eigentlich" unakzeptabel sind, müssen die Kinder fähig sein, Grenzen nicht zu überschreiten und Einvernehmen zu sichern bzw. wiederherzustellen, denn manche dieser Rangeleien entgleisen durch Unbedachtheit oder Übergriffe, andere kommen gar nicht erst zustande, weil der Stoß oder Griff nicht als Einladung zum Spiel, sondern als Frechheit oder Ärgerei interpretiert wird. Das Material enthält 74 Szenen (18 Prozent), in denen im Einvernehmen gerangelt wird, obwohl Handlungen begangen werden, die in einem anderen Kontext als grob, verletzend und rücksichtslos gelten würden, und 36 Szenen (9 Prozent), in denen Rangeleien in eine ernste Auseinandersetzung umkippen oder Aufforderungen von vornherein als Regelverstoß oder Übergriff verstanden werden.

Tabelle 7-1: Zahl der gewalttätigen und anderen rücksichtslosen Interaktionen nach Thema und Schulklasse*

Thema der Interaktionen	Klasse A 4.1	Klasse B 4	N	%
Rangeln im Einvernehmen	37	37	74	18,2
Rangeln ohne Einvernehmen	11	25	36	8,8
Prügeln	10	20	30	7,3
Ausstoßen	13	25	38	9,3
Bedrängen, Eindringen	41	75	116	28,5
Einmischen, Bloßstellen	87	26	113	27,8
insgesamt	199	208	407	100

* Beobachtungszeitraum: Zwei bis drei Unterrichtsstunden und einige Pausen für jeden von 62 Schülerinnen und Schülern aus zwei Grundschulklassen der 4. Jahrgangsstufe

Es wurden 30 *Prügeleien* (7 Prozent der Szenen) beobachtet, wozu auch drei massive Androhungen von Prügel gezählt wurden, die bewirkten, daß der Bedrohte aufgab, floh oder Hilfe holte. Acht hier eingeordnete Szenen bestanden aus einem kurzen Austausch von Schlägen oder Tritten. Die 19 weiteren Szenen enthalten schwere körperliche Auseinandersetzungen, an denen in etwa der Hälfte der Fälle Mädchen beteiligt waren. In acht Fällen war ein Junge das Opfer von schmerzhaften Torturen, die er sich durch völlige Verkennung seiner sozialen Situation unter den Jungen zuzog. Sogar während des Unterrichts wurde er geboxt, an den Ohren gerissen und sein Eigentum zerstört. Er konnte sich nicht an den Lehrer wenden, weil dieser ihm wegen anderer Störungen bei der geringsten neuerlichen Auffälligkeit „Gespräch mit den Eltern" angedroht hatte. Durch Angeberei gegenüber einem Mädchen löste dieser Junge eine „Klassenschlacht" aus, in der fast alle Mädchen mit akzeptierter, aber nicht notwendiger Unterstützung einiger Jungen einige der „Stänkerer" verprügelten und dabei sicherlich auch etliche Beleidigungen und Po-Kniffe heimzahlten, auf die im üblichen Klassengeschehen nicht reagiert werden konnte. Ferner gab es einen blutigen Wadenbiß eines unterlegenen Jungen gegen einen ihn unablässig demütigenden Stärkeren, mit dem seine Pein ein Ende hatte. Die meisten Prügeleien waren Strafen für vorangegangene Missetaten. Sie wurden von Abneigungen und Feindseligkeiten gefördert, die zwischen einigen Kindern bestanden.

Weitere grobe Rücksichtslosigkeiten wurden im Zusammenhang mit der Verweigerung gemeinsamer Arbeit oder Aufnahme in Gruppen beobachtet (*„Ablehnen, Ausstoßen"*). In 38 Fällen (9 Prozent) wurde Kindern eine Beteiligung verwehrt oder sie wurden aus Interaktionen ausgeschlossen, indem man sie wegstieß, ihre Fähigkeiten verhöhnte oder ihnen generell bedeutete, daß man mit ihnen nichts zu tun haben wolle.

Den größten Raum unter den beobachteten Szenen mit Gewalt nahmen zwei Vorgehensweisen ein: Die Kategorie *„Bedrängen, Zu-nah-Kommen"* faßt Verhalten zusammen, mit dem Kinder in das persönliche Territorium (Raum, Eigentum, konkrete Rechte) anderer eindrangen. Diese Handlungen verletzten die Regulierung von Nähe und Distanz, die nur mit dem Einverständnis der Betroffenen geändert werden kann. Derartiges Bedrängen wurde 116mal beobachtet (28 Prozent). Typische Beispiele sind das Versperren eines Weges, störendes Dazwischen-Reden, Wegnehmen eines Gegenstandes, Po-Kneifen oder verweigerte Entschuldigungen. In allen diesen Fällen wird dem anderen das Verfügungsrecht über seine Angelegenheiten verweigert. Bei vielen dieser Vorkommnisse mag den Kindern wenig bewußt sein, daß ihr Handeln grundsätzliche Ansprüche mißachtet; die Betroffenen reagierten jedoch in vielen Fällen empört und scharf. Die erwähnten wiederholten Peinigungen eines Jungen hängen vermutlich mit aufgestautem Ärger über dessen unablässige Eindrängelei in das Tun anderer zusammen.

Etwa ebenso oft, 113 Szenen (28 Prozent), wurde *„Einmischen, Bloßstellen"* beobachtet, ein Vorgehen, das sich gegen die Person als ganze richtet und ihr Respekt und „anständige" Behandlung verweigert. Die Einmischung zeigt an, daß der andere nicht für fähig gehalten wird, seine Angelegenheiten selber zu betreiben oder an gemeinsamen Unternehmungen mitzuwirken. Typische Beispiele sind herabwürdigende Kritik, Beschimpfungen, entmündigende Hilfen, Ausposaunen von Schwächen oder diskreditierenden Informationen oder die Verweigerung der gleichberechtigten Mitsprache. Da am Beginn solcher Episoden oft Fehler, Versehen oder Unkenntnis stehen, ist die Gegenwehr schwierig, weil man riskiert, weiter „vorgeführt" zu werden. Desto deprimierter sitzen Kinder nach solchen Vorfällen da und verkriechen sich gelegentlich im wörtlichen Sinne wie jener Junge, der fast zwei Stunden lang seinen Kopf unter einem Aktenordner verbarg.

Die Beteiligung der Kinder aus den beiden Klassen an diesen unterschiedlichen Verhaltensweisen differiert nur im Bereich des „Bedrängens, Zu-nah-Kommens" und des „Einmischens, Bloßstellens" deutlich, weil in der einen Klasse mehr bedrängt, in der anderen mehr bloßgestellt wird. Die Beteiligung von Jungen und Mädchen an den einzelnen Kategorien folgt weitgehend den generellen Anteilen an gewalthaltiger Interaktion. Unter den Mädchen gibt es immer den geringsten Anteil an Vorkommnissen. Jungen rangeln untereinander häufiger einvernehmlich und sind mehr in Prügeleien verwickelt als Mädchen, wenn man die Zahlen mit der generellen Beteiligung von Jungen und Mädchen vergleicht (vgl. Tabelle 7-2).

Unter Mädchen ist bei diesem Vergleich das Ausstoßen, in gemischtgeschlechtlicher Interaktion das Eindringen in Territorien etwas häufiger.

Tabelle 7-2: Zahl der gewalttätigen und anderen rücksichtslosen Interaktionen nach Thema und Geschlecht der Interaktionspartner*

| Thema der | Geschlecht der Interaktionspartner | | | | | | | |
| | J.-J. | | M.-M. | | J.-M. | | insgesamt | |
Interaktionen	N	%	N	%	N	%	N	%
Rangeln im Einvernehmen	49	66	4	5	21	28	74	100
Rangeln ohne Einvernehmen	18	50	5	14	13	36	36	100
Prügeln	18	60	3	10	9	30	30	100
Ausstoßen	19	50	8	21	11	29	38	100
Bedrängen, Eindringen	38	33	8	7	70	60	116	100
Einmischen, Bloßstellen	44	39	18	16	51	45	113	100
insgesamt	186	46	46	11	175	43	407	100

* Beobachtungszeitraum: Zwei bis drei Unterrichtsstunden und einige Pausen für jeden von 62 Schülerinnen und Schülern aus zwei Grundschulklassen der 4. Jahrgangsstufe

7.4.3 Körperliche Übergriffe

Übergriffe auf den Körper kamen in 152 Szenen vor (37 Prozent der 407 Szenen). Sie sind Bestandteil der Prügeleien und vieler Rangeleien. Auch das Bedrängen bzw. die Abwehr eines Eindringlings enthielt oft körperliche Übergriffe. In etwa einem Drittel der Szenen handelte es sich allerdings um rauhe Spiele und Neckereien, in denen sich die Beteiligten Stöße, Tritte und andere Attacken erlauben, die sonst unzulässig sind. Diese Interaktionen sind riskant, denn die strittigen Rangeleien mit ernsten körperlichen Übergriffen sind zumeist „gekippte" Spiele.

In diese Szenen waren fast alle Kinder einbezogen (mit Ausnahme von einem Jungen und vier Mädchen; insgesamt 352 Beteiligungen; Jungen im Durchschnitt 7,8mal, Mädchen 3,4mal). Die am häufigsten beobachteten Jungen waren bis zu 30mal involviert. Das am häufigsten beteiligte Mädchen war dagegen nur 11mal in körperliche Attacken verwickelt. In weniger als der

130

Hälfte der Fälle handelte es sich allerdings um körperlichen Einsatz in einem ernsten Konflikt; überwiegend ging es um Rangeleien, um den Körper einbeziehendes Kinderspiel, um heftige Bemühungen, Aufmerksamkeit zu erregen, oder um mißratene Bekundungen des Willens, also nicht um absichtliches Zufügen von Schmerz oder Verletzung.

Lediglich in 65 Prozent der körperlichen Übergriffe läßt sich der Ablauf in ein Urheber-Adressat-Schema bringen, noch seltener in ein Täter-Opfer-Verhältnis, und zwar in den körperlichen Attacken und Rangeleien unter Jungen und Mädchen noch deutlich seltener als in körperlichen Auseinandersetzungen unter Kindern des gleichen Geschlechts. In Fällen, in denen sich dieses Schema anwenden läßt, sind Jungen öfter die Urheber und seltener die Adressaten als Mädchen. Bei den Jungen sind allerdings die als Urheber oder „Täter" auffallenden Kinder fast alle auch Adressaten und „Opfer", während sich bei den Mädchen, möglicherweise wegen ihrer schwächeren Beteiligung an derartigen Interaktionen, ein solches Bild nicht zeichnen läßt. Bis auf wenige Ausnahmen können sie allerdings auch ebensowenig als Urheber/Täter *oder* Adressaten/Opfer angesehen werden.

Falls sich die Rollen unterscheiden lassen, sind im gemischtgeschlechtlichen Bereich die Jungen überwiegend in der aktiven Rolle, besonders bei den lustigen, albernen und „unsinnigen" Interaktionen, die von Jungen viermal öfter begonnen werden als von Mädchen (insgesamt 26 Vorkommnisse im gesamten Material). Hier erwidern oder wehren sich die Mädchen, sind aber durchweg auch in der Lage, die Interaktion in dem Bereich zu halten, den sie akzeptieren. Bei den körperlichen Übergriffen und Auseinandersetzungen, die außerhalb von Rangelei und Neckerei begangen werden und die öfter von Jungen, aber auch von Mädchen ausgehen (im Verhältnis 18 zu 10 unter allen Vorkommnissen), ist es vor allem im Unterricht schwierig, massiv zu reagieren. So wehren sich Mädchen oft nur mit strafenden Blicken, die aber durchaus wirksam sein können. Zwei Mädchen (von 30), die wiederholt Opfer ernster Attacken wurden, waren grundsätzlich respektierte Mädchen. Sie konnten Jungen durchaus in Schranken halten, griffen Streitpunkte aktiv auf und ließen sich auch von Jungen nichts bieten. Dabei wurden sie von ihren Widersachern manchmal hart angegangen. Insofern paßt auch hier die Beschreibung als „Opfer" nicht gut. Kinder, die im Gesamtmaterial als unterlegene Opfer auffallen, sind weniger körperlichen Attacken ausgesetzt als quälenden Ärgereien, hämischen Bloßstellungen sowie Ausschluß von Spiel und Zusammenarbeit.

Claudia muß tagelang ertragen, daß ihr zwei nahe sitzende Jungen Stifte, Radiergummi und Buch entwenden, sortierte Zettel durcheinanderblasen, zur Abgrenzung aufgestellte Barrieren umwerfen usw. Sie reagiert eingeschüchtert, oft mit Tränen in den Augen, worauf die Jungen hämisch hinweisen. Niemand steht ihr zur Seite, und auch die Lehrerin empfiehlt ihr nur, weniger weinerlich zu sein. Die mißliche Lage endet erst, als die Jungen aus anderen Gründen umgesetzt werden.

Auch Jungen können zu Opfern körperlicher Gewalt werden, allerdings vor allem von seiten anderer Jungen. Mädchen waren gelegentlich mit Jungen beteiligt, ein Mädchen „fertig" zu machen, beteiligten sich aber kaum mit physischen Angriffen. Die Szenensammlung enthält keinen Fall, in dem ein Mädchen andauernd und massiv von anderen Mädchen gepeinigt wird, wie es unter Jungen einigemal vorgekommen ist. Mädchen sorgen eher mit schnippischen und herabsetzenden Bemerkungen dafür, daß andere, mit denen sie nichts zu tun haben wollen, aus ihrem Umkreis vertrieben werden.

7.4.4 Gewaltauslösende Aspekte in der Kinderinteraktion

In den quantitativen Bericht sind bereits immer wieder Aussagen eingeflossen, in denen die Mitwirkung von Kindern in diesen Szenen ausgedeutet wurde. Offensichtlich agieren alle Beteiligten auf der Basis von Gründen und Zielen, die ihrem Handeln Sinn und ihrer Vorgehensweise Form geben, auch wenn im Einzelfall - wie im Methodenabschnitt dargelegt - manche Schwierigkeit bestehen mag zu bestimmen, was Kinder antreibt. Im folgenden sollen einige Problemzonen in der Kinderinteraktion dargestellt werden, in denen Kinder in Versuchung geraten, durch rücksichtsloses, gewalthaltiges Vorgehen eine Lösung zu erzwingen. Gemeint sind nicht die bisher dargestellten Themen wie etwa Ausschluß aus einem Freundeskreis oder Vergeltung eines Rechtsbruchs, obwohl diese konkreten Vorfälle oft massive Aktionen auslösen, sondern die Konfliktfelder der Kinderwelt, die durch das alterstypische Verhältnis von Selbst und anderen entstehen.

Vier Themen nehmen in der Kinderwelt dieser Altersgruppe zentrale Bedeutung ein, wie Analysen fokaler Interessen in der Kinderkultur zeigen (zusammenfassend *Corsaro & Eder,* 1990; *Krappmann,* 1993a). Diese Themen sind

- das zu schützende *Selbstbild,* ein kompetentes, akzeptiertes Mitglied der Kinderwelt zu sein;
- die geforderte Achtung der *Selbstbestimmung* eines und einer jeden über eigene Angelegenheiten;
- das Verlangen gegenseitiger *Gleichbehandlung,* die Übervorteilung ebenso ausschließt wie einseitigen Gewinn; sowie
- das *Erleben* seiner selbst und der eigenen Kompetenz in Spiel, Spaß und anderen Herausforderungen.

Diese Themen sind in der Abfolge der Interaktionen ständig präsent, denn alles, was geschieht, wirkt sich auf die Stellung, die ein Kind unter den anderen einnimmt, und seine weiteren Handlungsmöglichkeiten aus. In den relativ offenen Situationen der Kinderwelt gibt es daher viele ineinander verwobene Auseinandersetzungen um die Sicherung von Position und Einfluß, an denen manche Kinder weniger Anteil haben, während andere unablässig darum bemüht sind, ihre Lage zu verbessern, oder argwöhnisch lauern, ob ihnen eine Beeinträchtigung droht. Da befriedigende Balancen oft nicht sogleich wiederhergestellt werden können, gibt es „falsche" Anlässe, um sich zu behaupten, ereignen sich eruptive Ausbrüche, um aufgestaute Diskrepanzen auszugleichen, und werden Mittel eingesetzt, die dem Thema nicht angemessen erscheinen. Oft machen die langen Vorgeschichten solcher Vorkommnisse auch schwer zu erkennen, wer in dieser Situation offensiv oder defensiv agiert.

Selbstbild: Besonders heftig reagierten Kinder, wenn in Frage gestellt schien, ob sie in der Lage sind, ein akzeptables Selbstbild zu verteidigen. Entscheidend war nicht irgendeine Mißachtung, denn diese könnte mit gleicher Grobheit erwidert werden, wie es auch oft geschah. Vielmehr reagierten Kinder dann mit besonderer Heftigkeit, wenn sie den Eindruck gewinnen mußten, die anderen glaubten, sie könnten sich gegen Erniedrigungen und Übergriffe nicht wehren. Diese Situation führte in einigen Fällen zu verzweifelten Mitteln, das Selbstbild zu schützen, etwa zu dem bereits berichteten Biß eines körperlich unterlegenen Jungen. Zu dieser Verzweiflungstat schien beigetragen zu haben, daß Umstehende über seine Unfähigkeit, sich wirksam zu wehren, gelacht hatten. Kinder versuchten aber auch präventiv anderen klarzumachen, daß sie vorhanden sind und Respekt verlangen. Wenn dieser Respekt nicht aus positiver Anerkennung gegeben wird, sind sie bereit, ihn auch durch Furcht zu erzeugen. Sie nehmen sich - nur scheinbar grundlos - etwas gegen andere und oft auch gegen die „Falschen" heraus, nämlich gegen die, die ihnen nichts getan haben, an denen sich aber wegen ihrer Hilflosigkeit besonders gut demonstrieren läßt, daß man andere sogar zu Verhalten bringen kann, das sie nicht wollen.

Selbstbestimmung: Massive Vorgehensweisen gegen andere wurden insbesondere bei Verletzungen des „Territoriums" ausgelöst, das Kinder für sich beanspruchen. Nicht immer verwehren Kinder anderen den Zugriff aufs Eigentum oder auf den eigenen Körper, sondern erst dann, wenn nicht mehr klar zu sein scheint, daß Zustimmung nötig ist. Wird sie nicht sichergestellt, kann es zu einer Attacke kommen, falls es nicht klüger ist, den Übergriff zu übergehen. Kinder sind manchmal allerdings so tief verletzt, daß sie andere negative Folgen außer acht lassen, um sich Respekt für ihren Eigenbereich zu verschaffen. Nicht nur einzelne Kinder schützen ihre Angelegenheiten, sondern auch Freundesgruppen. Bereits im Vorschulalter beginnen Freunde, für ihre engeren Beziehungen im dicht bevölkerten Gruppenraum ein eigenes Gebiet zu sichern und zu verteidigen (*Corsaro*, 1979). Es werden unsichtbare Schranken errichtet, die andere Kinder beachten müssen, wenn sie sich nicht Beleidigungen oder gewaltsamer Vertreibung aussetzen wollen. So wurde ein Junge, der die wiederholten Signale einer Freundesgruppe, er sei bei ihnen unerwünscht, nicht wahrgenommen hatte, sehr gequält, um seinen penetranten Versuchen ein Ende zu setzen.

Gleichbehandlung: Ein ausgeglichenes Verhältnis von Geben und Bekommen, von Nachgeben und Sich-Durchsetzen zu erreichen, ist für Kinder dieses Alters nicht einfach. Beide Seiten beharren auf Forderungen, Anschuldigungen oder Drohungen und steigern sie, bis sie einvernehmlich meinen, sich gegenseitig genug Entschlossenheit und Ebenbürtigkeit bewiesen zu haben, und daher schrittweise ihre verbalen Ausfälle oder Knüffe wieder zurückfahren können. Mehrmals sind in den Protokollen derartige Streitereien beschrieben, in denen angedeutete Schläge in wirkliche übergehen, aufeinander abgestimmt heftiger und schwächer werden und - in einem beobachteten Fall - mit gegenseitigem Anpusten ausklingen. Entsprechende Sequenzen gab es in verbalen Auseinandersetzungen. Dieser fein auszutarierende Prozeß gerät manchmal außer Kontrolle. Ein Beteiligter überschreitet eine Grenze und schafft dadurch einen Zustand ungleichen Einsatzes von Mitteln, in dem er oder sie das Recht auf die wohlabgestimmte De-Eskalation verwirkt hat (zu diesem Sanktionsaspekt vgl. Kapitel 6 in diesem Buch). Die Moral der Gleichheit wird so außer Kraft gesetzt. Nun können gegen ihn andere Mittel eingesetzt werden. Die Interaktion kann daher leicht in gewalttätiges Vorgehen umschlagen. Dennoch bleibt auffällig, daß auch körperlich überlegene Jungen ihre Kraft nie voll einsetzten. Auch in solchen Situationen blieb eine Regel der Angemessenheit bestehen. Wenn die Starken wirklich einmal heftiger schlugen, dann in Situationen, in denen sie töricht-beleidigend herausgefordert worden waren. Soweit sie befragt werden konnten, gaben sie immer einen Grund an, der darauf hinauslief, ein verletztes Gleichgewicht wiederherzustellen.

Erlebnis: Die beschriebenen Probleme werden dadurch gesteigert, daß Kinder dieses Alters etwas erleben wollen. Grenzen zu überschreiten, verschafft Erlebnis. Daher sind rauhe Spiele („rough and tumble" nach *Smith & Connolly,* 1974), grobe Neckereien, Tabu brechende Schimpfwörter und andere Überschreitungen des Üblichen reizvoll und können auch frei von Verletzung bleiben, wenn sie nicht außer Kontrolle geraten. Da das Erlebnis sich jedoch steigert, wenn man hart an der Grenze experimentiert, und noch lustvoll-riskanter wird, wenn man sogar ein kleines Stückchen weitergeht als die Gegenseite, kann das Einverständnis entfallen, daß es sich noch um Spaß handelt. Daher entsteht ein Teil von Gewalt, die Schmerzen zufügt und Zwang ausübt, aus zunächst spielerisch gemeinter, dann um des lustvollen Erlebnisses willen außer Kontrolle geratener Rangelei, zumal manche Kinder dieses Alters noch nicht zwischen angemessen spielerischem und „aggressivem" Kampf unterscheiden können (*Boulton,* 1993).

Auch als solche verschafft Gewalt offenbar einigen Kindern ein großes Erlebnis ihrer Fähigkeit, etwas zu bewirken, und sei es Tränen hervorzurufen. Auch „ordentliche" Jungen und Mädchen berichten gelegentlich stolz von einer Prügelei. Diese Art von Erlebnishunger zeichnet nicht alle Kinder in gleicher Weise aus. In den Protokollen tauchen vor allem diejenigen auf, die nicht gut in den Unterricht und die Kinderwelt integriert sind. Die von Grobheit ausgehende Faszination wird auch aus Episoden deutlich, in denen Kinder langweilige Zusammenarbeit in rauhe Spiele umwandelten, um die Arbeit lustvoller zu gestalten, etwa indem sie abwechselnd zu benutzendes Material sich nicht einfach aushändigten, sondern gewaltsam entrissen, anfänglich ein lustiges Spiel, das aber später „kippte".

7.4.5   Beziehungen der Kinder untereinander

Ausmaß und Art der Anwendung rücksichtsloser, gewalthaltiger Vorgehensweisen wird von den sozialen Beziehungen unter den Kinder beeinflußt. Freundinnen und insbesondere Freunde rangeln viel und überschreiten meist nicht die Grenze zur Verletzung. Wenn Freunde doch in körperliche Auseinandersetzung gerieten, dann waren häufig vorangegangene Rangeleien entgleist. Freunde oder Freundinnen bestraften sich durchaus mit Tritten oder Knüffen, wenn die andere Seite zu weit gegangen war. Unter Freunden wurde weniger als unter anderen Kindern auf explizites Einverständnis gepocht, wenn jemand in ihr Territorium eindrang. Zwar gerieten auch befreundete Kinder in Streit um eigene Zuständigkeit (zum Beispiel beim sich einmischenden Helfen: vgl. Kapitel 9 in diesem Buch), aber sie vermieden fast immer körperliche Gewalt gegeneinander und hielten sich eher als Nichtfreunde zugute, es nicht so gemeint zu haben. Jedoch steckt auch in sozial gut integrierten Jungen das Potential zur Gewaltanwendung, wie ihre Beteiligung an den körperlichen Strafaktionen gegen den abgelehnten Eindringling zeigt. Gerade dieser Kontrast demonstriert, daß enge Beziehungen Gewaltanwendungen dämpfen.

Daß Freundinnen und Freunde sich freundlicher behandeln als nicht befreundete Kinder, ist jedoch nur ein Aspekt in der Auswirkung der Sozialbeziehungen unter den Kindern. Die Integration in Freundschaften und Gruppen ist offenkundig ein guter Schutz gegen Attacken von außen, nämlich von seiten jener rempelnden und schlagenden Jungen, die selber schlecht in die Sozialbeziehungen integriert sind. Diese Jungen drangsalierten vornehmlich andere ihrer Art und sind daher in aktiver und passiver Rolle in den Protokollen zu finden. Sie riskierten etwas, beachteten weniger fehlendes Einverständnis mit ihren „Späßen" und schätzten zum Teil auch ihre Situation falsch ein. Sie waren es, die einige Male auch gut integrierte Mädchen attackierten. Sie taten dies „im Vorübergehen", wohl wissend, daß sie einen Konflikt verlieren würden. In gewisser Weise konnten diese Jungen sich derartige „Stänkereien" leisten, denn sie hatten weder guten Ruf zu verlieren, noch konnten sie erwarten, für Freundlichkeit etwas zu erhalten, da sie in keinem kontinuierlichen Interaktionszusammenhang standen. Andererseits stifteten gerade ihre Grobheiten gelegentlich eine gewisse Gemeinsamkeit, weil derartige Späße und Ärgereien diese Jungen zusammenbrachten, die sonst weitgehend allein herumstreunten.

7.5   Diskussion

Es sei noch einmal erinnert, daß die beobachteten 407 Szenen von leichter Mißachtung bis zu schweren Schlägereien reichten. Körperliche Übergriffe kamen in einem guten Drittel der Szenen vor, in einem ernsten Zusammenhang standen sie in knapp hundert Szenen. Etwa 20 Szenen enthielten schwere körperliche Auseinandersetzungen. Soll man dies für erschreckend viel oder für eine tolerierbare Zahl an Entgleisungen halten? Wer das Material durchliest, wird möglicherweise gar nicht so sehr von den Hieben und Knuffereien beeindruckt sein als vielmehr von einer zeitweilig und zwischen einzelnen Kindern sich ausbreitenden übelwollenden Grundstimmung, die sich in rüdem Ton, hämischen Bemerkungen und bloßstellenden Herabsetzungen äußert, aber nur gelegentlich in Tätlichkeiten umschlägt. Zwar beschreibt dies nicht den Klassenalltag insgesamt, in dem es auch viele freundliche Szenen gibt, zeigt aber, daß in einigen Interaktionsbereichen die Voraussetzungen für entgegenkommendes Aushandeln kaum gegeben sind. Der weite Blick auf Rücksichtslosigkeiten verschiedener Art hilft folglich, Kontexte zu erkennen, in denen harter Umgang miteinander schließlich in körperliche Gewalt umschlägt.

Aushandeln ist allerdings die grundlegende Herausforderung, die Interaktion in der Kinderwelt stellt und auf die Kinder in ihren Familien nicht in derselben Weise treffen. Angesichts der oft nicht übereinstimmenden Absichten, diskrepanten Erwartungen und oft unklaren Regeln ist es schwer, komplexe Interaktionen unter Kontrolle zu halten. Die in verschiedenen Formen eingesetzte Gewalt, mit der entgegenstehende Interessen und Vorstellungen weggefegt werden sollen, ist eine starke Versuchung. Sie erscheint als ein effektiver Weg, um unerwünschte Beteiligte zu verjagen, lästige Opposition zum Schweigen zu bringen und einen Plan oder eine Meinung durchzusetzen. Diese Rechnung geht zeitweilig auf, schafft aber auf Dauer keine Kooperationsstruktur im Klassenzimmer und den Gewalt ausübenden Kindern keinen Platz in ihr. Die zu brachialer Durchsetzung neigenden Kinder bleiben außerhalb der Gruppierungen und Freundschaften. Die zum Aushandeln mehr bereiten Kinder versuchen den anderen Weg, Einigung zu erreichen, allerdings nicht ohne Rückfälle. Ihre Freundschaftsnetze lassen Vertrautheit, gemeinsame Erfahrungen und Hoffnung auf gemeinsame Zukunft entstehen, wodurch die Mühsal des Aushandelns erleichtert wird (*Krappmann,* 1993b). Wachsende soziale Kompetenz macht den Rückgriff auf Gewalt obsolet. Die Ächtung von Gewalt hat eine Wurzel auch in der Kinderwelt. „Aber nicht kloppen!" wird zur Mahnung untereinander.

Wenn die Erfahrungen des freundschaftlichen Aushandelns so eindeutig sind, kann man fragen, warum sich nicht auch die „stänkernden" Jungen überzeugen lassen. Oft vermutet man, daß solche Kinder in ihrer Familie gewalttätige Muster der Auseinandersetzung gelernt haben. Den Fall gradliniger Übertragung von Tätlichkeiten zu Hause auf Tätlichkeiten in der Klasse gibt es nach unserer Kenntnis der Elternhäuser in unseren Unterlagen nicht, obwohl er generell nicht auszuschließen ist. Wahrscheinlich sind die Zusammenhänge komplexer. Möglicherweise haben diese Familien den Kindern nicht genug Vertrauen auf sich und auf erreichbaren Erfolg von Anstrengungen vermittelt, die nötig sind, um sich bereits in Situationen normaler Unstimmigkeit geduldig und argumentativ auf Aushandlungen einzulassen. Vielleicht hat das Familienleben auch den Hunger nach Erlebnissen nicht gestillt oder gar besonders aufgereizt. So suchen sie jene riskanten Situationen, die Konflikte erzeugen und ihnen Zurückweisungen einhandeln. Diese unbefriedigenden Erfahrungen nehmen sie aber nicht hin, sondern drängen sich anderen auf oder strafen mit Ärgereien. Positive Erfahrungen sind ihnen dann am leichtesten zugänglich, wenn sie andere zu gemeinsamem grobem Spaß sammeln können.

Bei allen Viertkläßlern, die zu dieser Gruppe von Jungen gehörten, hatten die Beobachter den Eindruck, daß der Weg zu einem lustig-freundlichen Verhalten mit anderen nicht weit gewesen wäre. Gelegentlich wurden sie in Spiel oder Kooperation integriert, aber verpaßten die Chance, weil sie die ihnen gegebene Rolle überzogen oder ihnen irgendein rauher Scherz wichtiger war als die Rücksicht auf die sich anspinnende Beziehung. So gerieten sie in einen Zirkel, in dem Ablehnung und Attacken sich gegenseitig hochschaukelten und für die feste Zuweisung einer Rolle als „Stänkerer" sorgten, dem Suche nach „sinnlosem" Streit nachgesagt wird. Einige Hinweise auf Änderung derartigen Verhaltens nach Klassen- und Schulwechsel unterstreichen, daß dennoch für diese Kinder eine Karriere der Gewalt noch nicht festgeschrieben war. Sie verdeutlichen vielmehr, daß der Kontext dieses Verhalten beeinflußt und es offenbar veränderbar ist.

Aus der Sicht unserer Untersuchungen der Kinderwelt im Klassenzimmer kann dazu vor allem eine bessere Integration in die Netzwerke sozialer Beziehungen beitragen. Freundschaften bieten gemeinsame Aktivität und soziale Anerkennung, so daß diese Kinder nicht mehr durch riskante Unternehmungen Aufmerksamkeit erregen müssen. Vor allem aber stärkt die Verbundenheit mit anderen die Reflektion über angemessenes Verhalten ihnen gegenüber. Zwar können individuelle Freundschaften von den Lehrpersonen nicht gestiftet werden, aber immerhin ist möglich, Kinder in kooperative Zusammenhänge einzugliedern und die Weisen zu beeinflussen, wie Kinder sich mit Konflikten auseinandersetzen. Dies fördert ein besseres Verhältnis der Kinder zueinander und verringert die Gelegenheiten, in denen sich aus harschem Umgang Gewalttätigkeiten entwickeln können.

Kooperation in der Schule

Kapitel 8

Schulisches Lernen in Interaktionen mit Gleichaltrigen[1]

Wenn der zehnjährige Joachim, nachdem er an der Tafel erfolgreich eine Aufgabe gelöst hat, sich erleichtert Sven, seinem Banknachbarn, in die Arme wirft; wenn die durchaus begründete Rechthaberei Rogers, eines Viertkläßlers, seiner Arbeitsgruppe so sehr „auf den Geist geht", daß sie ihn unter gegenseitigen Schimpftiraden von der gemeinsamen Arbeit ausschließen; wenn Hanna, die Klassenbeste, nach der neuerlichen Eins im Diktat von den Freundinnen gefeiert wird; und wenn der unsichere Klaus nach der notwendigen Rückfrage an den Lehrer, welche der Zahlen er vorlesen solle, angesichts mitleidiger Blicke, Kicherns und der skeptischen Frage eines Mädchens „Hastes übahaupt?" in zunehmende Verwirrung gerät, dann wird dem Beobachter dieser Szenen deutlich, daß der freundliche, unterstützende ebenso wie der mißtrauische oder sogar feindselige Umgang der Kinder einer Klasse miteinander ihr Lernen in vielfältiger Weise beeinflußt. Offensichtlich lernen die Kinder untereinander nicht nur Strategien des sozialen Verhaltens, etwa einander bei Schwierigkeiten zu helfen oder bei Versagen zu trösten und allerdings auch den „Stänkerer" auszuschließen, es dem Spielverderber heimzuzahlen und den Konkurrenten auszustechen. Das alles ist unter dem Begriff „Soziales Lernen" eine Zeitlang ausführlich diskutiert worden (vgl. etwa *Hielscher*, 1981; *Oelkers & Prior*, 1982; neuerlich *Petillon*, 1993b). Zu erkennen ist vielmehr auch, daß die sozialen Verhaltensweisen sich in die kognitiven Lernprozesse hineinschieben.

Den Zusammenhang zwischen sozialer Erfahrung und sozialen Fähigkeiten einerseits und erfolgreichem Problemlösungsverhalten in der Schule andererseits kann man auf verschiedene Weise fassen. Man könnte versuchen, einen Teil des Leistungsvorsprungs guter Schüler - abgesehen von günstigeren Lernpotentialen - damit zu erklären, daß ihnen besser gelingt, sich Hilfen von Freunden zu verschaffen, Störungen zu vermeiden, Anforderungen zutreffend

---

[1] Dieser Aufsatz erschien zuerst unter der Autorenschaft von *L. Krappmann* und *H. Oswald* in der Zeitschrift für Pädagogik, Jg. 31, 1985, S. 321-337.

einzuschätzen und sogar Mogeleien geschickt zu gestalten (z. B. *Holt,* 1979). Solches Verhalten wird den einen durch ihren Ruf als ordentliche Schüler erleichtert, den anderen durch eine negative Meinung über sie erschwert. In diesem Sinne betont der Etikettierungsansatz, daß Schüler durch negative Erwartungen von Lehrern und Klassenkameraden in Rollen gedrängt werden, in denen alles, was sie tun, stets nur als Bestätigung ihrer Unfähigkeit interpretiert wird (*Cicourel & Kitsuse,* 1968; *Brusten & Hurrelmann,* 1973; *Homfeldt,* 1974; mit anderer theoretischer Orientierung *Höhn,* 1967). Ist ihre positive Selbsteinschätzung durch die Reaktionen der anderen erst einmal ruiniert, beteiligen sie sich in Form einer „sekundären Abweichung" (*Lemert,* 1975) oft selbst an der Konsolidierung ihres Bildes als kognitive Versager und soziale Abweichler.

An diesem Ansatz ist oft kritisiert worden, daß er dazu neige, den Schüler in seiner schlechten wie guten Schulleistung lediglich als Opfer einer ihn ablehnenden oder ihm gewogenen Umwelt zu sehen (z.B. *Hargreaves u.a.,* 1981). Dagegen haben *Rumpf* (1976) oder *Mollenhauer* (1983), auch unter Berufung auf theoretische Positionen in der Tradition *Meads,* die These aufgestellt, daß jeder Mensch aktiv an den sozialen Interaktionen beteiligt ist, in denen seine Identität ausgehandelt wird. Alle Lern- und Bildungsprozesse seien mit den Bemühungen, Identität vor den anderen, mit den anderen und auch gegen sie zu behaupten, verwoben. Die Qualität der mehr oder weniger defensiv oder selbstbewußt aufrechterhaltenen Identitätsbalance entscheide auch darüber, welche Lernchancen ergriffen werden und ob sie problemangemessen, also unverzerrt durch Ängste um das vor den anderen zu wahrende Selbstbild, bearbeitet werden können (*Krappmann,* 1980a).

Dennoch sind die Ausarbeitungen einer symbolisch-interaktionistischen Lerntheorie über Anfänge bislang nicht hinausgekommen (vgl. *Gross,* 1978; *Parmentier,* 1979). In diesem Aufsatz versuchen wir, die beiden Problemfelder „soziale Erfahrungen mit Gleichaltrigen" und „Lernerfolg im Unterricht" näher zusammenzuführen. Wir wollen deutlich machen, wie eng Vorgänge in Kinderinteraktionen und Lernleistungen miteinander verschränkt sind. Wir analysieren dafür Szenen, in denen Kinder um der Lösung einer im Unterricht gestellten Aufgabe willen miteinander interagieren. Wir untersuchen insbesondere Szenen, in denen Kinder nach Hilfe suchen, in denen sie zusammenarbeiten, in denen Leistungsvergleich und Konkurrenz auftreten und in denen Leistungen anerkannt oder abgewertet werden. Dabei interessiert uns zum einen, inwieweit Kinder einander unterstützen oder hindern, eine Leistung zu erbringen, und ob dies im Zusammenhang mit der Qualität ihrer sozialen Beziehung zueinander steht. Zum anderen suchen wir nach Interaktionssituationen, in denen Kinder über die Arbeit an der Aufgabenlösung hinaus sich abverlangen, mit divergierenden Problemsichten oder Vorgehensweisen umzugehen.

8.1 Vorgehensweise

Dieser Aufsatz stützt sich auf Beobachtungen in einer vierten Grundschulklasse.

Der vorliegenden Auswertung liegen alle protokollierten und gefilmten Szenen zugrunde, in denen Interaktionen der Kinder in einem erkennbaren Zusammenhang mit einem von der Schule geforderten Lernvorgang stehen. Über 250 derartige „Szenen" wurden systematisch vergleichend und kontrastierend analysiert (vgl. *Becker & Geer, 1979*). Die im folgenden dargestellten Konzepte wurden gemäß der Vorgehensweise der „discovery of grounded theory" aus den Daten heraus entwickelt (vgl. *Glaser & Strauss, 1967*).

Bei dieser Analyse greifen wir auch auf unsere früheren Untersuchungen der Sozialwelt der Gleichaltrigen zurück. Die Kinder bilden freundschaftliche Beziehungen verschiedener Intensität und Qualität aus. Um die globale Vorstellung von der *Peergroup* zu differenzieren, unterscheiden wir verschiedene soziale Formationen, die Kinder dieses Alters ausbilden: Gruppe, Geflecht und Interaktionsfeld. Gruppen und Geflechte bilden auf unterschiedliche Weise einen relativ stabilen Rahmen für dauerhafte Sozialbeziehungen von Kindern. Interaktionsfeldern gehören Kinder an, die zwar häufig interagieren, aber keine stabilen Beziehungen eingehen (vgl. Kapitel 3 in diesem Buch). In der beobachteten Klasse gibt es unter den Mädchen und unter den Jungen jeweils eine „Gruppe", ein „Geflecht" sowie ein „Interaktionsfeld".

Da unsere Forschungsfragen auf das Verhalten der Kinder untereinander konzentriert sind, haben wir den Handlungen der Lehrer wenig Aufmerksamkeit geschenkt. Es ist uns aber deutlich geworden, daß sie die hier neben erfreulichen Verhaltensweisen der Kinder zu schildernden Hilfsverweigerungen, Abwertungen und Störungen grundsätzlich nicht verhindern können. Allenfalls läßt sich das Ausmaß an Hilfe und Kooperation steigern oder der Umfang der Beeinträchtigungen reduzieren. Die Lehrer dieser Klasse haben in dieser Hinsicht viel Nachahmenswertes geleistet. Aber wer die Zusammenarbeit und den wechselseitigen Austausch unter Kindern fördern will, gibt zwangsläufig auch spannungsvollen, unproduktiv endenden Prozessen Raum, wie wir sie hier beschreiben. Zudem ist die Grenze zwischen hartnäckiger Auseinandersetzung um die bessere Lösung und fruchtlosem Streit nur sehr schwer zu bestimmen. Wir sind aufgrund unserer Beobachnungen in mehreren Klassen unterschiedlicher Jahrgangsstufen der Ansicht, daß Beispiele für das, was wir hier berichten, in jeder Klasse beobachtet werden können. Es gehört, unabhängig vom jeweiligen Lehrer, zum „Alltag der Schulkinder".

8.2 Probleme bei der Unterstützung von Lernprozessen

Die Analyse von *Hilfen* stützt sich auf alle Szenen, in denen Hilfe erbeten und gegeben, unaufgefordert gewährt oder verweigert wird. Uns scheint, daß Lehrer keine ganz eindeutige Einstellung zu Hilfen haben. Einerseits hoffen sie, daß sie selbst entlastet werden, wenn Schüler auf diesem Wege manches untereinander regeln: die Seitenzahl wiederholen, die Aufgabe erklären, Lineale ausborgen. Andererseits befürchten sie unproduktive Hilfen wie Vorsagen oder ablenkendes Geschwätz. Dennoch überwiegt wohl die Meinung, daß man das Helfen um des „sozialen Lernens" willen fördern müsse.

Unter der Kategorie der *Zusammenarbeit* haben wir jene Interaktionen gesammelt, in denen alle Beteiligten sich bemühen, zur Lösung einer Aufgabe beizutragen. Solche Interaktionen werden von Lehrern oft angeordnet. Sie entstehen aber auch spontan und werden in vielen Phasen des Unterrichts vom Lehrer geduldet oder gefördert. In anderen Phasen, vor allem, wenn der Lehrer erfahren möchte, ob jeder einzelne einen Lernschritt verstanden hat und beherrscht, verbietet er Zusammenarbeit. Auch gute Lehrer sind dabei nur relativ erfolgreich.

8.2.1 Helfen

Man könnte erwarten, daß Beobachtungen von Kindern im Unterricht eine Fülle von Hilfeleistungen zutage fördern. Dies ist in dieser Klasse nicht der Fall. In den Protokollen, in denen wir Stunde für Stunde alle Interaktionen der beiden Kinder, auf die wir jeweils fokussierten, fast ohne Unterbrechung festhielten, identifizieren wir in 250 Szenen etwa 90 Handlungen als gegebene oder verweigerte Hilfeleistungen, also lediglich zwei bis drei pro Unterrichtsstunde. An diesen Hilfen sind meist nur zwei, gelegentlich auch mehr Kinder beteiligt. In kaum mehr als der Hälfte der protokollierten Fälle handelt es sich um eine Hilfe, die ohne Probleme gegeben wird.

In etwa einem Drittel der Fälle wird ein *Arbeitsmittel* (z.B. ein Lineal, gemeinsame Benutzung des Lehrbuchs) erbeten. Dieses ist das unproblematischste Hilfsersuchen; aber immerhin wird auch in jedem dritten Fall die Hilfe mit einer negativen Reaktion verknüpft, etwa einem längeren Zögern, einer Mahnung oder einer Zurechtweisung. Endgültig verweigert wird das Arbeitsmittel nur selten.

Über die Hälfte der Hilfen bezieht sich unmittelbar auf die *Lösung von Aufgaben*. Hier zeigt sich der prekäre Charakter des Helfens deutlicher: Nur noch in der Hälfte der Fälle gewähren die Kinder die erbetene Hilfe problemlos. Den größten Anteil unter diesen aufgabenbezogenen Hilfsersuchen bilden Nachfragen nach dem zu erarbeitenden Ergebnis, seltener wird die Erklärung einer Aufgabe verlangt. Vor allem, wenn es um Ergebnisse geht, werden Hilfsersuchen oft abgeschlagen, Fragen werden überhört und Einblick wird verhindert. Erbetene Erläuterungen werden hämisch-überheblich gegeben, manchmal mit groben Beschimpfungen verknüpft, oder andere Kinder werden auf den „Deppen" aufmerksam gemacht. Nur wenige Male wird der Hilfesuchende so beraten, daß er begreift, was ihm unklar war.

Eine letzte und sehr kleine Gruppe von Hilfeleistungen betrifft *allgemeine Unterstützungen* bei der Arbeit wie Trost, Rechtfertigung gegenüber Dritten, Schutz vor Störung. Sowohl die erwähnte Beratung als auch das allgemeinunterstützende Eintreten kommen zwar nicht oft vor, verlaufen aber häufiger freundlich, vielleicht weil der Helfer sich bei dieser Leistung, wenn er sie überhaupt erbringt, mehr engagiert und dies nur für jemanden tut, zu dem er eine positive Beziehung hat.

Die zahlreichen Mahnungen, Vorwürfe und Abwertungen machen darauf aufmerksam, daß das Helfen eine Situation mit ungleichen Einflußchancen schafft. Der Angesprochene entscheidet, ob er hilft. Derjenige, der Hilfe benötigt, macht sich vom anderen abhängig. Außerdem zeigt er seine verletzliche Stelle, denn er offenbart ein Versäumnis, einen Fehler, ein Versagen und muß darauf vertrauen, daß der andere ihn nicht bloßstellt, verhöhnt und seine Notlage ausnutzt. Welche prekären Situationen beim Helfen entstehen können, wird besonders deutlich, wenn Kinder unerbetene Hilfsangebote abschlagen, obwohl sie in einer Klemme sind:

Der Lehrer fordert diejenigen auf, die es gestern nicht geschafft haben, Aufgabe vier zu Ende zu bearbeiten. Hanna und Sybille, zwei leistungsstarke Mädchen, haben die verlangten Zahlen längst eingetragen; ihre Nachbarin Elke am Gruppentisch ist nicht fertig geworden. Sybille sagt etwas zu Elke, was sich auf die Aufgabe bezieht. Elke: „Du brauchst Dich nicht einzumischen!" Hanna schaltet sich ein: „(Diese Aufgabe) hab' ich schon!" Elke erwidert, indem sie Hannas Ton nachäfft: „Hab' ich nicht!" Sie baut nun die Schreibutensilien und das Mathebuch um sich in einer Weise auf, die man als Abgrenzung oder sogar als Abschirmung verstehen kann.

Hilfe wird hier angeboten, um Überlegenheit zu demonstrieren. Wenn man es nicht nötig zu haben glaubt, meidet man diese Situation lieber; Elke wehrt sich mit einer Herabsetzung Hannas, die sie als keifende, besserwisserische Alte karikiert. Besonders peinlich scheint Hanna und Sybille, zwei leistungsstarken Schülerinnen, zu sein, daß Lutz, ein unbeliebter Junge am Rande, meint ihnen einen Rat geben zu dürfen:

Hanna und Sybille haben nicht mitbekommen, was sie tun sollen. Lutz bemerkt es und erklärt ihnen korrekt die eben angesagte Aufgabe. Sie beachten ihn überhaupt nicht. Statt dessen steht Sybille auf und fragt den Lehrer nach der Aufgabe. Wieder am Tisch, erläutert sie Hanna, was zu tun ist, und beide beginnen zu arbeiten.

Als gute Schülerinnen können sie es sich leisten, die Bedrohung ihres Ranges schlichtweg zu ignorieren. Lutz erntet keinen Dank, sondern Mißachtung, weil er durch eine gutgemeinte Hilfe die von Hanna und Sybille behauptete Stellung in der Klasse in Frage stellt.

Die negativen Implikationen der Hilfe kann man zu meiden versuchen, indem man sie dort sucht, wo die Tendenz zur Dominanz des Helfers und zur Abhängigkeit des Hilfsbedürftigen gemildert wird, nämlich bei Freunden und in Gruppierungen, denen man angehört. Tatsächlich werden Hilfen vor allem innerhalb von Gruppen und Geflechten gegeben. Zugleich wird jedoch sichtbar, daß auch das Verweigern von Hilfen und die Verbindung von Hilfe mit Zurechtweisung oder Herabsetzung in Gruppierungen geschehen.

Daß nicht in allen Gruppen und Geflechten geholfen wird, liegt vor allem daran, daß einige der leistungsstarken Schüler überhaupt kaum oder nur untereinander helfen. Die Verweigerungen und die mit Abwertungen verbundenen Hilfen betreffen mit wenigen Ausnahmen Kinder, die im Netzwerk sozialer Beziehungen und Formationen sich in einer problematischen Stellung befinden. Es gibt noch weitere, weitgehend isolierte Kinder am Rande der Sozialbeziehungen, die keine mißlichen Erfahrungen dieser Art sammeln. Sie nehmen am Austausch von Hilfen nur selten teil. Mit den negativen Erfahrungen bleiben ihnen zugleich auch die positiven vorenthalten.

Aus diesen Beobachtungen läßt sich folgern, daß zwar Hilfen nirgends besonders reichlich sind, daß sie am leichtesten aber der erhält, der einen gesicherten Platz in der sozialen Welt der Kinder hat. Soziale Beziehungen öffnen Zugänge und bieten Schutz. Die weniger problematische Hilfe gut eingebundener Kinder beruht möglicherweise darauf, daß sie sowohl die Hilfe erstatten als auch ihre Verweigerung „heimzahlen" können. Die Erkenntnis, auf Dauer aufeinander angewiesen zu sein, legt freundlicheres Verhalten nahe und mildert zu extreme Reaktionen. Hat man diesen Schutz dauerhafter sozialer Beziehungen nicht, dann steht man leicht entweder ganz außerhalb und bekommt weder Hilfen noch Verweigerungen, oder die negativen Erfahrungen überwiegen bei der Suche nach Hilfen deutlich.

Bei einem Vergleich der Schulzensuren zeigt sich, daß die Kinder, die in Gruppen oder Geflechten an Hilfen, wenn auch zum Teil ambivalenten Charakters, partizipieren, im Durchschnitt bessere Zensuren haben als die Kinder außerhalb von Gruppen und Geflechten, die entweder an gegenseitigen Hilfeleistungen gar nicht teilnehmen oder mehr negative als positive Erfahrungen bei der Hilfesuche machen. Dieser Zusammenhang soll aber nicht voreilig als kausale Relation gedeutet werden, weil die Einflüsse in beide Richtungen gehen können.

Angesichts des Umfangs und der Art der beobachteten Hilfen ist kaum anzunehmen, daß diese selbst viel zum Leistungsstand der Kinder beitragen. Ein großer Teil der tatsächlich gewährten Hilfen scheint nebensächlich und oft sogar unproduktiv zu sein. Dennoch sollte man den Beitrag solcher Hilfen für die Aufrechterhaltung einer akzeptablen Schülerrolle nicht unterschätzen. Gedanken schweifen ab, und es ist gut, wenn einem jemand einhilft; das Lineal blieb zu Hause liegen, und es ist angenehm, wenn jemand eines für einen sauberen Strich leiht; man verrechnet sich, und es hilft, den Ruf zu wahren, wenn man die Zahl diesmal übernehmen kann. So könnte es doch wichtig sein, andere Kinder zu haben, die in Notlagen helfen.

Möglicherweise gibt es noch eine andere Verknüpfung zwischen der Teilnahme an Hilfen und guten Schulleistungen. Hilfen zu erbitten oder zu erhalten, könnte anzeigen, daß Kinder sich in sozialen Beziehungen bewegen, in denen das mit Hilfen verbundene Risiko eingegangen werden kann. Dadurch sind sie an Interaktionen beteiligt, in denen Ansichten und Verhaltensweisen der Interagierenden nicht immer übereinstimmen, sondern es muß ausgehandelt werden, was geschehen soll. Dafür müssen die eigenen Absichten akzeptabel dargestellt, Bedürfnisse und Möglichkeiten des Gegenübers wahrgenommen werden. Vielleicht ist diese Anforderung der Hilfsinteraktion langfristig ein wirksamerer Stimulus, Problemlösungsfähigkeiten zu entwickeln, als die eingeholte Hilfe selbst.

8.2.2 Zusammenarbeit

In der Klasse, über die wir hier berichten, wurde von den Lehrern recht häufig *Partner- oder Gruppenarbeit* angeordnet. Wir haben 26 längere Kooperationssequenzen sehr ausführlich protokolliert. Nur in einem guten Drittel der Fälle verläuft die Zusammenarbeit ohne größere Spannungen und überwiegend aufgabenorientiert, aber selbst hier mehrmals nicht mit annähernd gleichen Beiträgen der Beteiligten. Daß die Mitarbeit aller zur Arbeitsgruppe Gehörenden tatsächlich ein entscheidendes Problem ist, kann man daran ablesen, daß in vielen Fällen lautstarker Streit um die ungleiche Beteiligung auftritt und daß die ungleiche Beteiligung den Ablauf des Arbeitsprozesses massiv stört (entsprechende Beobachtungen bei *Diegritz & Rosenbusch*, 1977, S. 66ff.). In nur zwei Fällen, in denen die Beteiligung *de facto* sehr ungleich ist, spielt dies keine Rolle.

Unter den Fällen positiver Zusammenarbeit überwiegen Partnerarbeiten. Die negativen Beispiele umfassen vor allem größere Gruppen, die zum Teil von Lehrern für diesen Arbeitsauftrag zusammengesetzt werden. Auch die ursprünglichen Kerne solcher Großgruppen erweisen sich unter dieser Bedingung nicht als arbeitsfähig.

Bei fast allen Fällen *gelingender angeordneter Partner- und Gruppenarbeit* handelt es sich um die Kooperation von engeren Freunden oder um die Mädchengruppe und das Mädchengeflecht ohne zusätzlich hinzugesetzte Klassenkameraden. Sie arbeiten unter der Bedingung grundsätzlicher gegenseitiger Wertschätzung. Auch unter diesen Fällen treten Beispiele für ungleiche Beiträge auf. Durch das gute Verhältnis der Kinder zueinander scheinen Vorwürfe oder Mäkeleien aber verhindert zu werden. Zweimal gibt es deutliche Hinweise, daß derjenige, der die Aufgabe bereits beherrscht, versucht, dem anderen Hilfen zum selbständigen Arbeiten zu geben. Dieses Verhalten zielt also auf partnerschaftliche Gleichheit.

An *mißlingender angeordneter Gruppen- oder Partnerarbeit* sind fast immer Kinder beteiligt, denen nicht zugetraut wird, daß sie etwas beitragen. Wenn Jungen, die keine festeren sozialen Beziehungen haben, zur Arbeitsgruppe oder zum Zweierteam gehören, führt die Zusammenarbeit nie zu einem akzeptablen gemeinsamen Ergebnis. Sie bringen die Selbstkontrolle nicht auf, und den anderen gelingt nicht, sie zu disziplinieren, so daß kein koordinierter Arbeitsprozeß entstehen kann. Einige Male sind aber auch die Jungen- und die Mädchengruppe sowie das Jungengeflecht nicht kooperationsfähig. In allen Fällen weist das Versagen der Kooperation auf eine soziale Unfähigkeit hin, sei es, die Aufgaben fair zu verteilen, sei es, seinen Beitrag ohne Rechthaberei einzubringen, sei es, den Wetteifer um das Ergebnis nicht in andere Vorschläge abwertende Konkurrenz umschlagen zu lassen.

Diese mißlingende Zusammenarbeit ist im Hinblick auf kognitive Lernprozesse verlorene Mühe. Was einige nach dieser „Zusammenarbeit" im Heft stehen haben mögen, ist allein und unter erschwerten Bedingungen erarbeitet worden. Der einzelne hat vielleicht in diesen Unterrichtsphasen geübt, einen Rechthaber auflaufen zu lassen oder einen Störer zu bestrafen; aber kognitiv hat er nicht von den anderen profitiert. Sie haben keinen Denkschritt hervorgelockt, ihn mit keinem Irrtum konfrontiert, mit ihm keine Einfälle oder Erfahrungen ausgetauscht.

Zusammenarbeit entwickelt sich oft *spontan* (28 notierte Fälle). Zwar hat der Lehrer Einzelarbeit vorgesehen, aber die Kinder beginnen sich über Fragestellung, Lösungswege und Ergebnisse auszutauschen. Solange die Lehrer dieser Klasse den Eindruck haben, daß die Kinder sich gegenseitig anregende Lernhilfen geben, dulden sie diese spontane Zusammenarbeit. Allerdings kooperieren Kinder auch des öfteren intensiv, wenn es ausdrücklich nicht erwünscht oder sogar strikt untersagt ist. Auch in der spontanen Zusammenarbeit, der geduldeten wie der heimlichen, sind die Beiträge der Beteiligten oft ungleich, aber das wird nie ausdrücklich zum Thema gemacht. Fast immer ist die Kooperation für die Beteiligten hilfreich.

Hanna und Sybille schauen, obwohl Einzelarbeit verlangt wurde, immer wieder auf das Blatt des anderen. Sie schreiben nicht ab, sondern prüfen, ob der andere es ebenso hat. Manchmal lächeln sie sich an wie zur Bestätigung, daß sie beide ein kniffeliges Problem übereinstimmend gelöst haben. Wenn in seltenen Fällen eine Abweichung auftritt, beraten sie sich verstohlen und bemühen sich, irgendwoher Sicherheit zu beschaffen. Auch in diesen Fällen übernimmt keiner die Lösung des anderen, sondern sie erarbeiten sich eine gemeinsame Überzeugung. Es ist erstaunlich, wie lange eine der beiden auf ihrer Ansicht beharren kann. Sie will durch einen Beweis Klarheit. Die beiden tauschen sich ruhig und selbstsicher aus und sind im Vorgehen außerordentlich geschickt. Angesichts der wenigen strittigen Wörter (oder Zahlen) warten sie die Augenblicke ab, in denen sie sich die fehlende Information risikolos beschaffen können.

Die Beobachter vermerken mehrmals, daß sie diese Kooperation für sehr lernintensiv halten. Die beiden Mädchen tauschen konzentriert Argumente aus, durchdenken sie und erarbeiten fast ausnahmslos richtige Lösungen, die ihnen offenbar auch zum dauernden Besitz werden.

Die *spontane Zusammenarbeit* läßt sozial überfordernde Konstellationen zwischen Kindern sehr viel seltener aufkommen als die angeordnete und gibt einem kognitiven Lernprozeß mit wechselseitiger Anregung damit offenbar auch mehr Chancen. Es gibt nur wenige ambivalente Arbeitsprozesse und fast immer einen gegenseitig vermittelten Vorteil. Dies geschieht unter Kindern, die miteinander umgehen können und somit nur vor lösbar dosierten Problemen der Handlungskoordination stehen. Die Zahl der Kinder, die gemeinsam spontan arbeiten, ist geringer als bei der angeordneten Gruppenarbeit, und die kooperierenden Kinder stehen überwiegend in einer freundschaftlichen Beziehung zueinander.

In über drei Viertel der Fälle handelt es sich um Kooperationen, in denen die gemeinsame Erarbeitung eines Lösungsweges oder die gegenseitige Verbesserung von Ergebnissen deutlich zu erkennen ist. Es geht nicht nur um ein

Arbeitsmittel oder ein zu übernehmendes Ergebnis, sondern durchweg um einen beratenden Austausch.

Elke fragt: „Was nun?" Margot meint, man müsse die Beispielwörter aus den eben geschriebenen Sätzen entnehmen. Sybille und Hanna überlegen. Elke liest die Aufgabe noch einmal und folgert, daß man einfach mehr Wörter mit kurzem 'i' finden müsse. Angelika ruft als Beispiel: „Spinne". Der fragend angeschaute Beobachter erinnert daran, daß Verben verlangt werden. Elke: „Nicht 'Spinne', sondern 'spinnen'!" Gemeinsam werden Wörter gesammelt, überlegt, ob sie passen und dann von jedem aufgeschrieben... Eine von ihnen zettelt noch einmal eine Diskussion an, ob die Verben aus den Sätzen von eben genommen werden sollen. Der Lehrer wird befragt und antwortet, man solle die Wörter suchen. Angelika argumentiert, daß „suchen" bedeute, neue Verben zu finden. Wenn man sie aus den vorherigen Sätzen entnehme, wäre das nur „abschreiben". Margot beharrt auf der Meinung, daß doch die bereits geschriebenen Sätze die Quelle sein sollten. Claudia habe es auch so gemacht...

Eine solche Tischgruppe, in der die Einwände des anderen ernstlich erwogen werden, wo man im Austausch miteinander nach Argumenten sucht und Lösungen prüft, könnte der soziale Ort sein, an dem Lernschritte wirksam gefördert werden, und zwar nicht durch die Mitteilung von richtigen Lösungen, sondern dadurch, daß die Teilnehmer ihre Auffassung in Frage gestellt sehen und Begründungen verlangt werden. Die differierenden Ansichten erfordern, das Problem klarer herauszuarbeiten und sich entweder auf Geltendes zu besinnen oder eine überzeugende Regel oder Einsicht zu entwickeln. Diese Art der Kooperation gelingt meist dann, wenn die Kinder zueinander in einer engeren sozialen Beziehung stehen, die das Tun und Denken des einen für den anderen relevant macht.

Vergleicht man die Zensuren der Schüler, die so gut wie nie die Erfahrung einer kooperativen Bemühung um ein gemeinsam definiertes Problem machen, mit denen, die nach unseren Beobachtungen immer wieder mit anderen gemeinsam an Aufgaben arbeiten, und sei es auch unter zeitweiligem Streit und mit Mißstimmungen, so zeigt die letztere Gruppe deutlich bessere Leistungen.

Noch ein weiterer Umstand scheint dazu zu führen, die Problemsicht des anderen ernstzunehmen, nämlich der eigene Wunsch, eine gute Leistung zu bringen. Die geschilderte Kooperation zwischen Hanna und Sybille demonstriert, wie Erfolgswille und Konkurrenzeifer die Aufmerksamkeit für die Aussagen des anderen und die kritische Auseinandersetzung mit seinen Argumenten außerordentlich steigern. Ganz offensichtlich ist dieser Lernprozeß nur zwischen Kindern möglich, die sich gut verstehen und - wie noch zu zeigen sein wird - abträgliche Streitereien zu falschen Zeitpunkten unterdrücken können.

8.3 Anregung und Belastung des Austauschs über Lernprobleme

Unser Material enthält Hinweise auf verschiedene Gründe, die Kinder dazu bringen, einander nicht in produktiver Weise mit ihren jeweiligen Informationen, Problemsichten und Vorschlägen zu konfrontieren. Wir haben aus dieser

Analyse die zahlreichen Fälle von manchmal spaßigem Unfug, überwiegend aber ärgerlichen Belästigungen ausgelassen, die die Kinder ablenken und am Arbeiten hindern, weil solche Prozesse leicht zu erkennen und allgemein bekannt sind. Uns lag mehr daran, Verhaltenstendenzen in der Interaktion unter Kindern zu beschreiben, die in ihren Auswirkungen nicht eindeutig sind.

8.3.1 Leistungsvergleich, Wetteifer und Konkurrenz

Bei der verbreiteten Kritik am Konkurrenzverhalten in der Schule wird oft außer acht gelassen, daß Konkurrenz eine Abart des Vergleichens ist, das Kinder vollziehen, um sich ihres Selbst und ihrer Fähigkeiten gewiß zu werden. *Sullivan* (1983) hält Sich-aneinander-Messen und Wetteifer grundsätzlich für eine förderliche Komponente in der Entwicklung von Kindern. Das Vergleichen läßt die Verschiedenheit der anderen entdecken und führt dazu, sich einordnen zu können. Das Sich-aneinander-Messen stellt das Können auf die Probe und fordert Anstrengung heraus. Das kann dazu dienen festzustellen, wer welche Fähigkeiten beherrscht. Unter Kindern geht es auch oft darum, den „Besten" zu ermitteln. Im idealen Fall geht die Freude über den eigenen Sieg nicht auf Kosten des anderen; man kann sich über den Gewinn des anderen freuen und dessen bessere Leistung ohne Neid anerkennen. Andererseits gibt das Gewinnen auch Vorteile, die man ausnützen kann: Man erhebt sich über die Verlierer und versucht so, ein hierarchisches Gefälle zu schaffen. Und der Wunsch nach dem eigenen Erfolg mag den Vorteil zu Lasten des anderen suchen lassen, indem zum Beispiel Hilfe verweigert wird.

Auch in unserer Klasse gibt es viele Kinder, die wirklich etwas lernen wollen und sich freuen, wenn sie eine Aufgabe beherrschen. Dabei schauen sie auf andere, um zu sehen, wie weit diese sind. Wir haben Fälle, in denen die Eins in der Klassenarbeit fast von der ganzen Klasse beklatscht wird. Insbesondere unter Freunden gibt es Freude über den Erfolg, Besorgnis über den Mißerfolg des anderen. Nicht nur leistungsstarke Kinder vergleichen und lassen sich durch Vergleich antreiben, sondern, in geringerem Ausmaße, auch leistungsschwächere. So profitiert Lutz sicherlich sehr davon, daß er einige Tage mit den beiden erfolgreichen Mädchen, Hanna und Sybille, an einem Tisch sitzt. Er lebt geradezu auf, als er feststellt, daß er manche Aufgabe im Rechnen ebenso schnell und richtig schafft wie diese beiden. Daß sie seinen Wetteifer nicht ermutigen, sondern in die Schranken verweisen, zeigt, daß sie ihm den Erfolg nicht gönnen. Durch Ignorieren und offene Mißachtung lähmen sie seine Bemühungen, sie konkurrieren zu seinen Lasten. Daß er, seine Erfolge fehleinschätzend, nicht nur von diesen Mädchen, sondern auch bei vielen anderen sich eine Abfuhr nach der anderen holt, ist ein Beispiel dafür, wie das Fehlen von stützenden und manchmal auch bremsenden Freunden die kognitive Leistung beeinflussen kann.

Etwa zwei Drittel der Interaktionen, in die Vergleich, Wetteifer oder Konkurrenz einfließt, geschehen unter den Mädchen der schulleistungsorientierten

Gruppe. Sie messen sich vor allem untereinander. Sich-aneinander-Messen und Konkurrenz im Mädchengeflecht gehen überwiegend von Berin aus, einem sehr leistungsstarken türkischen Mädchen. Einige weitere Vorkommnisse wetteifernd-vergleichender oder konkurrierend-ausstechender Art finden sich unter den langsam lernenden Jungen und Mädchen, die außerhalb der stabileren Gruppierungen stehen. Erstaunlich ist, daß Mitglieder der Jungengruppe und des Jungengeflechts weder in fruchtbaren Wettbewerb eintreten noch sich gegenseitig oder andere konkurrierend zu übertreffen suchen. Vielleicht liegt es daran, daß die Schulleistung nach unseren Auswertungen für sie alle kein besonders wichtiges Thema ist (vgl. Kapitel 3 in diesem Buch).

Wetteifer und Vergleich verlangen nach einem verbindlichen Maßstab. Auf die einzuhaltenden Regeln, sowohl bei Einzel- als auch bei Partnerarbeit, pochen vor allem die an guten Schulleistungen interessierten Mädchen der Gruppe und die erwähnte Berin. Wenn sie eine Mogelei vermuten, fallen sie mit Anklagen auch über schwache Schüler her und verpetzen sie sogar des öfteren beim Lehrer. Ein Teil der auf den Tischen trotz Verbots immer wieder aufgebauten Sichtblenden soll unstatthafte Vorteile erschweren.

Andere Verhaltensweisen gehen über den Versuch hinaus, andere zum Einhalten der Regeln zu bringen. Vor allem Mädchen der schulleistungsorientierten Gruppe fügen anderen durch Konkurrenzverhalten Nachteile zu. Die beiden führenden Mädchen verprellen die anderen bei der eigentlich als gemeinsam vorgesehenen Ausarbeitung eines Rollenspiels oder schanzen sich bei einem Lernwettspiel die Gewinne auf Kosten der anderen mit Hilfe von Regelmanipulationen zu. Mehrmals wird Elke konkurrierend ausgestochen. Hanna und Sybille hängen sie in der Zusammenarbeit ab oder maßregeln sie laut. Aber auch unter den anderen Mädchen dieser Gruppe gibt es Neid ums Drankommen, Versuche, Vorteile zu ergattern, Demonstrationen, besser zu sein als die anderen. Dieser ungebändigte Wettkampf ist für den Austausch von Problemsichten, für die beharrliche Arbeit an Fehlern und für den gründlichen Vergleich von Vorgehensweisen und Lösungen schädlich. Er erzeugt Lustlosigkeit und miese Stimmung:

Hausaufgaben werden verbessert. Nörgelnd, rechthaberisch, zurechtweisend klingen die Stimmen von Elke, Margot und Angelika, wenn jemand, z.B. Ilona, falsche Lösungen vorträgt. „Wie kann man nur so blöd sein!" liegt im Ton. Dabei hat auch Elke mehrere Aufgaben falsch. Die richtigen hakt sie ab, die falschen verbessert sie unter der vorgehaltenen Hand. Auch Margot versucht, einen Fehler zu verbergen. Angelika bemüht sich, dieses Vertuschungsmanöver zu verhindern.

Aus Angst, in der Konkurrenz zu unterliegen, und im Bestreben, besser zu sein als die anderen, wird hier Fehlern nicht nachgegangen, keine Erklärung erbeten und nicht freundschaftlich korrigiert. Es ist das Problem dieser Gruppe, daß die Mädchen das Sich-Messen nicht mildern können. So schlagen Phasen produktiver Zusammenarbeit immer wieder in rechthaberisches Besser-sein-Wollen um, das nur noch am Vorsprung und kaum noch am Wissen und Können selbst orientiert ist. Den späteren Zerfall der Gruppe halten wir für mitbestimmt von diesen Rivalitäten (vgl. Kapitel 4 in diesem Buch).

Durch engere Freundschaften innerhalb der Gruppe werden Konkurrenzkonflikte zurückgedrängt. Spuren von Konkurrenzverhalten gibt es aber auch zwischen Hanna und Sybille:

Hanna und Sybille sind sich über eine Schreibweise uneinig. Sybille möchte, daß Hanna ihr Wort ändert; Hanna aber ist nicht überzeugt. Sybille fragt schließlich den in der Nähe sitzenden Beobachter, der abgelenkt eine vorschnelle, für den erfragten Sonderfall falsche Antwort gibt, die Sybilles Auffassung entspricht. Sybille lacht triumphierend. Hanna ändert nun, hat aber nach wie vor Zweifel. Sie sucht nun einen älteren Arbeitsbogen heraus und stellt fest, daß dort ihre Ansicht bestätigt wird. Sybille macht den Beobachter darauf aufmerksam, der seinen Irrtum zugibt. Nun ändern beide ihren Text entsprechend.

Hanna verzichtet darauf, nun ihrerseits den „Sieg" auszukosten oder Sybille einen Vorwurf zu machen. Konkurrenz im Sinne eines Besser-sein-Wollens als die andere, einschließlich der Bemühung, dies auch zu beweisen, vermögen sie untereinander zwar auch nicht vollständig aufzugeben. Aber sie können dieses Verhalten so weitgehend kontrollieren, daß die Kombination von Wetteifer und die durch Freundschaft gebotene Zügelung der negativen Aspekte von ausstechender Konkurrenz ihren großen Leistungserfolg verbürgt.

Das Material über andere miteinander konkurrierende Kinder reicht nicht aus, um in gleicher Weise herauszuarbeiten, ob vergleichend-förderliches oder ausstechend-konkurrierendes Verhalten von der Qualität der Beziehung abhängt. Der Überblick über die konkurrenzgeprägten Interaktionen zeigt jedoch die Tendenz, daß besonders krasse Formen des Besser-sein-Wollens oder Ausstechens sich zwischen den Kindern ereignen, die wenig miteinander zu tun haben. Dagegen scheint die gute Beziehung zueinander bei vorhandener Leistungsbereitschaft dazu zu führen, daß eigene gute Vorschläge und Lösungen für gemeinsame weitere Bemühungen zur Verfügung gestellt werden.

8.3.2 Suche nach Anerkennung, Angeberei und Abwertungen

Von anderen anerkannt zu werden, von ihnen nicht abschätzig behandelt zu werden, ist Kindern in diesem Alter sehr wichtig. Die meisten Kinder freuen sich offenkundig, wenn andere ihre Leistungen bemerken. Sie erröten oder verstecken sich vor den Augen der anderen, wenn ihnen etwas nicht gelingt. Es gibt aber auch viele Beispiele für vergebliches Streben nach mehr Anerkennung. Um Anerkennung kämpfen zu müssen, verführt zu zweifelhaften Strategien:

Die Klasse wird für einen Kopfrechenwettkampf in Gruppen eingeteilt. Lutz, auf dem Höhepunkt der für ihn förderlichen Rivalität mit Hanna, hat sich beim Lehrer ausbedungen, in seiner Gruppe zweimal rechnen zu dürfen, um die Minderzahl gegenüber der anderen Gruppe auszugleichen. Die anderen in seiner Gruppe lehnen das jedoch ab und bestimmen einen anderen Jungen. Lutz hampelt daraufhin im Raum herum, ordnet sich in die Warteschlange der Rechner immer wieder neu an anderer Stelle ein, läßt wiederholende Verlierer vor und demonstriert auf diese Weise, daß er eigentlich gar nicht mitmacht.

Die Suche nach Anerkennung kann eine starke Triebkraft sein, sich um Lernerfolg zu bemühen und den anderen die eigene Leistung zur Verfügung zu stellen, denn dafür darf man hoffen, Wertschätzung zu erhalten. So könnte das Bedürfnis danach, anerkannt zu werden, zum Austausch über Probleme und ihre Lösung beitragen. Dieser Beitrag bleibt aus, wenn die Anerkennung durch Übertreibung der eigenen Leistung oder durch Herabsetzungen und Verunglimpfungen anderer gesucht wird.

Deutlichere Bemühungen um Anerkennung beobachteten wir bei einigen der leistungsstarken Mädchen der schulleistungsorientierten Gruppe sowie bei lernschwachen Jungen; die dabei eingeschlagenen Strategien unterschieden sich jedoch. Die Mädchen lassen sich gern für Einsen feiern, fischen nach Komplimenten für Leistungen und unterhalten sich über eigene und fremde Noten, zwar in ziemlich neutralem Ton, aber sie streichen ihre guten Leistungen in sublimer Form heraus. Sie schaffen es damit weitgehend, nicht als unbeliebte Streber an den Rand des Soziallebens der Gleichaltrigen gedrängt zu werden. Ihr Verhalten kann als Versuch verstanden werden, sich als wertvolle Partner darzustellen.

Anders drückt sich das Bemühen der lernschwachen Jungen nach Anerkennung aus. Wenn sie meinen, etwas vorzeigen zu können, gelingt es ihnen oft nicht, die Mitteilung ihres Erfolgs so zu dosieren, daß er ihnen gegönnt wird. Lutz und Ulrich brechen zu Wanderungen durch die Klasse auf, um überall zu verkünden, „wie viel" sie geschafft haben. Joachim neigt dazu, mit häßlichen, vielleicht witzig gemeinten Worten Nachbarn zu attackieren, wenn er ihnen einmal voraus ist. Die Klassenkameraden reagieren zumeist unwirsch, so daß diese Versuche, sich in ein gutes Licht zu rücken, fast immer in das Gegenteil umschlagen. Diese Jungen gelten als Angeber. Das ist unter den Kindern dieses Alters ein massiver Vorwurf, weil der Angeber die Grundregel der Gleichheit verletzt. Mit Angebern gibt man sich nicht ab.

Eine andere Strategie, sich über andere zu erheben, besteht darin, andere und ihre Leistungen mies zu machen; dies haben wir bei guten wie schlechten Schülern beobachtet. Manch unerbetener Rat soll die schlechte Leistung des anderen herausstreichen. Von solcher „Hilfe" Betroffene weisen dies meist erbittert zurück. Auch ein Teil der Sichtblenden dient dazu, dem anderen und Zuschauern zu demonstrieren, daß er ohne Abschreiben nichts zustande bringt. Und manche Kinder schützen sich mit Sichtblenden nicht gegen das Abschreiben, sondern gegen das Bekanntwerden ihrer Fehler und die befürchtete Abwertung.

Einen Einblick in die Auseinandersetzung um Überlegenheit und Abwertung bietet die folgende Interaktionsszene:

Hanna schaut - vielleicht unbeabsichtigt, vielleicht um sich an den Fehlern zu weiden, wohl kaum um abzuschreiben - auf Lutz' Heft. Er schirmt daraufhin sein Heft gegen ihre Blicke ab, als ob man tatsächlich annehmen könnte, Hanna „schmule" bei Lutz. Hanna wendet ihren Blick nun auf Sybilles Heft. Lutz kommentiert: „Ja, dort darfste gucken!" Jetzt schirmt Hanna ihr Heft gegen Lutz ab, obgleich nicht er bei ihr, sondern sie bei ihm ins Heft geschaut hatte.

Daß Lutz, ein schlechter Schüler, annimmt und ausdrückt, die hervorragende Schülerin Hanna wolle bei ihm abschreiben, ist mit ihrer Selbsteinschätzung nicht vereinbar. Ihre abschirmbare Geste soll ihm demonstrieren, daß er an diesem Tisch der einzige ist, der Grund zum Abschreiben hat.

Ferner werden sprachliche Schnitzer und andere Fehler laut angeprangert und beleidigend kommentiert. Besonders unangenehm müssen den Betroffenen Situationen sein, in denen sie mit ihren Fehlern von den Mitschülern öffentlich „vorgeführt" werden, etwa durch hartnäckiges Fragen nach der hohen Fehlerzahl, durch Vergleiche mit anderen oder durch „mitleidige" Hinweise, es seien immerhin schon weniger Fehler als neulich. In vielen solchen Fällen ist nicht klar entscheidbar, ob nur Arbeitsweise und Arbeitsergebnis des anderen abgewertet werden oder ob er als Person abgelehnt wird. In manchen Situationen verhindert die Irritation durch hämisch-abwertende Bemerkungen eine verlangte Leistung auch direkt, wie in dem zu Beginn dieses Aufsatzes erwähnten Fall, in dem Klaus gleichzeitig auf die Frage des Lehrers achten und sich gegen verunglimpfende Zurufe zur Wehr setzen muß.

Sowohl sehr gute als auch schwache und unsichere Schüler setzen andere oft herab. Bei den guten Schülern gehen viele Beanstandungen aus dem oben erwähnten Interesse hervor, daß die Regeln, nach denen Leistungen erst zählen, eingehalten werden. Aber sie erheben sich auch über die Fehler anderer und korrigieren sie manchmal penetrant. Jedoch sind diese Kritiken meist berechtigter und sachlicher als die herabwürdigenden Kritiken schwacher Schüler, die oft kleinlich herummäkeln und Fehler genüßlich ausbreiten.

Die guten Schüler, sowohl die Jungen als auch die Mädchen, richten ihre Abwertungen ganz überwiegend gegen Kinder außerhalb ihres sozialen Bezugskreises. Außerdem geben sie anderen zumeist nur dann „eins drauf", wenn diese ihnen zu nah kommen, etwa in den erwähnten größeren Arbeitsgruppen. Die Kinder der Gruppen und Geflechte halten ihre internen sozialen Beziehungen von diesen degradierenden Querelen weitgehend frei. Die schwachen Schüler richten ihre Herabsetzungen nicht so ausschließlich gegen ihnen fremde Kinder, sondern auch gegen solche, zu denen Verbindungen bestehen, die aber, vermutlich auch wegen dieser kränkenden Vorkommnisse, nicht zu Freundschaften werden.

8.4   Soziale Interaktion und kognitive Entwicklung

Die Analyse gegenseitiger Unterstützungen durch Hilfe und Zusammenarbeit unter den Kindern dieser vierten Grundschulklasse ergibt zum einen, daß Hilfe selten ist und den Lernerfolg von Kindern kaum beeinflussen dürfte, daß in erstaunlich vielen Fällen Hilfe verweigert, erbetene Hilfe zu einer asymmetrischen Gestaltung der Beziehung ausgenützt wird und Kooperation mißlingt. Zum anderen zeigt sich, daß dann, wenn geholfen oder zusammengearbeitet wird, weniger die mitgeteilte Aufgabenlösung für Lernfortschritte ausschlaggebend ist als vielmehr eine soziale Interaktion, die den Austausch von Problemsichten ermöglicht. Die genauere Analyse zeigt nämlich, daß bei gelingender Hilfe und Zusammenarbeit die Ansichten der anderen ernst genommen, Fehler erklärt und Vorschläge berücksichtigt werden. Gemeinsam werden Schritte zur Lösung gesucht und geprüft.

In dieser gemeinsamen Bemühung der Kinder um eine Problemlösung ist ein Vorgang zu erkennen, den *Piaget* (1970) „Dezentrierung" genannt hat und den er als entscheidend für die kognitive Entwicklung ansah. Das Kind, das zunächst seiner richtigen oder falschen Auffassung von einem Problem ganz sicher ist, muß die Möglichkeit erwerben, seine Problemsicht mit der anderer zu konfrontieren, um sich der Besonderheit seiner Perspektive bewußt zu werden und sie mit anderen vergleichen und koordinieren zu können. Nur so kann es sich die Erfahrungen und Argumente anderer zunutze machen. *Smedslund* (1966) hat, angelehnt an *Piagets* Vorstellung einer Genese der Intelligenz in sozialer Interaktion, vermutet, daß diese Dezentrierung des Denkens besonders in sozialen Prozessen gefördert wird, in denen das Kind mit seiner Auffassung auf die anderer Personen trifft.

Dieser Hypothese folgend wurde untersucht, ob sich Kinder untereinander Dezentrierungsleistungen abverlangen und somit durch ihre Zusammenarbeit den Übergang von einem kognitiven Stadium zum folgenden herausfordern (vgl. *Doise*, 1978; *Glachan & Light,* 1982). Nach diesen Studien spiegelt der Problemlösungsprozeß im Denken des Kindes Eigenarten der Interaktions- und Kommunikationsprozesse wider, in denen es die Problemsicht anderer wahrnehmen und prüfen konnte. Dieser Interaktions- und Kommunikationsprozeß ist beeinflußt von der Autorität, mit der ein Widerspruch vorgebracht wird (*Mugny u.a.,* 1975/6), von sozialen Regulierungen, die den Raum für die Exploration und die Lösung von Problemen festlegen (*Mugny u.a.,* 1984) und von situativen Voraussetzungen und Kommunikationschancen, die eine problemlösende Diskussion erleichtern oder erschweren (*Perret-Clermont & Brossard,* 1985).

Unsere referierten Beobachtungen ergänzen diese in Laboruntersuchungen erzielten Ergebnisse, warnen allerdings auch davor, der Interaktion von Gleichaltrigen grundsätzlich eine förderliche Wirkung auf die Entwicklung kognitiver Fähigkeiten zuzuschreiben. Sehr oft kommt ein produktiver Austausch über Problemsichten nicht zustande; in vielen Fällen wird nicht beraten; Fehler werden verhöhnt und nicht zu Erklärungen und Neuüberlegungen benutzt.

Unsere Daten geben jedoch Hinweise darauf, unter welchen Bedingungen Einwände, Widersprüche und Vorschläge am wahrscheinlichsten genutzt werden, um die eigene Problemsicht zu relativieren und zusätzliche Argumente aufzunehmen. Es geschieht dies vor allem unter Freunden und innerhalb stabiler sozialer Gruppierungen. Auch hier sind Unterstützungen und produktiver Austausch von Problemsichten nicht so häufig wie erwartet, auch hier gibt es Häme und Übervorteilung. Aber die Risiken, kurz abgefertigt oder abgewiesen zu werden, sind unter Kindern mit engeren Beziehungen doch erkennbar geringer als unter Kindern, die wenig miteinander zu tun haben. Ebenso werden in Schädigung umschlagende Konkurrenz und zur Herabsetzung führende Suche nach Anerkennung am wahrscheinlichsten unter Kindern vermieden, die miteinander befreundet sind oder gemeinsam einer stabilen sozialen Gruppierung angehören. Offenbar erleichtern es freundschaftliche Beziehungen, Unterstützungen und Vorschläge so anzubieten, daß sie angenommen und geprüft werden. Von Rat und Einwänden profitiert ein Kind in diesen Fällen nicht nur, wenn sie gut oder zutreffend sind, sondern manchmal auch, wenn sie falsch sind, und zwar dann, wenn sie das Kind anregen, seine Auffassung neu zu bedenken. Ferner zeigen unsere Beobachtungen, daß Kinder sich dann mit größerer Wahrscheinlichkeit gegenseitig zu Überlegungen und Erprobungen neuer Lösungswege anregen, wenn Aufgabenstellungen auf den gleichberechtigten Austausch von Beiträgen der Beteiligten zur Problemlösung angelegt sind.

Der deutliche Einfluß der sozialen Beziehungen unter den Kindern auf die Suche nach besseren Lösungswegen läßt uns folgern, daß kognitive Prozesse nicht ausgelöst werden, wenn man Kinder zur Zusammenarbeit zwingt, die nicht in einer dauerhaften Beziehung zueinander stehen. Diese Kinder benutzen Widersprüche, Kritik und Argumente mehr, um sich in ihren Selbstansprüchen zu behaupten, als für die Klärung eines Sachproblems. Die günstige Auswirkung von Aufgaben, bei denen der Austausch von Problemsichten tatsächlich Vorteil bringt, führt zu der weiteren Folgerung, daß Lehrer auch auf gut ausgewählte Kooperationsaufgaben achten sollten. Der erfahrbare Vorteil gemeinsamen Arbeitens kann möglicherweise auch die Interaktion der Kinder fördern. Diese über kooperative Aufgaben verbesserten Beziehungen können sich dann wieder auf die Wahrnehmung und Bearbeitung divergierender Problemsichten positiv auswirken. Hinweise dafür liefern auch *Slavin* und *Hansell* (1983).

Folgt man *Piaget*, dann werden die grundlegenden kognitiven Potentiale eines Kindes nicht so sehr durch übermitteltes Wissen, sondern durch die Konfrontation verschiedener Sichtweisen gefördert, in der die Besonderheiten und Einschränkungen der eigenen Perspektive deutlich werden. Daher sollte die Schule viel Gelegenheit geben, Wissen in der Auseinandersetzung mit unterschiedlichen Sichtweisen zu erwerben. Dies fordert eine Form sozialer Interaktion unter den Kindern, aber sicher auch zwischen Lehrenden und Lernenden, die möglichst frei von Besserwisserei und Angeberei, von Abwertung und Ausstechen ist, um einander wichtige Anstöße zur Fortentwicklung des problemlösenden Denkens zu vermitteln.

Kapitel 9

Probleme des Helfens unter Kindern[1]

9.1 Fragestellung

Von kaum einem Verhalten sind zusammenlebende Menschen wohl mehr abhängig als von gegenseitiger Hilfe. Oft genug schaut man aber vergeblich nach jemandem aus, der den erbetenen Rat gibt, der das eigene Unvermögen oder die Unachtsamkeit ausgleicht. So notwendig Hilfe ist - sie ist keineswegs selbstverständlich. Die Gewährung von Hilfe wird von kulturellen Mustern, sozialen Vorbildern und von Bedingungen der Situation beeinflußt *(Mussen & Eisenberg-Berg,* 1979). Das Zustandekommen von Hilfen setzt ferner weitere grundlegende Einstellungen und Fähigkeiten voraus wie etwa die Wahrnehmung des anderen in seiner Notlage *(Radke-Yarrow* u.a., 1983). Aber offenbar muß hilfreiches Verhalten auch erlernt werden *(Lück,* 1975; *Bierhoff,* 1980).

Für einige besondere Notlagen haben Gemeinschaften Regeln oder Gesetze erlassen, die zur Hilfe unter Androhung von Strafe verpflichten. Für Situationen, die für das alltägliche Zusammenleben typisch sind, gilt dies nicht. In ihnen kann man um Hilfe zwar dringlich bitten, hat aber kein Mittel zur Verfügung, sie zu erzwingen. Insofern setzt verwirklichte Hilfe Individuen voraus, die Hilfsbedürftigkeit erkennen, sich aufgefordert fühlen und in der Lage sind, person- und situationsangemessen zu reagieren *(Lück,* 1975, S. 38). Hilfe ist ein wesentliches Element in dem nicht vollständig normierten und institutionalisierten Bereich menschlicher Interaktion, der in besonderer Weise die eigenverantwortliche Handlungskontrolle herausfordert (s. *Bierhoff,* 1988).

Folglich mag wichtig sein, daß Eltern und andere Erzieher Kinder dazu anhalten, ihren Mitmenschen zu helfen, indem sie zur Aufmerksamkeit für die Nöte anderer drängen und Konsequenzen von Hilfe und ihrer Verweigerung erläutern (Zusammenstellung der wenig eindeutigen Forschungsergebnisse bei *Radke-Yarrow* u.a. 1983, S. 506 ff.). Aber als autonom einsetzbare Fähigkeit wird die Hilfsbereitschaft und -fähigkeit sich vermutlich vor allem dort ent-

---

1 Dieser Aufsatz erschien zuerst unter der Autorenschaft von *L. Krappmann* und *H. Oswald* in: *H. W. Bierhoff & L. Montada* (Hrsg.), Altruismus - Bedingungen der Hilfsbereitschaft. Hogrefe: Göttingen, Toronto, Zürich 1988, S. 206-223.

wickeln, wo das Helfen nicht durch Autoritäten nahegelegt oder gar befohlen werden kann. Wir nehmen mit *Zahn-Waxler u.a.* (1982, S. 134) an, daß zur Entwicklung des hilfreichen Verhaltens vor allem Interaktionen gleichberechtigter Partner beitragen, und betonen besonders den Gesichtspunkt, daß die Kinder beim Helfen vor der Anforderung stehen, ihre Bedürfnisse und Erwartungen in einer prekären sozialen Konstellation miteinander in Bezug zu setzen.

Diese Hypothese stützt sich auf die Vorstellungen *Piagets* (1972) und *Sullivans* (1983), daß die Interaktionen unter gleichaltrigen Kindern besondere Bedeutung für die Entwicklung von Kompetenzen haben, weil sie typischerweise andere Herausforderungen an die Partner enthalten als die Interaktionen zwischen Erwachsenen und Kindern. Untersuchungen belegen, daß durch Bemühungen unter Gleichaltrigen, divergierende Auffassungen miteinander zu klären und gemeinsam Konflikte zu lösen, kognitive Kompetenzen, moralische Urteilsfähigkeit und Verantwortungsbereitschaft gefördert werden (vgl. etwa *Doise,* 1985; *Mugny u.a.,* 1984; *Damon & Killen,* 1982; *Berkowitz & Gibbs,* 1983; *Nelson & Aboud,* 1985). Einige Untersuchungen weisen darauf hin, daß Kinder mit stabilen sozialen Beziehungen im Alter zwischen Kindergarten und Präadoleszenz eher bereit sind, Bedürfnisse anderer zu berücksichtigen, mit ihnen zu teilen und ihnen zu helfen, als Kinder ohne soziale Einbindung in die Kinderwelt (*Mannarino,* 1976; *Newcomb & Brady,* 1982; *Smollar & Youniss,* 1982; *McGuire & Weisz,* 1982). Es gibt aber auch Untersuchungen, die dieses Ergebnis nicht bestätigen (*Berndt,* 1981; *Sharabany & Hertz-Lazarowitz,* 1981). Die Unstimmigkeiten könnten zum einen auf das methodische Vorgehen zurückzuführen sein, denn in diesen Studien wurden die Kinder befragt oder unter standardisierten Bedingungen beobachtet. Es ist möglich, daß die in natürlichen Situationen auftretenden Verhaltensmuster auf diese Weise irritiert werden.

Auf eine weitere Möglichkeit, bisherige Unstimmigkeiten zu erklären, weist ein Ergebnis der Untersuchung von *Nelson* und *Aboud* (1985) hin. Sie ermittelten, daß Kinder in einer Konfliktsituation ihre Auffassungen ändern, aber nur befreundete Kinder durch die Auseinandersetzung reifere Problemlösungen entwickeln. Dieses Ergebnis macht zum einen darauf aufmerksam, daß die förderlichen Prozesse unter den Gleichaltrigen und selbst unter befreundeten Kindern keineswegs nur harmonisch verlaufen, sondern konfliktträchtig sind. Zum anderen scheinen gerade die Konflikte unter Freunden die Bemühung um eine Lösung zu stimulieren und damit zu längerfristigem Kompetenzfortschritt zu führen. Entstehen auch die Bereitschaft und Fähigkeit zum Helfen in problematischen Situationen, die in Befragungen und Labortests zum Hilfeverhalten bisher nicht erfaßt wurden?

Die übliche Zuordnung des Helfens zum Bereich des „prosozialen" Verhaltens vermittelt den Eindruck, daß Hilfen ein ausschließlich freundliches, verbindendes Element der Kinderwelt sind und positive Erfahrungen mit Hilfen für die Übernahme dieses Verhaltens sorgen. Wie uns eine erste Teilauswertung der Beobachtungen von Hilfen unter zehnjährigen Grundschülern in natürlicher Umgebung gezeigt hat, gehören jedoch auch Hilfen zum Konflikt-feld in der Interaktion unter Gleichaltrigen (vgl. Kapitel 8 in diesem Buch). Die Bitte um Hilfe, aber auch die spontan angebotene Hilfe erzeugen eine asymmetrische soziale Konstellation, in der der Hilfsbedürftige vom Helfer abhängig wird. Da diese Analyse auf Hilfen eingegrenzt war, die in einem Zusammenhang mit von der Schule geforderten Lernprozessen standen, könnte es sein, daß Leistungskonkurrenz und Suche nach Anerkennung das Helfen unter diesen Kindern belastet haben. Ebenso ist denkbar, daß der Un-terrichtsstil des Lehrers in der untersuchten Klasse die Art des Helfens beein-flußt hat.

Wir präsentieren daher in diesem Aufsatz eine erweiterte Analyse, die nicht nur lernbezogene Hilfen, sondern alle beobachteten Hilfen unter Kindern ein-bezieht und die sich zusätzlich auf das Material aus zwei weiteren Klassen mit zehnjährigen Kindern stützt. Wir wollen untersuchen, wie sich im Hilfesuchen und Helfen die Probleme der sozialen Einordnung der Kinder in die Gleichal-trigenwelt und die Auseinandersetzung mit verpflichtenden Regeln widerspie-geln, und darauf aufmerksam machen, daß die zu beobachtenden Hilfen unter Kindern Aspekte enthalten, die sowohl „prosozial" als auch „antisozial" ge-nannt werden können. Wir wollen der Frage nachgehen, ob das Hilfsverhalten sich gerade an diesen ambivalenten Vorkommnissen entwickeln kann. Wir wollen ferner prüfen, ob diese Erfahrungen und damit auch das Hilfsverhalten besonders in freundschaftlichen Beziehungen gefördert werden.

9.2 Methode

Das Material, das wir auswerten, besteht aus den ausgearbeiteten Feldnotizen einer Serie teilnehmender, nicht standardisierter Beobachtungen der Interak-tionen von Kindern untereinander in drei Schulklassen der 4. Jahrgangsstufe.

Die wörtlichen Beschreibungen aller 453 in unseren Protokollen identifi-zierbaren Hilfesituationen wurden in einer Datenbank gespeichert[2] und mit

---

2 Nicht aufgenommen wurden in diese Datei der Hilfesituationen alle vom Lehrer angeordneten Hilfen, angeordnete Partner- oder Gruppenarbeit sowie alle Hilfen von Kindern an Erwachsene oder von Erwachsenen an Kinder. Während der ange-ordneten Kooperationen kann es zu Hilfeleistungen kommen, die nichts mit der Arbeitsanweisung zu tun haben. Diese Hilfen wurden einbezogen. Zu Kooperatio-nen kommt es unter den Kindern auch aus eigenem Antrieb. Die in diesen längeren Sequenzen spontaner Kooperation enthaltenen Hilfen wurden nicht aufgenommen, weil die fortgesetzte Gegenseitigkeit des Helfens ein anderes Verhältnis zwischen den Interaktionspartnern schafft als das einmalige Ersuchen um eine Hilfe ohne die Aussicht auf eine baldige Gegenleistung. Somit enthält das hier analysierte Material nur Hilfen unter Kindern, die ohne institutionellen Zwang gegeben und verweigert werden konnten und nicht zu der potentiell kompensierenden Handlungssequenz einer längeren spontanen Kooperation gehörten. Aufgenommen wurden dagegen 21 Fälle, in denen die Hilfe zu Lasten Dritter ging. Meist wurden

Abbildung 9-1   Überblick über erbetene, gegebene und akzeptierte Hilfen

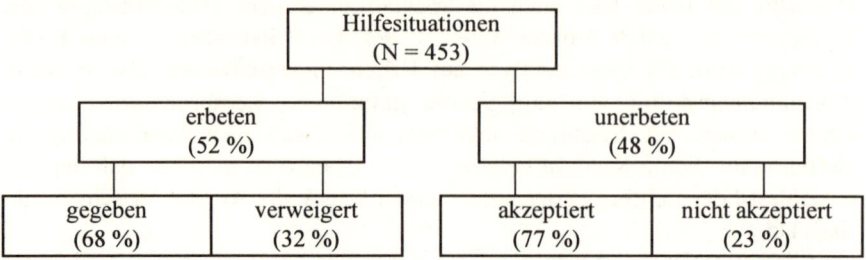

folgenden Kodierungen versehen (vgl. die Übersicht in Abbildung 9-1): Die Hilfe ist erbeten/nicht erbeten, gegeben/nicht gegeben, angenommen/nicht angenommen. Außerdem wurden folgende Hilfebereiche unterschieden: Hilfen, die „in einem erkennbaren Zusammenhang mit einem von der Schule geforderten Lernvorgang" stehen, sei es, daß es sich um ein Arbeitsmittel, um konkrete Hinweise zur Aufgabenlösung oder um eine allgemeine Unterstützung bei der Aufgabenlösung handelt; Unterstützung in der Schülerrolle ohne direkten Bezug auf eine Aufgabe; Verteidigung eines Klassenkameraden gegen den Lehrer; Hilfen, die sich auf die Kinderwelt und nicht auf den institutionellen Kontext der Schule beziehen.

Zwei weitere Kodierungen bilden den Raster für die Analysen, die im Zentrum der folgenden Ausführungen stehen. Mit ihnen wird unterschieden, in welcher Weise der Helfer die Einflußchancen, die ihm die Hilfsbedürftigkeit des anderen verleiht, ausnutzt und ob der Hilfeempfänger versucht, die unvorteilhafte Lage, in die ihn seine Hilfsbedürftigkeit bringt, durch problematisches Verhalten auszugleichen (vgl. Tabelle 9-1).[3]

Die Speicherung in einer Datenbank erleichtert die systematische Zusammenstellung und Interpretation aller unter relevanten Aspekten zusammengehörenden Szenen. Sie hilft, während der Interpretation auftauchende Gesichtspunkte durch Um- und Nachkodierungen kontrolliert zu berücksichtigen. Somit wird die interpretative Bearbeitung großer Mengen qualitativer Daten transparenter. Zusätzlich können die Kodierungen in der Datenbank in einen

---

dabei Freunde verteidigt; beim Bestrafen eines schädigenden Normbrechers unterstützt; oder es wurde ihnen zu ihrem Recht verholfen.

3   Eine Reliabilitätsprüfung der Kodierung der Hilfen durch zwei Auswerter für ein Fünftel der Szenen erbrachte folgendes Ergebnis: Cronbachs alpha beträgt für die Kodierung des Hilfebereichs .97, für die Kodierung des Helferverhaltens als problematisch .88 und für die Kodierung des Empfängerverhaltens als eine Form der Gegenwehr .54. Der letzte Wert ergibt sich daraus, daß die Koder in 16% der Fälle zu einer ungleichen Einschätzung gelangten und Gegenwehr seltener ist als problemlose Akzeptanz. Für eine Kodierung von Verhalten in natürlicher Umwelt scheint dieser Wert noch annehmbar.

Datensatz umgewandelt werden, der mit den üblichen Programmpaketen statistisch verarbeitbar ist.[4]

Tabelle 9-1: Überblick über problematisch gestaltete Hilfesituationen

	%	N
Helfer gestaltet problematisch	27	122
Helfer gestaltet unproblematisch	73	329
	100	451
Empfänger gestaltet problematisch	25	109
Empfänger gestaltet unproblematisch	75	329
	100	438
Von mindestens einer Seite problematisch	41	177
Von keiner Seite problematisch	59	250
	100	427

Bei allen Kategorien konnten einige Situationen nicht zugeordnet werden.

9.3 Überblick

In etwa der Hälfte der Hilfesituationen wurde um die Hilfe gebeten, in der anderen Hälfte wurde sie unerbeten gegeben oder angeboten (vgl. hierzu und zum folgenden Abbildung 9-1). Ein Drittel der *erbetenen Hilfen* wurde nicht gegeben. Bei einem Fünftel dieser verweigerten Hilfen wurden gute Gründe, etwa Eigenbedarf, in freundlicher Weise vermittelt. Überwiegend wurde jedoch mit unfreundlichen Worten, herabsetzend oder kühl ignorierend verweigert. Wir kategorisieren dies als „problematische" Verweigerung, weil dieses Verhalten des Gebers einen zu bearbeitenden Konflikt zwischen den Kindern in sich birgt. Fast ein Viertel der *nichterbetenen Hilfen* wurde nicht akzeptiert. Die Empfänger interpretierten diese Hilfen als unnötig oder aufgedrängt und weigerten sich, sie anzunehmen.

Jedoch wurden nicht nur verweigerte Hilfen von seiten des Gebers und aufgedrängte Hilfen von seiten des Empfängers mit unfreundlichen Äußerungen und Angriffen gegen den anderen verbunden, sondern auch gegebenen

---

4 Grundlage aller folgenden Aussagen und Auszählungen sind Hilfesituationen, soweit nicht ausdrücklich etwas anderes vermerkt ist. An manchen dieser Szenen sind mehrere Kinder beteiligt, die helfen oder denen geholfen wird. Bei quantitativen Aussagen über Personen müssen daher gesonderte Auszählungen durchgeführt werden. Hierbei ist die ungleiche Beobachtungszeit zu berücksichtigen. Alle berichteten Zusammenhänge wurden mit dem Chi-Quadrat-Test auf Signifikanz geprüft.

Hilfen fügte der Helfer nicht selten Mahnungen, Drohungen oder Bloßstellungen hinzu. Und auch der Empfänger nahm eben noch erbetene, ihm umstandslos gewährte Hilfe in vielen Fällen nicht einfach an, sondern bemühte sich, die Stellung des Helfers ihm gegenüber zu schmälern und das eigene Ansehen aufzubessern. Insgesamt wurde in über einem Viertel aller Situationen eine Hilfe in dieser Weise problematisch gewährt oder verweigert. In fast ebensovielen Fällen, nämlich in 25 Prozent, wurde die Hilfe nicht problemlos angenommen (vgl. Tabelle 9-1).

Die Schule mit ihren Anforderungen erzeugt Not und damit Hilfsbedürftigkeit besonders im Leistungsbereich. So verwundert es nicht, daß 63 Prozent aller von uns beobachteten Hilfeszenen im Zusammenhang mit einer von der Schule gestellten Aufgabe standen. Hinzu kamen Hilfen zur Erleichterung der Schülerrolle und Verteidigung eines Kameraden gegen den Lehrer (13%). In diesen Zahlen drückt sich aus, daß die Institution Schule auf die Welt der Gleichaltrigen in der Schulklasse einwirkt und den Interaktionen zu bewältigende Aufgaben vorgibt. Da keine dieser schulbezogenen Hilfeszenen angeordnet war, lassen sie die Lösungen erkennen, die die Kinder für ihre Interaktionen untereinander finden, um mit der ihnen vorgegebenen Welt fertig zu werden.

Andere Anforderungen stammen aus der Kinderwelt selbst. In einem Viertel aller beobachteten Hilfeszenen teilten sich die Kinder Leckerbissen, unterstützten sich bei Mißgeschicken oder halfen einander gegen Angreifer. Diese 112 kinderweltbezogenen Szenen im Vergleich zu den 341 schulbezogenen Szenen sind für unsere Analyse von besonderem Interesse, weil man vermuten könnte, daß die Verhaltensweisen bei der Lösung von Schulproblemen sich vom Verhalten bei der Bearbeitung von Problemen aus der Kinderwelt unterscheiden. Das ist nach unseren Daten jedoch nicht der Fall. Es bestand kein Zusammenhang zwischen dem Bereich der Hilfe (schulbezogen vs. kinderweltbezogen) und dem Auftreten problematischer Verhaltensweisen. Die Art der Hilfe erwies sich im übrigen auch als zusammenhanglos mit dem Geschlecht des Helfers oder des Bedürftigen.

Auch insgesamt konnten Durchschnittsunterschiede zwischen Mädchen und Jungen als Helfer oder Hilfsbedürftige statistisch nicht gesichert werden. Mädchen wurden zwar in etwas mehr Situationen um Hilfe gebeten als Jungen (57% vs. 47%, $p < .05$), aber sie halfen nicht signifikant häufiger. Außerdem verweigerten Mädchen und Jungen in etwa gleichviel Situationen erbetene Hilfe oder waren von Verweigerungen betroffen. Auch beim Akzeptieren und Nichtakzeptieren nichterbetener Hilfe fanden wir keine Geschlechtsunterschiede.

Drei Viertel aller Hilfeszenen spielten sich unter Mitgliedern eines Geschlechts ab ($p < .001$), wobei dies für Jungen stärker galt als für Mädchen: In nur 15% der Situationen, in denen sich ein Junge in der Helferrolle befand, stand ein Mädchen gegenüber; Mädchen in der Helferrolle hatten dagegen in fast einem Drittel der Fälle ein männliches Gegenüber.[5] Allerdings halfen die Mädchen den Jungen häufiger, als dies umgekehrt geschah, in problematischer Weise (37% vs. 13% der Hilfen über die Geschlechtsgrenzen hinweg, $p < .01$). Dies ist insofern bemerkenswert, als insgesamt Mädchen nicht in mehr Situationen problematisch halfen als Jungen. Jungen waren aber in etwas mehr Situationen von problematischen Hilfen betroffen (31% vs. 22% aller Hilfen, $p < .05$). Bei den problematischen Verhaltensweisen der Empfänger fand sich kein Geschlechtsunterschied.

9.4 Probleme im Umgang mit Hilfen

Unserem nichtstandardisierten Vorgehen beim Beobachten der Kinder ist die Entdeckung zu verdanken, daß das Helfen und das Empfangen von Hilfe nicht nur gelegentlich in unschöner Weise geschah, sondern daß über zwei Fünftel aller Hilfesituationen auf Geber- oder Nehmerseite problematisch gestaltet wurden. Vier Fünftel aller Kinder haben, wenn auch in unterschiedlichem Ausmaß, Hilfesituationen mit solch problematischen Aspekten ausgestattet. Unsere Analyse dieser Situationen soll nicht zu der Diskussion beitragen, ob und wann Hilfe eigennützig oder uneigennützig gegeben wird. Wir analysieren vielmehr das in der Diskussion weitgehend vernachlässigte Phänomen, daß Hilfe ein Ungleichgewicht an Einflußchancen schafft, welches der Helfer ausnützen und dem der Empfänger zuvorkommen oder mit Gegenstrategien begegnen kann. Derartige problematisch gestaltete Hilfesituationen sind ein fester Bestandteil der Erfahrungen von Kindern mit Gleichaltrigen.[6]

---

5   Unter Erwachsenen scheinen Männer häufiger Frauen zu helfen als umgekehrt (vgl. den kritischen Überblick bei *Bierhoff-Alfermann* 1980, S.282f). In unserer Untersuchung von Interaktionen über die Geschlechtsgrenze hinweg fanden wir, daß diejenigen 12jährigen Jungen, die bereits anfingen zu flirten, mit den Mädchen gleichzogen, so daß die Geschlechtsunterschiede in der 6. Jahrgangsstufe verschwanden (vgl. Kapitel 11 in diesem Buch).

6   Diese Verallgemeinerung ist desto plausibler, als die Beobachter hierauf nicht gefaßt waren. Auch als sie derartige Ereignisse notierten, schenkten sie ihnen zunächst wenig Beachtung, hielten sie für selten oder allenfalls für einzelne unkooperative Kinder für typisch. Erst die eingehende Interpretation der Protokolle veranlaßte uns zu Auszählungen und förderte das hier vorgelegte Ergebnis zutage. Hinzu kommt, daß zwischen den drei Klassen, die zu verschiedenen Zeiten, bei verschiedenen Lehrern und von verschiedenen Beobachtern untersucht wurden, im Verhältnis von problematisch und unproblematisch gestalteten Hilfesituationen kein statistisch nachweisbarer Unterschied bestand.

Mehr als ein Viertel aller Hilfesituationen, 42 Prozent der erbetenen, 12 Prozent der nichterbetenen Hilfen wurden von der Helferseite aus problematisch gestaltet (p < .001). Die Kinder gingen dabei auf verschiedene Weise vor, um aus der Notlage des anderen einen Vorteil zu ziehen oder ihn in seiner abhängigen Stellung bloßzustellen und festzunageln. Wir bezeichnen diese komplexen Verhaltensweisen als Interaktionsstrategien, um zum Ausdruck zu bringen, daß Kinder zielgerichtet die in der Situation liegenden Möglichkeiten nutzen, um neben der Beschäftigung mit der Hilfe ihre Stellung und die des Gegenübers auszuhandeln.

Die häufigste Vorgehensweise, um einen anderen in seiner nachteiligen Lage zu halten, bestand darin, *eine erbetene Hilfe* zu verweigern. Dabei können verschiedene Strategien eingeschlagen werden. Eine erste problemerzeugende Strategie besteht darin, keinen Grund für die Weigerung anzugeben. Oft fragten die Kinder nach Arbeitsutensilien wie Kuli, Lineal, Radierer oder auch nach Bonbons oder einem Schluck aus der Colabüchse und bekamen dies wortlos oder mit einfachem Nein abgeschlagen. Auch Bitten um Lösungen wurden kommentarlos verweigert.

Während es sich in manchen dieser Fälle um ein „neutrales" Abschlagen der Bitte handelte, bei dem der Hilfesuchende sich eine sachliche Begründung zurechtlegen kann, ist in anderen Fällen die Weigerung mit einer persönlichen Kränkung verbunden. Diese Strategie kann implizit angewandt werden. So wirkt demütigend, wenn man bei einem Klassenkameraden nach dem anderen anklopfen mußte, um das Gewünschte zu erhalten. Oder eine gegebene Begründung war so erkennbar falsch, daß zur Weigerung noch die Verletzung hinzukam. Auch das bewußte Mißverstehen der Frage demonstrierte die verletzende Absicht: „Hast Du einen Radiergummi?" - „Ja." - „Gibst Du ihn mir?" - „Nee." Ganz deutlich wird die Absicht, den anderen als Person zu treffen und herabzusetzen, wenn dem Nein eine Beleidigung hinzugefügt oder überhaupt nur noch verhöhnt oder abgewertet wird. Zum Beispiel wurden Weigerungen, beim Lösen einer schulischen Aufgabe zu helfen, mit der Bemerkung verbunden, daß der Fragende „bekloppt" sei oder „spinne". Außerdem bietet sich noch die Strategie an, den anderen zu erniedrigen, indem der Helfer sein Können oder seine Verfügungsmacht herausstreicht. Dies erlebte jener Junge, der fragte, ob er den Grünstift wenigstens später haben könne und mit einem „mal sehen" hingehalten wurde. Die gezielte Verletzung durch die Antwort „Ich weiß, wie es geht" (aber sage es Dir nicht - d. Verf.) demonstrierte ebenso Überheblichkeit wie die formal korrekte, aber irreführende Antwort: „Sollen wir abschreiben?" - „Nein!"

Eine in der Kinderwelt verbreitete Strategie ist der Ausschluß, sei es von einer erbetenen Kooperation, sei es von einem Spiel, sei es von einer Verteilung von Süßigkeiten. Diese Ablehnungen zielten manchmal nur auf bestimmte Eigenschaften oder Fähigkeiten, etwa wenn jemand nicht mehr Torwart sein durfte, aber sie trafen meist die Person. Auch wenn die Bitte um ein

Bonbon abgeschlagen wurde und man zuschauen mußte, wie Dritte bekamen, was einem selbst verweigert wurde, dann erhellte diese weitere Handlung schmerzlich, daß die Ablehnung der Person des Bittstellers galt. Am traurigsten waren jene wenigen Fälle, in denen ein Kind von allen ausgelacht oder gar ausgestoßen wurde, nur noch auf den Freund hoffte, aber auch von diesem keinen Beistand erhielt.

Sowohl die Strategie, sich über den anderen zu erheben, als auch die Strategie, ihn als Person herabzusetzen und zu verletzen, fanden sich auch, wenn die *erbetene Hilfe gegeben* wurde. Diese Vorgehensweisen wurden oft miteinander verbunden. Mehr in die Richtung, die durch die Bitte schon gestärkte Position weiter zu erhöhen, zielte das Verhalten, den anderen lange zappeln zu lassen, bevor er gönnerhaft das Lineal gereicht bekam. Oder man gab Lösungen besserwisserisch. Ihre Verfügungsmacht unterstrichen Kinder, die Spielzeug mit despektierlichen Auflagen entliehen oder es sogleich wieder zurückforderten. Mehr die Abwertung wurde betont, wenn das Geben mit abfälligen Bemerkungen oder Beschimpfungen verbunden wurde. Oder man gab mit widerwilligem Gesichtsausdruck. Ablehnung wurde auch deutlich, wenn der Bitte um Hilfe nur sehr zögernd nachgekommen wurde. Auch implizite Strategien wurden angewandt: In manchem Fall durfte jemand mitspielen und wußte doch, daß er im Fangenspiel nur geduldet ist. „Du rennst und rennst, aber keiner rennt hinterher", erzählte eine Zehnjährige im Interview.

Die *nichterbetenen Hilfen* waren seltener problematisch als die erbetenen. Oft erkannten Kinder eine Bedürfnislage, gelegentlich bevor der Empfänger selbst bemerkte, daß ihm etwas fehlte. Aber auch hier fanden wir Fälle, in denen ein nicht erbetener Rat so überheblich gegeben wurde, daß die Absicht, den anderen kleinzumachen, ganz deutlich war. Manchmal wurde auf einen Fehler in einer Weise aufmerksam gemacht, daß es sich geradezu um eine Bloßstellung handelte. Einige Kinder gaben etwas Minderwertiges oder nur den übriggebliebenen Rest oder so gönnerhaft, daß wir ihr Tun den problematischen Hilfen zurechneten.

In 61 Prozent aller problematisch gestalteten Hilfesituationen erfolgte keine Gegenwehr. Teilweise lag das daran, daß das hinter der Bitte stehende Bedürfnis zu geringfügig war, als daß die Verweigerung oder Verzögerung ernstlich getroffen hätte. Aber oft war es vermutlich klüger, so zu tun, als mache einem das nichts aus, als zu riskieren, zur Verweigerung auch noch Spott und Häme zu bekommen und die prekäre Lage zu verlängern.

Was mag Kinder dazu bewegen, Hilfe zu verweigern oder in der beschriebenen Weise unter Abwertung des Bedürftigen zu helfen?

Man könnte das Verhalten der Kinder mit persönlichen Reaktionsmustern zu erklären versuchen. In unseren Beschreibungen von Hilfesituationen ist sehr deutlich zu erkennen, daß oft Mißbilligung des Grundes für die Bedürftigkeit (Vergeßlichkeit, Unaufmerksamkeit, Faulheit) oder der Person des Bedürftigen selber den angesprochenen Helfer zu seinem Verhalten antreibt. Das bereits angeführte Ergebnis, daß Mädchen Jungen häufiger problematisch halfen als umgekehrt, erklärt sich unter anderem dadurch, daß es oft die unordentlichen Jungen mit schlechten Noten waren, die sich an die ordentlichen Mädchen wandten. Oft bekamen sie diese Hilfe auch, aber die Mädchen zeigten deutlich ihr Mißfallen. Ein anderer Grund, nicht oder in problematischer Weise zu helfen, lag darin, daß man es dem anderen nicht gönnte, und manche Kinder freuten sich unverhohlen über Mißerfolge der anderen. Einige Szenen machten den Eindruck, als ob der Gebetene die Notlage oder ihre Dringlichkeit nicht bemerkte. Dies konnte an fehlender Aufmerksamkeit liegen. Ein Kind war beispielsweise so in seine Arbeit vertieft, daß es gar nicht wahrnahm, daß der andere ohne seine Hilfe nicht weiterkam. Bei einigen Kindern nehmen wir jedoch an, daß die Fähigkeit zum Perspektivenwechsel, in diesem Fall also zum unverzerrten Erkennen der Bedürftigkeit, weniger weit entwickelt war als bei anderen.

Eine zweite Erklärung greift auf Eigenarten der Situation zurück, in der Kinder Hilfe suchen. In einer ganzen Reihe von Fällen wurde Hilfe offensichtlich deshalb verweigert, damit der andere in einer Wettbewerbssituation keinen unangemessenen Vorteil bekam. Vor allem schulleistungsorientierte Kinder pochten oft ungehalten auf Einhaltung der Regeln, die Wettbewerbsgerechtigkeit erhalten sollen. Hierhin mag man auch die Fälle rechnen, in denen jemand keine Hilfe gab, um selbst schnell fertig zu werden oder um selbst die erbetene Antwort geben zu können.

Jedoch weist die Tatsache, daß Hilfesituationen in der Kinderwelt im selben Ausmaß problematisch gestaltet wurden, nach unserer Ansicht darauf hin, daß im Helfen selbst eine Beziehung zwischen den Beteiligten hergestellt wird, die sie in ein prekäres Verhältnis bringt. Dieses prekäre Verhältnis reflektiert sich in den Strategien des Helfers, der mit seinem problematischen Verhalten die zwischen ihm und dem Hilfsbedürftigen bestehende Asymmetrie noch weiter steigert, indem er sich erhöht oder den anderen erniedrigt. Auch die beobachtete Tendenz, Weigerungen eher mit Herabsetzungen und die gegebenen Hilfen eher mit Überheblichkeit zu verbinden, scheint uns in den jeweiligen Hilfekonstellationen vorgezeichnet zu sein.

Für die Deutung, daß die strukturell vorgegebene Asymmetrie zwischen den Beteiligten sich auf das Verhalten auswirkt, spricht auch, daß dieses Verhalten von der sozialen Beziehung die zwischen Helfer und Hilfesuchendem besteht, beeinflußt wird. Freunden wurde eher in problemloser Weise geholfen als Nicht-Freunden ($p < .05$). Es schien eine, wenn auch nicht immer befolgte, Regel zu geben, nach der man unter Freunden die Hilfsbedürftigkeit des einen nicht dazu ausnützte, sich über ihn zu erheben. Gegenüber Kindern, mit denen man nicht befreundet war oder die man nicht leiden konnte, wurde Hilfe häufiger in verletzender Art verweigert oder gegeben.

9.4.2 Gegenstrategien von Hilfeempfängern

Auf die prekäre Situation, in die ein Kind geraten kann, wenn es um Hilfe bittet oder sie unerbeten angeboten bekommt, weisen besonders die Handlungsweisen hin, mit denen Kinder, die Hilfe erhielten, versuchten, Abhängigkeit vom Helfer und Verletzung ihres Selbstbildes zu vermeiden oder wieder auszugleichen. In einem Viertel der beobachteten Hilfesituationen zeigten die Kinder derartige Bemühungen, die Beeinträchtigung der Stellung gegenüber dem anderen einzugrenzen, nach Möglichkeit mit dem Helfer wieder gleichzuziehen oder sogar ihn herabzusetzen. Wir sprechen von Gegenstrategien, weil Kinder sich mit ihnen gegen eine nachteilige Behandlung durch den Helfer und gegen die unterlegene Stellung in der Hilfesituation wehren. Solches Verhalten antwortete nämlich vielfach, aber keineswegs ausschließlich, auf Hilfen, die ungenügend, anmaßend oder verletzend gegeben wurden. Fast zwei Fünftel der unfreundlichen, herabsetzenden Hilfen wurden nicht einfach hingenommen, sondern die ungenügende Hilfe, das abwertende Verhalten wurden erwidert. Aber auch bei etwa einem Fünftel der Hilfen, die ohne Beeinträchtigungen gegeben wurden, erfolgten Gegenstrategien. In unserem Material lassen sich 58% aller Gegenstrategien nicht auf ein aktuelles Helferverhalten beziehen.

Das vorliegende Material erlaubt, drei Gruppen von Strategien, mit denen die mißliche Seite der Hilfesituation überwunden werden soll, zu unterscheiden. In einer ersten Gruppe von beobachteten Gegenstrategien steckte der Versuch, die Hilfsbedürftigkeit zu leugnen oder die Hilfe als nicht zustande gekommen zu erklären. Manche Kinder behaupteten, die Hilfe sei überhaupt überflüssig oder treffe nicht das Problem, dem sie gegenüberständen. Wenn die Hilfsbedürftigkeit nicht ganz zu leugnen war, wurde die Hilfe als ziemlich unbedeutend ausgegeben. In derartigen Fällen gab es „eigentlich" gar keine Hilfe, und so suchten die Kinder offenbar, die an der Stellung des Hilfeempfängers hängenden Nachteile zu meiden.

Mit Gegenstrategien der zweiten Gruppe wurde zu erreichen versucht, daß nicht der Helfer, sondern der Empfänger der Hilfe trotz seiner Hilfsbedürftigkeit die Situation dominiert. Dazu verwandelte er die Bitte schon vorab, „präventiv" in einen Befehl oder erweckte den Eindruck, das zu Erbittende stände ihm zu; er bemängelte die Form der Hilfe und auch das Gegebene, und nicht selten beschimpfte er den Helfer oder machte ihn lächerlich, obwohl er seine Unterstützung annahm. Die dominierende Rolle des Helfers wurde manchmal dadurch untergraben, daß er mit besonders gestelzten Redewendungen um Hilfe gebeten wurde oder der Empfänger der Hilfe sich überschwänglich oder alleruntertänigst bedankte. Durch die Übertreibung wurde signalisiert, daß in Wirklichkeit nichts geschehen war, woraus der Helfer besondere Ansprüche ableiten sollte. Mit Scherzen, aufgeschnappten englischen Redewendungen oder theatralischen Aushandlungen zeigte der Hilfsbedürftige an, daß er trotz seiner Not die Lage voll im Griff habe. Abgewiesene Bittsteller setzten hartnäckig nach, um ihre Abfuhr wieder wettzumachen und um zu demonstrieren, daß sie es doch schaffen, den anderen zum gewünschten Verhalten zu bringen. Sie versuchten, die Situation gleichsam zu „kippen".

Eine dritte Gruppe von Vorgehensweisen war darauf angelegt, das Gesicht durch geeignete Selbstdarstellungen zu wahren. Es wurde zu zeigen versucht, daß man nicht ausschließlich derjenige sei, der sich zur Zeit nicht allein helfen kann. So stöhnte der auf die anderen Angewiesene, daß er *heute* nicht zurechtkomme, oder klagte, daß er mit *solchen* Aufgaben Schwierigkeiten habe, oder er erklärte, daß er es eigentlich selber wisse, nur im Augenblick falle ihm das Wort oder die Regel nicht ein. Fehler wurden als Versprecher ausgegeben. Auch die schon erwähnten Albereien und die Situationskomik zielten darauf, sich durch das Lachen der anderen wieder positive Aufmerksamkeit zu sichern.

Diese verschiedenartigen Bemühungen, die eigene Stellung unter den anderen gegen Unfreundlichkeiten zu behaupten und angesichts der gegenwärtigen Abhängigkeit wieder zu stärken, wurden in gleichem Maße bei lern- und schulbezogenen Hilfen wie bei Hilfen in der Kinderwelt eingesetzt. Dies spricht dafür, daß es sich um Reaktionen handelt, die - wie die problematischen Strategien auf der Geberseite - auf die asymmetrische Interaktionskonstellation zwischen Helfer und Hilfsbedürftigem antworten.

Welche der sich anbietenden Strategien vom Hilfeempfänger ausgewählt wurde, schien von der Ausgangslage in der Hilfesituation abzuhängen. Unter den Reaktionen auf erbetene, umstandslos gewährte Hilfen gab es die Tendenz, entweder präventiv oder durch nachträgliche übertriebene Dankbarkeit den Helfer in seinen Dominanzbestrebungen einzugrenzen. Auch wurde in diesen Fällen auf vielerlei Weise versucht, das Gesicht zu wahren. Direkte Angriffe auf den Helfer gab es nur sehr selten. Auch bei unerbetenen Hilfen, die freundlich angeboten wurden, wurde der Helfer kaum direkt attackiert. Seine Hilfe wurde als ziemlich unwichtig erklärt oder sogar ignoriert. Auch in diesen Fällen wurde des öfteren versucht, ein positives Bild von sich selbst aufrechtzuerhalten. Bei Hilfen, die mit Mäkelei und Herabsetzung verbunden waren, wurde dagegen oft der Helfer attackiert. Dominanzbestrebungen wurden durch Protest und Beschimpfung zu durchkreuzen versucht. Vor allem bei verweigerten Hilfen wurde insistiert und manchmal das Benötigte auch gegen Widerspruch einfach genommen und so die Asymmetrie umgekehrt. Bei den unerbetenen, herabsetzend angebotenen Hilfen wurde die Hilfe häufig als unnötig erklärt, sogar die tatsächliche Notlage versteckt. Strategien, die sich auf den Hilfesuchenden selbst richteten wie Versuche, das Gesicht zu wahren oder mit einem Scherz die Situation zu überspielen, kamen in diesen Fällen nur selten vor.

Die Strategien der Kinder, Abhängigkeit und Herabsetzung zu entkommen oder umzukehren, waren nicht nur von der situativen Ausgangslage, sondern auch von der sozialen Beziehung zum Helfer beeinflußt. Falls Kinder sich als Freunde wenigstens aus der Sicht eines Partners bezeichneten, waren derartige Verhaltensweisen seltener als unter Kindern, zwischen denen keine Freundschaft feststellbar war ($p < .05$). Andererseits sind Strategien gegen implizite und explizite Folgen der Hilfsbedürftigkeit auch unter guten und besten Freunden beobachtbar und scheinen uns wiederum zu belegen, daß die unproblematische Hilfeleistung und ihre Annahme generell voraussetzt, eine

Bedrohung der Partner durch ein asymmetrisches Verhältnis von Helfer und Hilfeempfänger überwinden zu können.

9.5 Diskussion

Unsere Analyse von Hilfen in der Interaktion unter gleichaltrigen Kindern soll nicht den Eindruck einer bösen Kinderwelt erwecken. Zu viele Szenen schöner Hilfsbereitschaft, einfühlsamen Tröstens und geteilter Schwierigkeiten finden sich in unseren Protokollen. Fast drei Fünftel aller von uns beobachteten Hilfesituationen wurden von beiden Seiten durchaus unproblematisch bewältigt. Und neben den Hilfen im engeren Sinne gibt es im hier nicht ausgebreiteten Material noch zahlreiche andere lustige, freundliche und einträchtige Szenen. Unsere Interpretationen der Hilfsszenen, die unter natürlichen Bedingungen abliefen, haben uns jedoch darauf gestoßen, daß es auch im Bereich der Interaktionen, die üblicherweise dem prosozialen Verhalten zugerechnet werden, eine unerwartet große Zone von Konflikten gibt (s. auch *Engler & Braun*, 1988). Die Vermutung, daß die Probleme des Helfens vor allem durch schulische Diszplin- und Leistungsforderungen entstehen, wird durch die vorgelegte Analyse nicht bestätigt, denn auch die Hilfen in der Kinderwelt offenbaren denselben Problemgehalt. Es scheint sich daher zu lohnen, diese Problemzone auszuleuchten, weil dies nicht nur das Verständnis des Helfens vertiefen kann, sondern einen genaueren Einblick in die Struktur der sozialen Anforderungen gibt, in der die Fähigkeit zum Helfen entsteht.

Das Schwergewicht unserer Analyse lag zum einen auf den vielfältigen Strategien des Helfers, beim Gewähren oder Verweigern der Hilfe Einfluß auf den Hilfsbedürftigen auszuüben, und zum anderen auf den verschiedenartigen Bemühungen des Hilfesuchenden und Empfängers, in der Hilfesituation nicht als unterlegen zu erscheinen und Beeinträchtigungen seines Ansehens und seiner Stellung zu vermeiden. Neben der Tatsache, daß über drei Viertel der Mädchen und Jungen aus drei Klassen in allen Bereichen des Helfens solche Strategien immer wieder anwenden, spricht vor allem die Beobachtung, daß viele Hilfeempfänger „grundlos" den Helfer attackieren oder ihre eigene Stellung aufzubessern versuchen, für eine strukturelle Problematik im Helfen, die sich auf die Interaktion von Helfenden und Empfangenden auswirkt: Unabhängig von der Ausgangslage und vom Bereich, in dem Hilfe geleistet wird, besteht eine Asymmetrie zwischen Helfer und Hilfsbedürftigem, die dem Helfer besondere Einflußchancen einräumt und dem Hilfeempfänger nahelegt, Vorkehrungen zu treffen, die Abhängigkeit zu mildern, auszugleichen oder gar umzukehren und negative Folgen für Ansehen und Stellung zu vermeiden. Damit problemlose Hilfen zustande kommen, müssen daher offenbar nicht nur - wie in der Literatur nachgewiesen - Notlagen unverzerrt wahrgenommen werden. Es muß darüber hinaus gelingen, diese strukturelle Asymmetrie zu bewältigen.

Die analysierten Szenen vermitteln den Eindruck, daß dies aus verschiedenen Gründen schwierig ist. Der Helfer sieht sich in der Lage, endlich einmal den Mühen des Aushandelns von Interaktionen zu entkommen und seine Vorstellung durchzusetzen. Das Recht dazu scheint ihm zuzustehen, denn er hat im Gegensatz zum Hilfesuchenden seine Sachen in Ordnung gehalten, hat aufgepaßt oder rechtzeitig Vorsorge getroffen. Der Hilfesuchende dagegen verletzt Normen und Erwartungen. Zwar gibt es eine Verpflichtung zur Hilfeleistung, besonders stark unter Freunden,[7] aber zugleich auch die gemeinsame Unterwerfung unter die in diesem Alter besonders betonte Regel, daß jeder dasselbe zu leisten habe, keiner den anderen ausnützen soll und alle gleich zu behandeln seien.

Die Szenen bieten manchen Hinweis darauf, daß Hilfen eher und angemessener gegeben wurden, wenn der Helfer die Hilfsbedürftigkeit richtig erkannt hat. Daher besteht kein Anlaß zu leugnen, daß das Helfen von soziokognitiven Fortschritten der Kinder profitiert. Auch die seit längerem diskutierten Wirkungen anderer situativer Einflußfaktoren sollen nicht bestritten werden. Aber es scheint noch etwas weiteres hinzukommen zu müssen, damit aus dem Helfen-Können eine adäquate problemlose Hilfe wird, nämlich die Erkenntnis, daß die Gleichheitspostulate den unvermeidlichen Unzulänglichkeiten im menschlichen Handeln nicht Rechnung tragen. Die Kinder benötigen die Erfahrung, daß Interaktion befriedigend nur aufrechterhalten werden kann, wenn die Beteiligten ungleiche Fähigkeiten oder kaum vermeidbare „Interaktionspannen" (*Goffman,* 1978) wechselseitig kompensieren und sie sich nicht immer wieder vorhalten. Dort, wo klar ist, daß man längerfristig miteinander zu tun haben wird, kann die Erwartung entstehen, daß der andere mir demnächst helfen wird, wie ich ihm eben geholfen habe. Die in unseren Daten erkennbaren Zusammenhänge zwischen unproblematischer Hilfe und Freundschaft weisen darauf hin, daß Freundschaften diesen dauernden Bezugsrahmen herstellen können. Daß auch in Freundschaften gemahnt, genörgelt und das Gesicht gewahrt wird, zeigt zum einen, daß angemessenes Helfen erst zu lernen ist. Zum anderen tragen diese Verhaltensweisen auch dazu bei zu erfahren, daß die im Akt des Helfens eingeschlossene Exkulpation für die Unzulänglichkeit nicht zu großzügig ausgenutzt werden darf; denn es liegt wohl nicht im Sinne der Entwicklung, daß die Freundschaftsverpflichtung die allgemeine Regel bricht, anderen nicht zuzumuten, was man selber leisten kann. So entstehen der Unmut über unbillige Hilfeappelle und die Sorge um Positions- und Gesichtsverlust in der konfliktvollen Zone zwischen zwei Anforderungen, die nicht leicht auf einen Nenner zu bringen sind und doch beide beachtet werden sollten: zum einen die Solidarität unter Freunden und zum anderen das Selbständigkeitsgebot. Unter diesem Blickwinkel mögen die Vorwürfe und Herabsetzungen zwar immer noch unfreundliche Verhaltensweisen sein,

---

7 Gegenseitige Hilfe wird nach *Selman* (1981) auf Stufe 3 der Entwicklung des Freundschaftskonzepts Bestandteil dieses Konzepts.

sie zeigen jedoch die Arbeit an einem Problem an, dessen Bewältigung stabile, verläßliche Interaktion erst möglich macht.

Die Einsicht, daß dauerhafte Interaktion die Kompensation von Unzulänglichkeit unter Wahrung der Verpflichtung, seinen Teil beizutragen, verlangt, mag zwar im Entwicklungsgang zunächst in Freundschaften besonders gefördert werden, sollte aber über sie hinaus auf immer weitere Kreise sich anbietender Interaktionspartner Anwendung finden. Dazu führen nach *Mead* (1980, S. 296) reichhaltige Auseinandersetzungen mit verschiedenartigen anderen: „Erziehung und wechselnde Erfahrung treiben ihm (dem Kind - die Verf.) das Provinzielle aus und lassen übrig, 'was für alle Menschen und zu allen Zeiten gilt'". Einen Schritt auf diesem Wege fordern den Kindern vermutlich die Kooperationen in den Gruppierungen der Gleichaltrigen (vgl. Kapitel 3 in diesem Buch) und auch das Zusammenleben in einer Schulklasse ab, die den Kindern einen weiteren Interaktionsrahmen setzen als ihre Freundschaften.

Es ist anzunehmen, daß nicht nur soziale Erfahrung das problemlose Helfen lehrt, sondern auch, daß das Helfen Kompetenz stimuliert und soziale Beziehungskonzepte erschließt. Sich von der Bitte eines Hilfesuchenden anrühren zu lassen, verwickelt Helfer und Hilfsbedürftigen in die Mühen um angemessene Hilfe unter akzeptablen Bedingungen, und bittere Erfahrungen mit Maßregelungen und Gegenwehr lassen nach den Möglichkeiten suchen, ohne Verletzung zu geben und freundlich zu bekommen. Das läßt den Wert der längerfristigen Beziehung erkennen, in der man hoffen kann, daß sich auf Dauer Leistung und Gegenleistung ausgleichen. Nörgelei und Widerrede fördern gerade unter Kindern, die sich als Partner respektieren, die Aufmerksamkeit dafür, was wirklich das Problem des anderen ist. Auf diese Weise zehrt Hilfe nicht nur von Perspektivenwechsel und Dezentrierung, sondern stimuliert sie auch. Die häßlichen Worte und verletzenden Verhaltensweisen wären auch insofern nicht als „antisozial" zu bezeichnen. Sie sind vielmehr oft nur die Merkmale intensiver sozialer Prozesse, in denen soziokognitive und soziale Kompetenzen emergieren.

Kapitel 10

Lektionen des Lernens im Schullandheim[1]

Klassenfahrten, Aufenthalte im Schullandheim bieten eine einmalige Gelegenheit, endlich fast unbegrenzt mit anderen Kindern spielen, herumtoben, Neues entdecken, Lustiges aushecken zu können. Zu Hause kann man nur selten so lange mit seinen Freunden zusammen bleiben; meist ist die Aufsicht engmaschiger; für größere Kindergruppen fehlt oft der Platz. So jubelten die meisten Kinder in der 5. Klasse auf, in der wir seit mehr als einem Jahr den Umgang der Kinder miteinander beobachtet hatten, als der Lehrer einen vierzehntägigen gemeinsamen Aufenthalt auf einer Nordsee-Insel vorschlug. Da wir inzwischen mit zur Klasse zählten, wurden wir auch mit eingeladen. Als erwachsene Begleiter sollten wir uns an der Betreuung der Kinder beteiligen.

Im Heim wurde dann bald die andere Seite des intensiven gemeinsamen Lebens deutlich. Nicht nur mit seinen Freunden lebt man zwei Wochen viel enger zusammen, sondern auch mit den Kindern, die man im Schulalltag mit einigem Geschick meiden kann. Vielleicht hat der Lehrer einem sogar einen „Stänkerer" ins Zimmer geschickt, das man mit den Freunden allein haben wollte. Aber auch mit den Freunden ist es manchmal viel komplizierter als erwartet. Zu Hause fällt weniger auf, daß diese Freundin an den Nachmittagen, an denen man Gitarrenstunde hat, gern eine andere Klassenkameradin besucht, mit der sie sich auch gut versteht. So gibt es jetzt nicht nur die Erweiterung von Freundeskreisen, sondern nicht selten Eifersucht, Vorwürfe und Streit. Und anders als beim Krach zu Hause kann man sich nicht in das eigene Zimmer zurückziehen und den anderen ein, zwei Tage schneiden. Der Freund, über den man sich so sehr geärgert hat, sitzt nachher wieder am selben Tisch, schläft im Bett über dem eigenen. Weniger leicht als zu Hause kann man sich seine eigene Geschichte vom Konflikt machen, die Recht und Unrecht auf die Beteiligten zu eigenen Gunsten verteilt. Die anderen im Zimmer haben den

---

1 Dieser Aufsatz erschien zuerst unter der Autorenschaft von *L. Krappmann* und *H. Oswald* in: Neue Sammlung, 25. Jg., 1985, S. 83-95.

Streit miterlebt, formulieren ihre Meinung dazu, und vor ihrem Urteil muß man bestehen können.

Das „soziale Lernen" und die oft als Ziel von Klassenfahrten beschworene Integration von Kindern in die „Klassengemeinschaft" erweisen sich bei näherem Zusehen als schwierige, spannungsreiche Prozesse. Werden diese Ziele jemals erreicht? *Gudjons* beschreibt „Klassengemeinschaft" als

„Qualität einer Gruppe..., auch mit Interessengegensätzen und Beziehungskonflikten umzugehen, Kommunikation und Zusammenarbeit zu pflegen, Außenseiter zu integrieren, eigenes und fremdes Verhalten sensibel wahrzunehmen und zu verändern, aber auch Situationen und Konstellationen im Geflecht sozialer Beziehungen kritisch zu beurteilen" (1979, S. 324).

Auch einzelne kritische Stimmen (z.B. *Wenzel,* 1970, *Baier & Johannsen,* 1980) sowie beklemmend negative Erfahrungen (*Homfeldt,* 1980) halten nicht davon ab, Klassenfahrten als „Wege zu einer pädagogischen Schule" zu bezeichnen (so der Untertitel eines Buches von *Homfeldt/Kühn* 1981). Es verwundert somit nicht, daß durch kultusministeriellen Beschluß als Tatsache und Wirklichkeit festgestellt werden konnte:

„Das ganztägige Zusammensein von Lehrern und Schülern...

• verlangt und fördert gegenseitiges Verstehen und Rücksichtnahme bei unterschiedlichen Interessen,
• ermöglicht, innerhalb der Gruppe soziale Erfahrungen zu sammeln,
• bietet Gelegenheit, in der Gruppe auftretende Konflikte bewältigen zu lernen,
• ermöglicht dem Lehrer besondere Zuwendung gegenüber einzelnen Schülern..." (*KMK-Beschluß* vom 30.9. 1983)

Wir wollen nicht bezweifeln, daß Landheimaufenthalte tatsächlich zu alldem Gelegenheit bieten und zudem für viele Schüler lustvolle und freudige Tage bedeuten. Doch es gibt auch belastende Erfahrungen, und für einige Kinder hat die Klassenfahrt überwiegend negative Folgen, und zwar, wie wir meinen, unabhängig von der guten Vorbereitung, der Aufmerksamkeit und vom pädagogischen Geschick der Lehrer.[2] Wir werden daraus nicht die Folgerung ableiten, Klassenreisen solle man unterlassen. Vielmehr möchten wir sie aus unserer Sicht notwendiger Lernvorgänge unter Kindern zusätzlich begründen.

---

2 Da unser Forschungsziel die Beobachtung der Interaktionen zwischen Kindern erforderte, machten wir uns über die Lehrer-Schüler-Interaktionen keine Notizen. Wir konnten aber beobachten, daß der Lehrer sich 15 und mehr Stunden am Tag die größte Mühe gab und das Mögliche tat, um einer schweren erzieherischen Aufgabe gerecht zu werden. Auch er mußte allerdings, wie jeder Erzieher, die Grenzen erkennen, die die vitale Dynamik einer großen Kindergruppe dem pädagogischen Bemühen setzt. Wir sind dem Lehrer für manchen wertvollen Rat und viele nützliche Informationen dankbar.

10.1 Soziales Lernen im Alltag des Schullandheims

Zwei Wochen im Schullandheim sind so etwas wie ein Intensivkurs für Interaktionsstrategien, ein großartiges, aber auch gefährliches Experimentierfeld für soziales Verhalten. Einerseits geht es immer wieder um Regel, Gleichheit, Gerechtigkeit, Zuverlässigkeit: Reihum holt einer das Brot zum Tisch; jeder muß gleichen Platz für seine Sachen im Schrank bekommen; die begehrten Wurstscheiben müssen gerecht verteilt werden; wer versprochen hat mitzuspielen, muß es einhalten, auch wenn ihm dann die Mannschaftseinteilung nicht gefällt. Aber andererseits gibt es auch ständig Versuche, eine Regel nachträglich wieder umzustoßen, sich durch schnelleres Zupacken oder gar Mogelei einen Vorteil zu sichern und mehr der Lust als der verabredeten Pflicht zu folgen. Das sorgt zwar für laute Empörung, gegenseitige Anklagen, kämpferischen Streit und geplatzte Spiele. Für die Kinder scheint jedoch keineswegs klar zu sein, daß nur regelkonforme, gerechte Lösungen auf Dauer friedliches und vergnügliches Miteinander sichern. Sie experimentieren mit den verschiedensten Wegen des Sich-Durchsetzens und des Sich-Einigens.

In diesen sozialen Prozessen unter den Gleichaltrigen kann man zwei Tendenzen, Handlungen zu koordinieren, erkennen, die sich auszuschließen scheinen. Einerseits orientieren sich die Kinder an einem Egalitätsprinzip, nach dem alle Gleichaltrigen gleich sind und nach dem niemand über den anderen zu bestimmen hat. *Piaget* (1986) und in seiner Nachfolge andere wie etwa *Youniss* (1980) sehen in dieser Gleichheit die Voraussetzung dafür, daß sich eine autonome Moral ausbildet. Nur unter Gleichrangigen kann man lernen, Regeln auszuhandeln, nur unter Gleichen lernt man, Regeln aus Einsicht und gegenseitiger Verpflichtung statt aus Gehorsam zu befolgen.

Andererseits gibt es faktische Ungleichheit und Dominanzverhalten, das zu verfestigten Hierarchien in Gruppen und Schulklassen führt. Kinder unterscheiden sich nach Klugheit, Schönheit, Stärke, Geld und anderen Eigenschaften und Dingen, die zur Errichtung von Über- und Unterordnung taugen. Die in der einen oder anderen Hinsicht Bevorzugten setzen diese Mittel ein, um Status und damit Einfluß zu gewinnen. Und ganz deutlich gibt es Kinder, die größeres Ansehen und eine größere Chance als andere haben, sich mit ihren Vorschlägen durchzusetzen.

Die erste Tendenz führt immer wieder dazu, die Statushohen am Ausüben von Herrschaft zu hindern und sie auf ein gemeinsames Niveau herunterzuziehen. Die zweite Tendenz führt zur Entstehung von Strukturen der Ungleichheit, deren relative Dauerhaftigkeit deshalb verwundert, weil diese Strukturen ja nicht als herrschaftssichernde Rollensysteme institutionalisiert werden, sondern täglich in Interaktionen durchgesetzt werden müssen.

Der gemeinsame Aufenthalt im Landschulheim schafft besonders viele Situationen, in denen gestritten und verabredet, die gemeinsame Unterwerfung unter eine Regel ausprobiert und Rivalitäten um Status und Einfluß ausgetragen werden können.

Es gibt Klagen, daß Kinder im Schullandheim lieber in kleinen Gruppen in ihren Zimmern herumsitzen, faulenzen und „gammeln", anstatt miteinander und voneinander zu lernen (z. B. *Kühn,* 1980). Das genauere Hinsehen zeigt, daß oft äußerlich unproduktiv aussehende Vorkommnisse sehr dramatische Ereignisse sein können, in denen Kindern Lernchancen geboten werden, die ihnen ein Erwachsener nicht so attraktiv bieten könnte. Im folgenden Beispiel wird diese Chance „verspielt":

Jens und Lutz schienen - von ferne betrachtet - sinnlos über den Strand zu toben. Bei genauerem Zusehen war zu erkennen, daß sie ein herrliches Spiel erfunden hatten. Einer warf einen Papierfetzen auf den Sand, der vom böigen Wind über den Strand gejagt wurde. Der andere mußte ihn wieder einfangen. Das war gar nicht so einfach, weil der Wind unstet blies. Der Fänger stürzte sich auf den liegengebliebenen Fetzen, aber unerwartet flattert er ihm in der letzten Sekunde doch noch davon. Zunächst hielten sich die beiden daran, daß der andere erst nachgekommen sein mußte, bevor der ehemalige Fänger wirft und nun der andere den Schnipsel jagt. Aber immer eher warf derjenige, der endlich das Papier in der Hand hatte. „Noch nicht! Noch nicht!" rief derjenige, der nun nachjagen mußte, denn immer schwieriger wurde es für ihn, den Fetzen überhaupt noch zu erspurten. Was zunächst ein vergnügliches, lustiges Spiel war, entartete zu einer Hetzjagd, die jeder dem anderen immer schikanöser machte, bis schließlich Lutz den Papierfetzen noch einmal mühsam erjagte und sofort wieder in den Wind warf. Jens gab auf, und Lutz wandte sich ab.[3]

Der Konflikt hatte sich fast unmerklich aufgebaut, so daß auch nicht klar ist, wer zuerst versucht hatte, sich einen kleinen Vorteil zu verschaffen. Dadurch wurde aus dem gemeinsamen vergnüglichen Spiel mit dem Wind ein Wettkampf, der den gemeinsamen Spaß zerstören mußte, denn wenn einer endgültig gewinnt, bedeutete dies, daß der Fetzen fort und damit der Gegenstand des Spiels verloren ist. Tatsächlich zerstörte Lutzens „Sieg" Spaß und Partnerschaft zugleich. Für beide Kinder ist dies eine typische Episode, die zeigt, warum sie sich am Rand des Sozialgeflechts der Klasse befinden. Sie sind „unsozialisiert", können ihr Selbst nicht in gemeinsamem Tun verankern, sondern meinen es gegen die anderen durchsetzen zu müssen. Sie wirken darin manchmal imponierend autark; sie riskieren etwas, verfolgen ihre Pläne mit Energie, jammern nicht nach Hilfe und tragen ihren Schmerz allein. Aber es fehlt derjenige, der sie darin anerkennt. Wie ein Symbol ihres Lebensweges sah aus, wie sie nach dem Spielabbruch in der Weite der Strandlandschaft

---

3   Den Kindern war unsere Beobachtungstätigkeit seit langem vertraut, sie wußten um unser Ziel und glaubten uns, daß wir nicht petzten. Insofern ließen sie sich von uns kaum stören, und wir konnten, wie schon im Klassenzimmer, Dinge beobachten, die ein Lehrer gemeinhin nicht sieht. Anders als bei unseren Beobachtungen im Klassenzimmer hatten wir allerdings auch Betreuerfunktionen und damit Verpflichtungen in bezug auf die Sicherheit der Kinder und einen pädagogisch sinnvollen Tagesablauf. Da dies auch einige disziplinarische Maßnahmen von unserer Seite erforderte, kühlte unser Verhältnis zu einigen disziplinschwierigen Jungen ab, und diese begannen, uns gegen Ende der Fahrt zu meiden. Zu den anderen Kindern blieb unser Verhältnis herzlich.

auseinanderstrebten und fern von einander und von anderen Kindergruppen hier ein Treibholz schleuderten, dort eine Sandlawine am Hang auslösten. Sie sind in Gefahr zu verpassen, was man nur mit den anderen lernen kann.

Diese Chance verliert man nicht allein durch den Bruch einer Regel. Viel entscheidender ist, wie es dann weitergeht.

Matthias spielte mit Sibylle Mühle. Immer wieder geriet er in aussichtslose Stellungen und versuchte schließlich, durch eine kleine Schummelei einen Vorteil zu ergattern. Sibylle wies auf den verschobenen Stein hin; Matthias leugnete, ließ sich aber von Sibylle überzeugen, daß der Stein dort auf keinen Fall mit rechten Dingen hingelangt sein konnte. Sie legte das ganz sachlich dar, und er wußte mit Sicherheit auch gleich nach der Entdeckung seiner Mogelei, daß er den heimlichen Zug vollständig würde zurücknehmen müssen. Er ließ sich seine Schummelei jedoch Schritt für Schritt wieder abhandeln. Er machte daraus gleichsam ein eigenes kleines Spiel, indem er sich naiv, aber verschmitzt gab und Sibylle ein Lachen abrang. Das Spiel ging dann regelkonform zu Ende. Matthias steckte die Niederlage ohne Protest oder Ausflüchte ein.

In gewisser Weise hatte Matthias das kleine Intermezzo um seine Schummelei gewonnen, denn der Spielstand wurde ohne wirklichen Gesichtsverlust wiederhergestellt. Die drückende Überlegenheit Sibylles hat ihn vielleicht danach suchen lassen, ob es nicht auch Spaß neben den Regeln geben könnte. Sibylles Bereitschaft, sich auf diese scherzhafte Verhandlung einzulassen, erleichterte Matthias, zu den unbezweifelbaren Anforderungen des Spiels zurückzukehren und Mitglied der Gemeinschaft spielender Kinder zu bleiben. Andere Kinder werden ausgeschlossen, wenn sie sich nicht an die überwiegend geteilten Erwartungen halten. Es ist jedoch gar nicht so leicht zu entwirren, welche Verhaltensweisen noch in den Bereich freundschaftlicher Korrektur, die angenommen werden kann, gehört und in welchen Fällen der Regelbrecher „fertiggemacht" und ausgestoßen wird.

Zwei Kinder, Ulrich und Dieter, fielen immer wieder wegen ihrer schlechten Manieren bei Tisch auf. Einige Male mußten sie wegen unerträglichen Verhaltens den Tisch verlassen. Ulrich zermanschte sein Essen zu einem pappigen Brei, mischte Pudding mit Tee, bekleckerte sich und die Umgebung mit Joghurt und versuchte, solche Taten den um ihn Sitzenden als Ulk anzupreisen. Einige lachten zwar, aber zeigten zugleich an, daß sie ihn für einen Deppen hielten; andere demonstrierten ihren Ekel, und manche würdigten ihn keines Blickes. Ulrich verspielte durch diesen und anderen Unfug durchaus vorhandene Gelegenheiten, festere Beziehungen zu anderen Kindern aufzubauen. Nicht einmal die deutliche Ablehnung dieser Clownereien und Regelverstöße durch ein angesehenes Mädchen der Klasse, die gern mit Ulrich tanzte und die er gern mochte, konnte sein Verhalten ändern.

Anders erging es Dieter. Auch bei ihm waren während der Mahlzeiten immer irgendwelche Albernheiten zu erwarten, aber er verdarb nicht das Essen, sondern löste Rangeleien und Kitzeleien aus, fiel vom Stuhl und beherrschte sein Mienenspiel in einer Weise, die seine Umgebung zum Lachen brachte. Etliche Kinder drängten zu seinem Tisch, weil es in Dieters Nähe immer so lustig sei. Dieter vergißt, verliert oder verlegt oft Sachen. Beim Kofferpacken behauptete er immer wieder, alles eingepackt zu haben. Ein Blick des Lehrers in den Schrank zeigte, daß dort noch manches lag. Nach der Aufforderung, nun noch einmal alles gründlich durchzusehen, und seinem erneuten „Fertig" wiederholte sich der Vorgang. Immer neue Besitztümer Dieters wurden im Bett und unterm Tisch, auf dem Schrank und hinter den Vorhängen zutage gefördert. Seine Kameraden, die schon hätten gehen können, verfolgten das Schauspiel mit viel Gelächter. Niemand jedoch verhöhnte ihn wegen seiner Schlamperei, sondern sie hielten ihn für einen Spaßvogel, den man nicht aus den Augen lassen sollte, um keinen seiner Scherze und Streiche zu verpassen.

Woran mag dieser unterschiedliche Ausgang liegen? In die Reaktionen der anderen Kinder auf einen Verstoß gegen eine Norm oder eine Verabredung könnte hineinspielen, ob die Kinder ihren regelbrechenden Altersgenossen für einen Interaktionspartner halten, mit dem man grundsätzlich irgendwelche Vorhaben aushandeln und Regeln vereinbaren kann und der Verantwortung dafür übernimmt, auch wenn es das gemeinsam Abgemachte verletzt. Ausschluß droht also nicht dem, der gegen eine Regel oder eine Vereinbarung verstößt, sondern nur dem, der sich als nicht verabredungsfähig, regelmißachtend und konsequenzblind erweist. Tatsächlich nehmen die Kinder - oft zur Verwunderung des Erwachsenen - ziemlich alles an Verhalten eines anderen hin, möglicherweise als interessanten Testfall, aus dem man mehr über diesen neu entdeckten Bereich gemeinsam getragener Vereinbarungen und Regeln erfahren kann. Zwar kritisieren, strafen oder wehren sie sich, aber sie verzeihen dem Regelbrecher auch wieder, außer sie trauen ihm grundsätzlich nicht zu, ein absprachefähiger Handlungspartner zu sein.

Die Meinung der Kinder einer Klasse darüber, mit wem man sich nicht verabreden und kooperieren kann, ist in vielen Fällen einhellig. Matthias steht überhaupt nicht im Verdacht, ein inkompetenter Altersgenosse zu sein. Er kann sich ohne Ausschlußgefahr einen Regelbruch leisten, und eher amüsiert verfolgt seine Partnerin, wie er sich wieder aus der Affäre zieht. Einen weitverbreitet schlechten Ruf haben in dieser Hinsicht Roger und vor allem Ulrich. Von Roger heißt es oft, er „raste aus". Das soll bedeuten, daß er zeitweilig nicht als verantwortungsfähiger Partner betrachtet wird. Ulrich wird nachgesagt, er „spinne". Bei Nachfragen stößt man dann auf angeblich unerklärliches Verhalten, das der Beschreibung nach nicht anders aussieht als der Quatsch, den Dieter oft treibt. Bei Dieter geht jedoch jeder davon aus, daß er eine gut geplante Show veranstaltet, die Personen und Situationen sehr wohl berücksichtigt. Ulrich dagegen bekommt oft nicht mit, wann seine Späße unerwünscht sind und wann nicht. Sein Unfug, seine Mißachtung von Norm und Ordentlichkeit, ist nicht als Spaß gemeinschaftsdienlich, sondern unkontrolliert.

10.1.2 Rivalität um Einfluß

Wir haben in Gesprächen und Interviews mit den Kindern viele Äußerungen gehört, in denen gegen Angeber und Bestimmer Stellung genommen wird. Es scheint so zu sein, als ob die Tendenz, auf Gleichheit untereinander zu achten, in der Kindergesellschaft mehr Legitimität besäße als die Tendenz zu Dominanz. Wir haben auch oft beobachtet, daß ein Kind sich gegen dominierendes Verhalten wehrt, sei es, daß es direkt dagegen angeht, sei es, daß es sich mit anderen zusammentut, um über die Dominierenden zu schimpfen und auf das Gleichheitsprinzip zu pochen. Die überlegenen Strategien der Einflußreichen lassen diese Versuche allerdings oft scheitern.

Das Schullandheim ist wegen des unausweichlich ganztägigen Zusammenseins ein Ort, an dem die Überlegenen versuchen können, die bestehende Über- und Unterordnung zu sichern, und an dem die anderen versuchen können, diese Struktur aufzubrechen und entweder durch Gleichheit zu ersetzen oder aber die Einflußreichen und Angesehenen auszuwechseln. Das im folgenden zu schildernde Geschehen läßt beide Deutungen zu.

Ein Jahr vor der Klassenreise, auf der 4. Jahrgangsstufe, waren in der Klasse zwei Mädchen tonangebend, Hanna und Sibylle, die die besten Noten hatten und unter den Mädchen die meisten Stimmen bei der Klassensprecherwahl bekamen. Sie waren zudem die dominierenden Mädchen einer Gruppe, zu der noch weitere angesehene Mädchen zählten. Daneben, oder eher darunter, gab es ein Geflecht von teilweise recht lustigen Mädchen, das keine so klare Struktur und Hierarchie hatte, die Begrenzung dieser sozialen Formation von sieben Kindern war ebenfalls deutlich. Ein Mädchen dieses Geflechts, Hella, war besonders munter und keck, und an dieses Mädchen ging in der 5. Klasse das Amt der Klassensprecherin über. Am faktischen Einfluß änderte dies allerdings nicht viel. Immer dann, wenn im Schullandheim eine Initiative für die ganze Klasse zu ergreifen war, ging diese von Hanna und Sibylle aus, sie sorgten beispielsweise dafür, daß Geld für ein Geschenk zum Geburtstag des Lehrers gesammelt wurde. Hier im Heim, deutlicher als im Klassenzimmer, wurde ihre Autorität jedoch etliche Male in Frage gestellt. Einmal ließen Mädchen um Hella mit großem Vergnügen Sibylle auf einer Wippschaukel „verhungern" und dann schmerzhaft herunterplumpsen. Sibylle wandte sich, zusammen mit Hanna, beleidigt ab, ohne für uns erkennbar um ihre Stellung zu kämpfen oder sich zu rächen.

Die größte Herausforderung entwickelte sich aber aus einem Spiel, und diesmal stellten sich Hanna und Sibylle. Es begann ganz harmlos mit einem Spiel „Mädchen befehlen Jungen".

Hella hatte die Idee bei einem Ausflug in den Dünen, sie und zwei weitere Mädchen waren die befehlenden Generale, denen eine größere Schar begeisterter Jungen in einem langandauernden, lustigen, parodistischen Kriegsspiel gehorchte.

Sibylle und zwei weitere Mädchen der führenden Gruppe spielten in der Nähe und äußerten mehrfach ihre Mißbilligung. Beim Mittagessen schimpften sie laut über die Generale und ihr blödes Spiel. Offensichtlich erkannten sie, daß der Einfluß im Spiel über die dadurch erworbene Anhängerschaft zum Einfluß in der Klasse werden kann; bislang hatten die Ranghohen der Klasse auch über Spiele, Regelauslegungen und dergleichen bestimmt. Die rebellische Hella erkannte dies genau, nannte Sibylle, eine ständige Bestimmerin in der Klasse, „neidisch" und bezeichnete nun sich und Ursula als Anführerinnen. Um weitere Anhänger zu sichern, ernannte sie noch mehr weibliche Generale und verlieh auch Jungen Amt und Würden. Um Berin entbrannte ein regelrechtes Tauziehen zwischen den um Einfluß rivalisierenden Gruppen, mit großem Geschrei wurde sie bald auf die eine, bald auf die andere Seite gezogen, vor dem Nachmittagsspaziergang neigte sie sich deutlich zur neuen Führungsgruppe.

Damit war die Gefahr gegeben, daß die inzwischen sechs Generale des Spiels eine neue Führungsgruppe in der Klasse mit Hella und Ursula an der Spitze bildeten. Hanna und Sibylle setzten daraufhin ihre Demontage der Emporkömmlinge fort, aktiv unterstützt von einer Gruppe von Jungen, die es albern fanden, sich herumkommandieren zu lassen, und noch dazu von Mädchen. Sie mobilisierten zunächst die Neutralen und brachten diese auf ihre Seite. Dann überzeugten sie einige der „gehorchenden" Jungen von der Blödheit eines Spiels mit Generalen. Bei ihnen seien dagegen alle gleich. Mit diesen und ähnlichen Argumenten zogen sie nach und nach die zuletzt ernannten Generale wieder ab, und am Ende des Tages gab es für General Hella weder Untertanen noch Mitgenerale mehr.

Die Gleichheitsidee hatte sich durchgesetzt und damit ironischerweise die alte Hierarchie.

Dieser changierende Charakter der Gleichaltrigenwelt zwischen Egalität und Dominanz charakterisiert auch das Spiel selber. Da die befehlenden Generale alle hinzukommenden Mädchen zu Generalen machten oder zu machen versprachen, wurde das Spiel zu einer Parodie auf institutionalisierte Hierarchien und damit zu einer Inszenierung des Gleichheitsprinzips. Dies bedrohte die Vorrangstellung Hannas und Sibylles in zweifacher Weise, einmal, indem das Dominanzprinzip generell in Frage gestellt wurde, zum zweiten, weil egalitäre Gruppen dazu tendieren, principes inter pares zumindest dann hervorzubringen, wenn anstehende Aufgaben es erfordern. Gestützt auf die neue, egalitäre Gruppe wären die künftigen principes der Klasse möglicherweise Hella und Ursula geworden, und dagegen kämpften Hanna und Sibylle hellsichtig an. Die Niederlage Hellas war allerdings nur eine verlorene Schlacht. Auf der 6. Jahrgangsstufe stand sie im Mittelpunkt einer besonders angesehenen Dreiergruppe, die das außerschulische Leben vieler Mädchen und Jungen beherrschte. Nun suchte Hanna hier Anschluß, während Sibylle sich zurückzog.

10.2 Kinder am Rande

Für Isolierte, Ausgestoßene oder auch nur Unbeachtete bietet eine Klassenfahrt eine gute Chance zur besseren Integration. Man kann Züge an ihnen entdecken, die in der Schule weniger sichtbar sind; die Lehrer können sie besser ins Spiel bringen; die Intensität des Zusammenseins kann zu Freundschaften führen.

Hierfür haben wir durchaus Beispiele. Monika etwa, in der 4. Klasse sehr am Rande, wird über die ganze Zeit hinweg eine Art Anführerin eines Zimmers von fünf Mädchen. Diese Gruppe ist ein wenig oppositionell, sehr lustig, und kein Mädchen dieser Gruppe hat während des Aufenthalts Kontaktprobleme. Oder Ulrich: Er findet Anschluß an eines der einflußreichen Mädchen. Oder Ilona und Sabine: Die beiden machen lange Zeit einen fast innigen Eindruck. Es kommt dann zwar doch wieder zu Verstimmungen, aber ein paar Tage machen sie die Erfahrung einer sich entwickelnden Freundschaft.

All dies ist der Situation Klassenfahrt zu danken, der grundsätzlich „offenen Gesellschaft" der Gleichaltrigen und auch dem erzieherischen Bemühen des Lehrers. Doch es muß nicht so sein. Zwei Beispiele zeigen, daß es auch anders laufen kann. Die Enge des Zusammenlebens, das ganztägige Aufeinanderangewiesensein kann auch dazu führen, daß der Außenseiterstatus erst wirklich bewußt und öffentlich sichtbar wird und daß das Außenseitertum zu tragen sehr viel schwieriger wird, weil es keinen Ausweg oder Rückzug, keine Ausrede mit häuslichen Verpflichtungen und keinen Schutz und Ausgleich bei Eltern oder Geschwistern gibt.

10.2.1 Rogers verschwundene Tasche

Eine Schiffahrt zu einer Nachbarinsel machte allen, auch Roger, großen Spaß. Doch schon bald sah Roger sich in einer folgenschweren Situation. Seine Tasche mit Badezeug und Lunchpaket war verschwunden. Er suchte erst allein, dann zusammen mit den Erwachsenen unter dem „Immer-der-Roger"-Gestöhne der Klasse. Die bald auftauchende Vermutung, er habe die Tasche im Heim vergessen, wehrte er überzeugend ab. Nach der Ankunft auf der Insel leerte sich das Schiff, es wurde noch einmal sorgfältig, aber erfolglos durchsucht.

Die Klasse mußte unterdessen am Pier warten und empfing Roger mit recht unfreundlichen Bemerkungen. Er galt ihnen als Schussel und Trottel, der mit seiner Vergeßlichkeit die ganze Klasse aufgehalten hat. Die Begleiter nahmen ihn zwischen sich und ließen etwas Abstand zur Klasse entstehen. Roger jammerte fast weinend, das sei jetzt das sechste Mal. Er meinte damit, dieser Verlust sei der sechste dieser Reise, davor waren seine Gummistiefel, seine Jacke, sogar sein Geld verschwunden. Wenn die Tasche nicht wiedergefunden würde, könne er zu Hause „was erleben". Er wirkte bedrückt und verwirrt.

Im Wellenbad lieh ihm sein Freund Sven zwar eine Ersatzbadehose, aber sein Freund Wolfgang gab ihm nicht, wie Roger es erwartete, das Handtuch, und niemand teilte mit ihm sein Lunchpaket. Das machte den Eindruck von „Du bist ja selbst schuld, jetzt mußt du sehen, wie du zurechtkommst". Die Erwachsenen mußten einspringen und fürs Abtrocknen und Essen sorgen. Der deutlich geäußerten Mißbilligung entsprach dann aber kein weiteres Plagen, auf der Rückfahrt war Roger in ein wildes Einkriegespiel eingebunden.

Das sieht eigentlich sehr zweckmäßig und sinnvoll aus. Die Gleichaltrigen sanktionieren, aber sie nehmen auch schnell wieder auf; man kann so lernen, in größeren Zusammenschlüssen Rücksicht zu nehmen. Doch die Geschichte geht weiter.

Bei der Ankunft im Heim stellte sich heraus, daß die Tasche dort war. Sie stand etwas versteckt im Aufenthaltsraum, wo sie keineswegs hingehörte. Möglicherweise hatte Roger sie selbst vor der Abreise dorthin gebracht, um sie zu schützen, um also den Zwischenfall zu vermeiden, der allerdings gerade dadurch eintrat. Die Kinder grölten, schimpften oder stöhnten, man faßte sich an den Kopf. Roger war jetzt nicht mehr nur ein Trottel, sondern der vollkommene Depp: „Typisch Roger!" Die Meinung war einhellig und öffentlich und laut, und keiner hielt zu ihm oder nahm sich auch nur zurück, auch nicht seine „Freunde" Sven und Wolfgang. Er verteidigte sich blaß, aber standhaft und energisch mit einer abstrusen Geschichte, die niemand akzeptierte. Der Gruppenverdammnis konnte er nicht entkommen.

Die Erwachsenen schickten die Kinder nach oben und versuchten, Roger zu beruhigen. Sie boten ihm als denkbare Erklärung an, daß irgend jemand die Tasche vor der Abreise versteckt hatte, um Roger einen Streich zu spielen. Er nahm dieses Angebot nicht an, sondern blieb bei seiner Version. Auch der Trost der Erwachsenen, das Wichtigste sei doch, die Tasche wieder zu haben, verfing nicht. Es war ja auch nicht mehr das Wichtigste.

Rogers weitere Reaktion war nicht vorhergesehen worden, aber sie ist naheliegend: Er ging. Beim Abendessen war er nicht da, im Haus nirgends zu finden. Abwechselnd suchten die Erwachsenen im Dorf, am Strand, am Hafen und in den Dünen. Die Sache wurde prekär, da es bereits dämmerte, es wurde erwogen, die Polizei anzurufen. Plötzlich war Roger wieder da, zur großen Erleichterung der Erwachsenen, denn es sind andere Ausgänge denkbar. Nicht so die Gleichaltrigen. Sie fielen erneut über Roger her, obgleich die Erwachsenen versuchten zu dämpfen und zu trennen. Jetzt war er nicht mehr nur der Depp, sondern der Normbrecher. Das stimmte auch, und das stellte die Erwachsenen vor ein schwieriges pädagogisches Problem, über das hier nicht gehandelt werden soll. Was immer die Erwachsenen aber taten, Rogers Problem waren die Gleichaltrigen. Von ihnen wurde er jetzt regelrecht vorgeführt, bis die Degradierungsrituale durch Machtwort beendet wurden. Niemand, auch nicht Rogers „Freund" Sven, war dazu zu bewegen, auch nur einen Schritt auf ihn zuzugehen.

Damit ist die äußere Geschichte zu Ende. Was in Roger vorging in der Nacht nach dem Ereignis, auf der Heimfahrt, zu Hause, wissen wir nicht. Wir wissen aber, daß er ein Jahr später, am Ende des 6. Schuljahres, in der Klasse eine recht schlechte Stellung hat. Die Vermutung, daß die Geschichte mit der vergessenen Tasche einer der Meilensteine auf dem Weg dorthin war, ist sicherlich nicht abwegig. Solche Geschichten leben weiter, und sie werden zum „Beweis".

Wir glauben, daß Blamagen dieser Art nicht zu verhindern sind. Mit ihren Eingriffen haben die Erwachsenen nur geschafft, bestimmte Äußerungsformen der Ablehnung durch die Klassenkameraden zu unterbinden. Da es noch eine Geschichte mit einer verlorenen Tasche gab, läßt sich demonstrieren, daß es nicht die Unaufmerksamkeit in sich ist, die zur Ablehnung führt. Wenige Tage zuvor hatte Joachim auf einem Ausflug seine Tasche irgendwo stehengelassen. Auch hier gab es Aufregung und Mühe, sogar eine Taxifahrt war nötig. Vielleicht machte der eine oder andere eine Bemerkung, aber es erfolgte keine Reaktion der Klasse. Der Unterschied lag nicht im erzieherischen Handeln, er bestand vielmehr in der Person des Schussels. Dieselbe Handlung wird anders eingeschätzt, hat andere Folgen, je nachdem, wer sie begeht. Daher ist es auch so schwierig, „Gegenbeweise" zu schaffen. Der wohlgelittene Schüler ohne auffälliges Stigma, er braucht keineswegs Star zu sein und ist es im Falle Joachims auch nicht, kann sich manches leisten, ohne daß sich die ganze Klasse gegen ihn mobilisiert oder es gar zum Ostrazismus kommt. Beim Stigmatisierten dagegen kann leicht ein Eskalationsprozeß in Gang kommen, indem auch harmlose, alltägliche Vorkommnisse immer wieder gegen ihn gewendet werden.

10.2.2 Gabrieles verpaßter Auftritt

Gabriele gehörte in der 4. Klasse zu den Mädchen, die zwar Kontakte zu anderen Mädchen hatten, aber keine andauernde, verläßliche Freundschaft. Ihre Isolation unter den Mädchen blieb verdeckt, solange sie mit anderen Mädchen, die ebenfalls wenig enge Beziehungen aufwiesen, an einem Tisch saß, wo man sich freundlich behandelte und einander half. Diese Isolation wurde zunehmend deutlicher, als die Tischnachbarinnen bei anderen Kindern Anschluß fanden und Gabriele nach mehreren Änderungen der Sitzordnung schließlich in der 6. Klasse ohne weiblichen Partner dasaß, bezeichnenderweise mit Roger neben sich, den sein in mancher Hinsicht ähnliches Schicksal dorthin verschlagen hatte. Einen wichtigen Punkt in diesem Werdegang stellte auch für Gabriele die Klassenreise dar.

Gabriele jammerte und nörgelte von Beginn an. Sie schimpfte ständig über andere Kinder, klagte über das Schullandheim, bekrittelte ihre Eltern, obwohl sie von Heimweh gequält wurde, und machte sich selbst Vorwürfe, sich alles zu verderben. Fast erstaunlich war, daß sie trotz dieser negativen Einstellung zu allen und allem von den anderen zunächst immer noch ins Gespräch oder ins Spiel einbezogen wurde. Einige Mädchen, Sabine und Ilona, mit denen sie das Zimmer im Heim teilte, waren vom Lehrer sehr gebeten worden, sich Gabrieles anzunehmen. Sabine schloß sich nach einem Krach mit Ilona für einen Tag sogar ganz eng an Gabriele an. Einige weitere Kinder bemühten sich ohne Auftrag um sie, darunter auch einige Jungen. Gabriele konnte diese Anknüpfungspunkte nicht nutzen. Ihre lethargische Art, die die Initiative stets den anderen überließ, und die negativistische, quengelnde Haltung, die sie vieles mißverstehen und auch Gutgemeintes ablehnen ließ, vertrieb alle, die sich ihr näherten. Zweifellos litt sie unter dieser Einsamkeit und trottete dann anderen Mädchen hinterher, aber mit zunehmend weniger Erfolg. Schließlich blieben ihr nur noch die Erwachsenen als Ansprechpartner, denen es ebenfalls nicht leicht fiel, mit ihren nörgelnden, pessimistischen Geschichten umzugehen.

Die zunehmende Vereinsamung entwickelte sich nicht nur still, sondern auch in dramatischer Weise. Gabriele schrieb einiges über Sabine und Ilona in ein Tagebuch. Die beiden entdeckten die Eintragung und radierten sie wütend aus. Sabine und Ilona fühlten sich in ihren Bemühungen verkannt und sahen sich endgültig in ihrem Urteil über Gabriele bestätigt; Gabriele beklagte sich ebenfalls bitter bei einem der Beobachter.

Öffentlich zur Schau gestellt wurde ihre Isolation bei einem Spiel- und Tanzabend. Gabriele hatte mit den Zimmergenossinnen Sabine und Ilona seit mehreren Tagen einen Sketch über einen komisch-traurigen Familienstreit vorbereitet. Als er vorgeführt werden sollte, hatte sie sich auf der improvisierter Bühne niedergelassen, aber blieb stumm und rührte sich nicht. Alle Bitten und Aufforderungen fruchteten nichts; das Stück mußte verschoben werden. Auch hier wußte jeder, daß dieses Verhalten „wieder einmal typisch" war. Von den beiden anderen war zu erfahren, daß Gabriele einen auf ihren alleinigen Wunsch vollzogenen Austausch der Rollen wieder rückgängig gemacht haben wollte. Gabriele selber erklärte am folgenden Tag, sie sei zu müde zum Spielen gewesen. Dann falle ihr einfach nichts ein. Ein anderes Mädchen übernahm schließlich Gabrieles Part. Sie selbst saß starr und mit leerem Blick auf einem Tisch neben der Bühne, also erhöht vor den Augen der anderen. Sie blieb den ganzen Abend fast unbewegt sitzen, ohne daß ein Kind sie ansprach. Auch Erwachsenen gelang es lange Zeit nicht, sie aus dieser selbstzerstörerischen Demonstration von Isolation und Verzweiflung herauszuholen.

Für Gabriele wäre es vielleicht besser gewesen, an der Klassenreise gar nicht teilgenommen zu haben. Die Gelegenheit, sie besser kennenzulernen, wurde ihr eher zum Verhängnis. Sie schuf „Beweise". In der wechselnden Vielfalt und häufigen Eile des Klassenlebens konnte besser verborgen bleiben, wie schwer es Gabriele fiel, mit anderen Kindern in einer Weise umzugehen, die ihr Freunde sichern konnte. Die Tischrunde der „übrig gebliebenen" Mädchen, zu der Gabriele in der 4. Klasse gehörte, bildete zudem eine gewisse Notgemeinschaft. Vor allem der Unterricht forderte ihnen einiges an gegenseitigen Hilfeleistungen ab, die sie sich auch gewährten, um die mißliche Randsituation aller nicht noch zu verschärfen (vgl. Kapitel 3 in diesem Buch).

Auch im Alltag des Klassenzimmers verhielt Gabriele sich oft seltsam. So ließ sie sich kaum jemals auf Kooperation oder Streit von gleich zu gleich ein, sondern sie versuchte, sich entweder gleichsam als ältere Schwester anderen überzuordnen oder sich im Familienspiel als zu verhätschelndes Kindchen den Anweisungen von „Vater" und „Mutter" zu unterwerfen. Immer wieder schreckte sie andere durch Gekicher und manchmal durch verletzende Bemerkungen oder unvorhersehbare Stimmungsumschwünge ab. Niemand war jedoch so auf Gabriele angewiesen, daß er das ganz ernst nehmen mußte. Gabriele wiederum wurde durch Pausenglocke und Schulschluß davor bewahrt, sich völlig in Konflikte zu verbeißen. Sie konnte sich entziehen und erholen. Das alles war im Schullandheim nicht mehr möglich. Hier gibt es Rückzug nur für kurze Zeit. Immer kann jemand ins Zimmer stürmen. Von morgens bis abends muß man die Klassenkameraden aushalten. Alle Kinder sind einander außerordentlich „exponiert". Die verbindliche Kooperation für die Vorbereitung des Sketchs hat sie schließlich völlig überfordert.

Bei Gabriele kam hinzu, daß sie von übermäßigem Heimweh geplagt wurde. Eine Möglichkeit, dafür um Verständnis zu werben, bestand für sie darin, Beweise für das schreckliche Heim zu finden: Nachts könne sie nicht schlafen, weil ihr ein Leuchtturm ins Gesicht blinke oder weil Sabine und Ilona unaufhörlich flüsterten. Briefe versetzten sie immer in starke Erregung. Sie fühlte sich verpflichtet, auch bald wieder zu schreiben. Das fiel ihr angesichts ihrer zunehmend mißlichen Lage immer schwerer. Als sie eines Abends gleichzeitig fünf Briefe von Mutter, Vater und Großmutter erhielt, verfiel sie ebenfalls in verzweifelte Starre.

Hätten die Erwachsenen mit mehr Geschicklichkeit dafür sorgen können, daß Gabriele besser integriert wird? Manchmal gelang es ein wenig, manchmal schien alles vergeblich. Doch das ist hier nicht der wichtige Punkt. Uns scheint, daß Gabriele trotz ihrer elf Jahre noch weitgehend unfähig war, das zu leisten, was Kinder voneinander verlangen: miteinander auszuhandeln, zu verabreden, vielleicht sich lange zu streiten, aber sich an das schließlich Vereinbarte zu halten. Das überstarke Heimweh, noch dazu ein Heimweh von so widersprüchlichem Charakter, deutet auf einen hochproblematischen Ablösungsprozeß vom Elternhaus hin. Die gut gemeinten Briefe der Eltern voller Aufmunterung und Trost milderten das Problem nicht, sondern hielten es virulent. So kam Gabriele nicht frei, um sich auf Spiel, Spaß und Streit unter den Gleichaltrigen einzulassen. Mehr Gleichaltrigenkontakt brachte in diesem Zustand offensichtlich keine Hilfe, sondern belastete Gabriele immer mehr, bis sie nicht aus dem Heim, aber in die Erstarrung flüchtete. Ganz deutlich ist, daß die Klassenkameradinnen Gabriele nicht mit einer vorab gefaßten Absicht ausgeschlossen haben. Sie haben Gabriele nicht ertragen, wie sie auch Roger nicht ertrugen.

Bei Kindern wie Roger und Gabriele können Lehrer versuchen, zu mildern und Eklats zu vermeiden. Aber nur schwer läßt sich die Grundeinstellung der Kinder zueinander ändern, die sich gerade in solch dramatischen Ereignissen, wie sie auf einer Klassenreise besonders leicht entstehen können, festigt. Falls sich die Ursachen für die Schwierigkeiten nicht gänzlich der Schule entziehen, ist es vermutlich aussichtsreicher, unter den besser vorhersehbaren und leichter zu planenden Bedingungen des Klassenzimmers gegen Isolationstendenzen zu wirken.

10.3 Nachgedanken

Die Klassenfahrt gibt dem Lehrer vielfältige Gelegenheit zu pädagogischer Einflußnahme. Abhängig von seinem didaktischen Geschick kann er, wie wir erlebt haben, Situationen erzeugen, Tätigkeiten arrangieren, Geschehnisse in pädagogische Gespräche und Diskussionen überführen, die die Möglichkeiten des Schulalltags weit übersteigen. Wir haben diesen Aspekt hier übergangen, um zu zeigen, wie soziales Lernen auch außerhalb des und quer zum didaktisch Geplanten geschieht.

Viele Kinder haben in ihrem Wohngebiet nicht allzuviel Gelegenheit, mit anderen Kindern zu spielen und die Lernmöglichkeiten von Gleichaltrigenbeziehungen zu nutzen. Viele Kinder haben nur Klassenkameraden als Freunde. Insofern bietet die Klassenfahrt eine besonders günstige Gelegenheit, Sozialverhalten im Umgang mit Gleichaltrigen zu üben. Dabei scheint uns evident, daß für die Kinder der Klasse, über deren Reise wir hier berichten, das gemeinsame Leben mit den anderen Kindern wichtiger war als Dünen und Wind, Ebbe und Flut, Heimatmuseum und Seemannsfriedhof. Die Absonderung von kleineren Gruppen, die langen Palaver über den Plan für den freien Nachmittag, das hartnäckige Feilschen um einen Punkt im Spiel, das alles hat insofern seinen guten Sinn, und die Klagen in der Literatur über die Lehrern übertrieben erscheinenden Wünsche nach „Freizeit" und das Sich-Zurückziehen in die Zimmer greifen zu kurz. So wichtig es ist, daß der Lehrer die Fahrt und die Tagesabläufe didaktisch sorgfältig plant und den Kindern bei Schwierigkeiten zur Seite steht, so wichtig ist es auch, daß er wegschauen und weggehen kann, um den Kindern die Gelegenheit zu geben, außerhalb seines Einflusses im Umgang untereinander zu lernen, was sie nur miteinander lernen können: Aushandeln, Argumentieren, Sich-Einigen, Sich-Verweigern.

Es ist aber auch deutlich, daß dieses gemeinsame Leben, daß das soziale Lernen unter Gleichaltrigen ein sehr viel anstrengenderer Prozeß ist, als die vorliegenden Berichte aus der Praxis vermitteln. Man muß auch mit bitteren Enttäuschungen und unbewältigten Erlebnissen rechnen, und bei manchen Kindern macht die Intensität der Erfahrung miteinander erst deutlich, woran es ihnen mangelt, ohne daß diesem Mangel schnell abgeholfen werden kann. Die erzieherischen Möglichkeiten der Lehrer sind begrenzt, denn es ist kaum möglich, das hier beschriebene Sozialleben der Kinder zu kontrollieren. Eine Intensivierung der Kontrolle würde Herabsetzungen, Ausstoßungen und andere bittere Vorkommnisse nicht verhindern können und nähme den Kindern einen Entwicklungsimpuls, den sie nötig haben: die Sozialisationswirkungen der schwierigen und nicht selten leidvollen Aushandlungsprozesse unter Gleichaltrigen.

Manche Lehrer verzichten aus Angst vor dieser wenig steuerbaren Dynamik in der Sozialwelt der Kinder auf Klassenreisen. Dem ist entgegenzuhalten, daß man den Kindern solche Erfahrungen nicht ersparen kann, wie unsere Beobachtungen in der Schule, auf den Straßen und Spielplätzen zeigen. Das Gejohle über den Regelbrecher, das Auslachen des Angebers, die Überführung des „Spinners" sind nur die eine, manchmal abstoßende Seite. Die andere besteht in Erfahrungen, wie man Zustimmung gewinnt, welche Rücksichtnahme lohnt, in welcher Weise eine Absprache verpflichtet, wie man sein Gesicht wahrt. Und kann der Lehrer auch diese Erfahrungen selbst nicht erzeugen, so kann er doch Kriterien und Argumente liefern, die in die Verarbeitung dieser nur selbst zu sammelnden Erfahrungen einfließen. Wohl kaum jemals hat ein Lehrer mehr Gelegenheit, mit seinen Schülern zu reden, zu hören und Gehör zu finden. Beides zusammen rechtfertigt den Aufenthalt im Schullandheim als pädagogisches Unternehmen: die soziale Erfahrung in der intensivierten Gleichaltrigenwelt und die soziale Erfahrung mit den begleitenden Erwachsenen.

Jungen und Mädchen

Kapitel 11

Miteinander - Gegeneinander[1]

In diesem Aufsatz möchten wir zeigen, wie Mädchen und Jungen im Alter zwischen zehn und zwölf Jahren im täglichen Leben einer Schulklasse miteinander umgehen.

11.1 Jungen und Mädchen im Klassenzimmer - ein Überblick über die vorliegenden Untersuchungen

Vergegenwärtigt man sich die harten Diskussionen, die seit Beginn des Jahrhunderts um die Einführung der Koedukation geführt wurden, so erstaunt, daß nach der flächendeckenden Einführung dieser Reform in den 60er Jahren offenbar kein Bedarf bestand zu untersuchen, wie sich das Zusammensein von Mädchen und Jungen im Klassenzimmer auf ihr Verhalten und ihre Einstellungen tatsächlich auswirkt. Welche der befürchteten Folgen wie Nivellierung geschlechtsspezifischer Qualitäten, verfrühte Erotik und sexuelle Beunruhigung oder Disziplinschwierigkeiten sind eingetreten? (*Steinhaus,* 1966, 47 ff.) Welche der gewünschten Auswirkungen wie das Erlebnis der Geschwisterschaft für Kinder ohne andersgeschlechtliche Geschwister, Vorbereitung auf spätere Zusammenarbeit der Geschlechter, besseres Lernen, gesittetere Umgangsformen und Entschärfung sexueller Spannungen wurden gefördert? (ebd., 52 ff.)

---

1 Dieser Aufsatz erschien unter der Autorenschaft von *H. Oswald, L. Krappmann,* und *M. v. Salisch* in dem Buch „Zurück zur Mädchenschule?", hrsg. von *G. Pfister,* Centaurus-Verlagsgesellschaft Pfaffenweiler 1988, S. 173-192. Es handelt sich um eine teils erweiterte, teils gekürzte Fassung eines Aufsatzes unter der Autorenschaft von *H. Oswald, L. Krappmann, I. Chowdhuri* und *M. v. Salisch* mit dem Titel „Grenzen und Brücken - Interaktionen zwischen Mädchen und Jungen im Grundschulalter". Kölner Zeitschrift für Soziologie und Sozialpsychologie 38 (1986), S. 560-580.

Einige wenige ältere Untersuchungen schienen darauf hinzudeuten, daß sich Koedukation für Mädchen eher positiv, für Jungen eher negativ auswirkte (*Bittmann*, 1966), aber nach der Einführung der Reform wurde diese Vermutung nicht evaluiert, und es fehlen in der sozial- und erziehungswissenschaftlichen Literatur empirisch begründete Antworten auf derartige Fragen. Das letzte uns bekannte Buch zur Koedukation (*Hurrelmann* u.a., 1986) enthält zur Frage, wie Jungen und Mädchen miteinander umgehen, nur den in seinen Generalisierungen fragwürdigen Erfahrungsbericht zweier Lehrerinnen; das Literaturverzeichnis weist nur eine empirische Untersuchung auf, in der Schulklassen mit und ohne Koedukation verglichen werden (*Hepting*, 1978).[2]

Solche vergleichende Untersuchungen gibt es allerdings von ausländischen Schulsystemen. Wenn man die Bewertung der Koedukation durch die Schüler heranzieht, gehen die Ergebnisse alle in dieselbe Richtung. So finden Schüler aus Frankreich, besonders die Mädchen, Koedukation nach ihrer Einführung besser als die eingeschlechtlichen Schulen (*Bastin*, 1966). Eine kanadische Studie zeigte, daß bei Koedukation sozial-emotionale Bedürfnisse der Schüler besser befriedigt werden (*Schneider & Coutts*, 1982). In einer australischen Schule sind zumindest Jungen mit Koedukation zufriedener (*Feather*, 1974). Nach einigen englischen Studien beurteilen studierende Frauen und Männer im nachhinein koedukative Schulen besser als geschlechtshomogene (*Dale*, 1966, 1968, 1969; *Dale & Miller*, 1972; *Campbell*, 1969). Im Hinblick auf das soziale Verhalten insbesondere der Jungen ergab eine amerikanische Studie, daß es in koedukativen Klassen besser sei (*Jones & Thompson*, 1981), wohingegen in einer neuseeländischen Studie die Meinung vertreten wird, Koedukation sei schädlich für die soziale Anpassung (*Jones & Shallcrass*, 1972). Die eher positiven Urteile von Schülern und Schülerinnen über Koedukation und die spärlichen und uneinheitlichen Befunde über Unterschiede im Verhalten an koedukativen Schulen, verglichen mit reinen Mädchen- und Jungenschulen, lassen nach Studien Ausschau halten, die die Beziehungen und den Umgang von Mädchen und Jungen genauer untersuchen, auch wenn darin die Frage der Koedukation nicht erörtert wird. Soziometrische Untersuchungen aus unterschiedlichen Ländern haben ergeben, daß Kinder im Grundschulalter fast ausschließlich geschlechtshomogene Beziehungen und Gruppen bilden (zusammenfassend *Hallinan*, 1981; *Maccoby*, 1985). An dieser Tatsache, daß Mädchen vor allem mit Mädchen und Jungen vor allem mit Jungen befreundet sind, hat auch die Koedukation nichts geändert. Bedeutet dies aber auch, daß Mädchen und Jungen nichts miteinander zu tun haben? Es gibt einige wenige Untersuchungen aus den USA, die ähnlich wie unsere Untersuchung zeigen,

---

2 In dieser Studie werden private konfessionelle Mädchengymnasien mit staatlichen koedukativen Gymnasien verglichen, die Ergebnisse sind insofern nicht ohne weiteres verallgemeinerbar. Immerhin gibt es folgende Hinweise: Die Mädchen an koedukativen Schulen fühlen sich in der Schule wohler, kritisieren aber mehr Einzelheiten des Schulklimas als die Schülerinnen an reinen Mädchenschulen. Im Verhältnis zu Jungen gibt es keine Unterschiede, das Verhältnis zu anderen Mädchen scheint unter der Bedingung der Koedukation eher besser zu sein.

daß die Trennung der Geschlechter auf der Ebene der Interaktion für die alltägliche Kooperation nicht gegeben ist.

Nach *Finnan* (1982) spielen Jungen mehr und andere Verfolgungsspiele als Mädchen. Die Autorin beobachtete aber auch gegenseitige Jagden von Mädchen- und Jungengruppen, die den Mädchen Gelegenheit böten, unordentlicher und wilder zu spielen als für sie üblich und dadurch aus traditionellen Geschlechtsfestlegungen auszubrechen. Finnan interpretiert diese Spiele als Anzeichen für gesellschaftliche Veränderungen.

Schofield (1981) findet wie andere eine klare Trennung der Freundschaften nach Geschlecht. Selbst die sexuelle Sozialisation geschehe in gleichgeschlechtlichen Gruppen. Für die Kinder scheine kein Widerspruch zwischen der Einsicht zu bestehen, daß man mit dem anderen Geschlecht jetzt nicht befreundet sein könne, und der Gewißheit oder gar dem Wunsch, daß man später Liebesbeziehungen haben werde. Das starke Interesse aneinander äußere sich aber bereits in ritualisierten Formen der Interaktion über die Geschlechtsgrenze hinweg, die die Autorin als rudimentäre Formen des Umwerbens (courtship) interpretiert. Da Jungen beim Überqueren der Geschlechtsgrenze stärkerer Kritik ausgesetzt seien als Mädchen, versteckten sie die ersten Annäherungen unter Ärgern, Stören und Herumstoßen, bei dem zärtliches Berühren und Wehetun oft kaum zu unterscheiden seien. Weil diese Bemühungen um größere Nähe in Gefahr ständen, zurückgewiesen zu werden, liege nahe, sich immer wieder in die Gruppe des eigenen Geschlechts zurückzuziehen, die größere Sicherheit verspräche.

Thorne (1985) kritisiert an den vorliegenden Untersuchungen, daß die Grenze zwischen den Geschlechtern übertrieben werde. Das in dieser Forschung bevorzugte Modell der „zwei getrennten Welten" verhindere einen zutreffenden Eindruck von Differenzen und Überschneidungen im Verhalten von Jungen und Mädchen. Die Autorin bezeichnet jene Interaktionen über die Geschlechtsgrenze hinweg als „borderwork", die dazu dienen, sowohl Verbindungen herzustellen, als auch die Eigenart des eigenen Geschlechts zu bestätigen. Neben den auch von ihr beobachteten Verfolgungsjagden zählt sie hierzu „Invasionen", mit denen meist Jungen in Territorien und Spiele der Mädchen einbrächen, sowie Schmährituale (rituals of pollution), in denen Mädchen als dreckig und stinkend beschimpft würden. Die Mädchen wehrten sich, häufig durch Petzen. Nur versteckt entfalte sich eine freundlichere heterosexuell motivierte Aufmerksamkeit für Kinder des anderen Geschlechts. Ab der 4. Klasse könne es statusfördernd sein, „mit jemanden zu gehen". Ein unverkrampfter Umgang von Mädchen und Jungen werde in der Schule durch spannende Kooperationsaufgaben gefördert, finde aber häufiger außerhalb der Schulöffentlichkeit statt. Thorne schließt, daß auch die Interaktionen zwischen den Geschlechtern einen Kontext für Lernen und Erfahrung bilden.

Thorne und *Luria* (1986) zeigen, daß in der Zeit vor der Pubertät sexuelles Wissen und sexuelle Einstellungen vor allem in gleichgeschlechtlichen Gruppen gelernt werden. Sie zeigen aber auch, daß Interaktionen über die Geschlechtsgrenze hinweg häufig erotisch und sexuell getönt sind. Jagdspiele zwischen Gruppen von Mädchen und Jungen oder auch zwischen einzelnen Mädchen und Jungen gäben Gelegenheiten zu Berührungen. Andererseits werde in Ritualen, in denen etwa Mädchen drohten, Jungen zu küssen oder Jungen sich gegen unterstellte Verunreinigungen durch Mädchen wehrten, die Geschlechtsgrenze betont.

Unsere Untersuchung knüpft an diese Ergebnisse an. Auf der Grundlage von Interaktionsbeobachtungen analysieren wir den Umgang von Mädchen und Jungen in den Verhaltensbereichen Hilfe, Quatschmachen, Ärgern und Zurechtweisen sowie die dabei vorkommenden Körperberührungen. Wir werden die Art dieser Interaktion beschreiben, auf die unterschiedliche Beteiligung von Mädchen und Jungen hinweisen und auf Veränderungen mit dem Alter aufmerksam machen. Da wir nur Daten über Interaktionen von Mädchen und Jungen mit zehn und zwölf Jahren auswerten können, schildern wir nur einen Ausschnitt aus der Gesamtentwicklung. Vor allem die zwiespältigen Aspekte in der Entwicklung des Umgangs von Jungen und Mädchen erfordern die Aufmerksamkeit von Lehrern und Lehrerinnen.

11.2 Methode

Obgleich wir in Übereinstimmung mit den oben zitierten Untersuchungen in den Interviews feststellten, daß sowohl in der vierten als auch in der sechsten Klasse nur gleichgeschlechtliche Gruppen und fast nur Freundschaften unter Kindern des gleichen Geschlechts bestanden, enthält unser Material beider Jahrgangsstufen über 400 Interaktionssequenzen, an denen sich Mädchen und Jungen der Klasse weit über 800 mal beteiligt haben. Aus der vollständigen Kartei dieser Interaktionen wurden Unterkarteien mit sämtlichen Interaktionen erstellt, in denen es um Hilfe, Quatschmachen, Ärgern, Zurechtweisen und körperliche Berührung ging. Interaktionssequenzen konnten in mehrere Unterkarteien aufgenommen werden, wenn sie von mehreren dieser Themen bestimmt waren.

11.3 Hilfe und Kooperation

Das Bedürfnis nach Hilfe und Kooperation entsteht sowohl durch Anforderungen, die Schule und Unterricht stellen, als auch in schwierigen Situationen der Kinderwelt. Jemand mußte mit in das Buch der Nachbarin schauen; ein anderer benötigte Unterstützung gegen die Vorwürfe eines Klassenkameraden; ein verklemmter Reißverschluß ist nicht allein zu reparieren. Bei einer detaillierteren Analyse von Hilfen unter Kindern haben wir festgestellt, daß Hilfersuchen und Hilfsangebote sowie Situationen von Zusammenarbeit Risiken schaffen, die nicht leicht zu bewältigen sind. Es entsteht nämlich ein ungleiches Verhältnis zwischen dem Hilfsbedürftigen und derjenigen Person, die helfen könnte. Immer wieder haben wir beobachtet, daß Helfer/innen ihre augenblickliche Überlegenheit ausnutzen, um Hilfesuchende zu mahnen, zu demütigen und bloßzustellen. Die Hilfesuchenden versuchen, sich dagegen zu wehren, und schmälern die Hilfe oder machen die Helfer/innen sogar nachträglich lächerlich, und dies sowohl bei schulausgelösten als auch bei kinderweltorientierten Hilfen und Kooperationen (vgl. Kapitel 9 in diesem Buch). Daher überlegen sich Kinder sehr wohl, an wen sie sich mit der Bitte um eine Hilfe wenden, und erwarten, daß vor allem Freunde und Freundinnen problemlos helfen, obwohl nach unseren Beobachtungen auch dies keineswegs sicher ist. Wenden sich Jungen auch an Mädchen und Mädchen auch an Jungen, wenn sie Hilfe brauchen oder Zusammenarbeit suchen?

Unter den Interaktionen zwischen zehnjährigen Mädchen und Jungen waren Hilfen und sachbezogene Zusammenarbeit relativ selten, unter den Zwölfjährigen füllten sie dagegen mehr als ein Viertel der Interaktionen über die Geschlechtsgrenze hinweg. Es fällt auf, daß unter den zehnjährigen Mädchen und Jungen nur vier Jungen, zumeist als Bittende, etwa 80 Prozent der Beteiligungen an Hilfen und Kooperationen mit Mädchen auf sich vereinigten. Unter den Mädchen verteilte sich das Helfen, das sich an Jungen richtete, stärker. Hier bestritten die vier am meisten einbezogenen Mädchen nur die Hälfte der Beteiligungen. Die ungleiche Beteiligung an Interaktionen dieser Art blieb unter den Zwölfjährigen ähnlich kraß erhalten. Auch auf dieser Altersstufe waren nunmehr drei Jungen für über 80 Prozent der Hilfen und Kooperationen verantwortlich. Unter den Mädchen verteilte sich die Beteiligung nach wie vor stärker, obgleich auch hier eine gewisse Konzentration auf diejenigen Mädchen zu beobachten war, die überhaupt häufiger mit Jungen interagierten.

Die spärlichen Hilfen zwischen den zehnjährigen Jungen und Mädchen liefen auch noch oft problematisch ab. Nur in einem guten Drittel dieser Hilfs- und Kooperationssituationen kam eine Hilfe oder Zusammenarbeit ohne Mißklänge zustande. Oft wurde barsch geantwortet, genörgelt oder Überlegenheit zur Schau gestellt. Deutlich anders verliefen diese Interaktionen zwei Jahre später. Unter den zwölfjährigen Mädchen und Jungen nahm der Anteil der freundlich gewährten Hilfen sehr zu. Nur noch selten wurden Hilfen häßlich verweigert oder mit Zurechtweisungen verbunden. Insgesamt dokumentierten die Hilfen und Kooperationen einen verbindlicheren Umgang miteinander. Dies wird daraus ersichtlich, daß die Kinder, die Hilfe empfingen, sich des öfteren um baldigen Ausgleich durch eine Gegenleistung bemühten. Spontane Hilfen waren durchweg und auch unter Mädchen und Jungen besser auf die tatsächlichen Bedürfnisse der anderen abgestimmt.

Unter den Zehnjährigen waren noch die Mädchen überwiegend die Helferinnen, denn über die Geschlechtsgrenze hinweg baten häufiger Jungen um Hilfe (vgl. ausführlicher Kapitel 9.3 in diesem Buch). Von den „ordentlichen" Mädchen erhielten sie, was ihnen fehlte, allerdings oft mit Maßregelungen. Diese Rollenverteilung könnte zur Entstehung des Bildes vom „netten", aber etwas pingeligen Mädchen beitragen, das Jungen zwar hilft, aber dabei nörgelt und daher durch liebe Gesten wieder versöhnt werden muß. Vor allem im

Bereich neben dem Unterricht versuchten einige Jungen gelegentlich Mädchen ungebeten etwas Freundliches zu tun. Einige dieser Angebote wurden abgewiesen, andere akzeptiert.

Obwohl unter den Zwölfjährigen Jungen und Mädchen in annähernd gleichem Ausmaß Hilfen gaben und erhielten, bleiben von diesem Bild einige Züge erhalten. Es ist in den ungebetenen Hilfen zu erkennen, die etwas häufiger von Jungen als von Mädchen ausgingen. Jungen nutzten das spontane Helfen als Mittel, um Beziehungen anzuknüpfen. In dieser Art zu helfen deuteten sich zuvorkommend-ritterliche und tändelnd-neckende Verhaltensweisen an, die zum Umwerben gehören. Die angesprochenen Mädchen gingen zumeist darauf ein, vielleicht weil der Kern der Interaktion sachlich und somit unverdächtig war. Allerdings wird unter der Thematik des Helfens die Annäherung in einem der Tendenz nach asymmetrischen Beziehungsmuster verwirklicht, das durch das Spiel um Geben und Nehmen sogar besonders betont wird. Vielleicht trägt die Rollenverteilung in diesen harmlos und freundlich anmutenden Hilfen, die doch über den momentanen Anlaß hinauszielen, zur Etablierung von Ungleichheiten von Mann und Frau bei.

11.4 Quatsch, Spiel und Necken

Die meisten Erwachsenen erinnern sich daran, wieviel Spaß es machte, mit den Klassenkameraden und -kameradinnen herumzutollen, auf Filzstiften zu pfeifen, sich mit dem Tafelschwamm zu bewerfen und vieles mehr. Diese lustvollen Kontakte der Kinder untereinander haben wir in Anlehnung an ihre Sprache „Quatsch" genannt. Fast alle Kinder nehmen an derlei lustigem Unfug teil, und auch Jungen und Mädchen könnten Spaß und Spiel die Möglichkeit bieten, Eigenarten der andersgeschlechtlichen Mitspieler kennenzulernen und sie im Spiel zu überwinden. Quatschmachen könnte vergnügliche Gemeinsamkeiten zwischen Jungen und Mädchen stiften, die im geschlechtsgetrennten Klassenverband nur schwerlich herzustellen wären.

Doch ist auch das gemeinsame Quatschmachen nicht eitel Freude. Unter den Zehnjährigen haben wir häufig Verhaltensweisen beobachtet, die in anderem Zusammenhang von den Beteiligten als Ärgern oder Störung betrachtet worden wären. Wenn allen Beteiligten klar ist, daß ein Knuff als Spaß gemeint ist, tut er nicht so weh, selbst wenn er ziemlich hart war. Hier die Grenze zu ziehen, ist nicht immer einfach, zumal sie sich im Laufe einer längeren Alberei verschieben kann. Plötzlich schmerzt dann ein Schlag, oder es wird unklar, ob eine Geste vielleicht nicht doch herabsetzend gemeint sein könnte. Dann kann die Situation umschlagen und in Beschimpfungen oder einer handgreiflichen Auseinandersetzung enden. Kindern mit einigem Geschick im Umgang mit anderen gelingt es mitunter, die Eskalation aufzuhalten und wieder deutlich werden zu lassen, daß alles nur ein Spaß ist. Dieses Spiel auf der Grenze zwischen Spaß und Ernst, zwischen Quatsch und Ärgern ist nach unseren Beobachtungen eine besondere Herausforderung für die Kinder, denn sie lernen, ihr

Verhalten gegenseitig auszureizen. Gibt es derartige herausfordernde, reizvolle und riskante Spiele auf der Grenze auch zwischen Mädchen und Jungen?

Unter den Zehnjährigen enthielten etwa ein Fünftel aller Interaktionen über die Geschlechtsgrenze hinweg Quatsch, Spiel oder Neckereien, unter den Zwölfjährigen prägten diese Themen über die Hälfte der Jungen-Mädchen-Interaktionen. Der Anteil derartiger Interaktionen zwischen Jungen und Mädchen nahm mit dem Alter zu, konzentrierte sich in beiden Altersstufen aber auf nur etwa ein Drittel der Mädchen und Jungen.

Unter den Zehnjährigen ging das Spiel auf der Grenze zwischen Quatsch und Ernst meist von den Jungen aus. Während unter den Jungen Angesprochene das Spielangebot meist annahmen, verhielten sich die zehnjährigen Mädchen reservierter und reagierten abweisend. Sie empfanden das als Quatsch gemeinte Angebot als ärgerlich oder störend, oder sie taten zumindest so. In anderen Fällen, in denen sich die Mädchen zunächst auf die Alberei einließen, wiesen sie die Jungen nach einer Weile doch zurück, wenn diese eine bestimmte Grenze überschritten. *Thorne* und *Luria* (1986) vermuten, daß Jungen Zusammenhalt untereinander vor allem dadurch schaffen, daß sie - mitunter scherzhaft, mitunter absichtlich - Regeln übertreten. Von dieser Warte aus gesehen wäre das Spiel auf der Grenze eine Art „Austesten", welche Regelüberschreitungen der andere nicht zuläßt. Die von uns beobachteten zehnjährigen Mädchen schienen zu derartigen „Tests" von seiten der Jungen nicht bereit zu sein.

Wesentlich eindeutiger lustvoll sind die von Kindern dieses Alters oft erwähnten Verfolgungsjagden zwischen Jungen und Mädchen. Mitmachen konnte jeder, und die Zugehörigkeit zur einen oder anderen Mannschaft ergab sich aus dem Geschlecht. Verfolgungsjagden dieser Art, die auch aus den USA berichtet werden (*Finnan,* 1982, *Thorne,* 1986), markieren die Grenze zwischen den Geschlechtern mit aller Deutlichkeit. Für die Kinder sind sie sehr spannend und werden mit Eifer und viel Geschrei gespielt. Unter den Zehnjährigen beherrschten sie für mehrere Monate das Pausenleben.

Unter den Zwölfjährigen kamen diese Verfolgungsjagden auch noch vor, doch mit deutlicheren sexuellen Untertönen: die Verfolgten waren zwar überwiegend Mädchen, manchmal jedoch auch Jungen. Insgesamt wandelte sich der Charakter der Spielereien und des vergnüglichen Unfugs mit Mädchen- und Jungenbeteiligung. Während es unter den Zehnjährigen noch sehr um den gemeinsamen „Quatsch" ging, wurde unter den Zwölfjährigen deutlicher, daß Spiele dieser Art ihren Lustgehalt dadurch gewannen, daß Partner und Partnerinnen dem anderen Geschlecht angehörten. Sie wurden zu „Neckereien". Es sei nochmals betont, daß sich nur ein Teil der Zwölfjährigen an diesen Unternehmungen beteiligte und offen mit dem anderen Geschlecht zu flirten begann. Die Mehrzahl der Mädchen und Jungen wollte mit derlei Annäherung an das andere Geschlecht ausdrücklich nichts zu tun haben.

11.5 Ärgern und Zurechtweisen

Trotz der vielen kooperativen, spaßigen oder flirtenden Begegnungen zwischen Jungen und Mädchen ist ihr Verhältnis in diesen Altersgruppen auch von Ärgern und Zurechtweisen, von Stänkern und Beschimpfungen und von Verletzung und Streit geprägt. Kinder ziehen einander am Anorak, verhöhnen und verspotten sich, nehmen anderen Sachen weg oder fangen Balgereien an. Wir nennen diese Vorkommnisse Ärgereien, um zum Ausdruck zu bringen, daß es eigentlich nicht um Eigentumsverletzungen oder körperliche Verletzungen geht, sondern daß der oder die andere Person herausgefordert werden soll. Einige Jungen, die auch untereinander immer wieder verglichen, wer stärker oder unerschrockener ist, stellten auch oft Mädchen vor Situationen, sich behaupten zu müssen. Wenn Mädchen dann Tränen kamen, sahen sie sich bestätigt, daß „die Weiber Heulsusen" sind. Auf diese Weise werden die Kinder oft auf drastische und manchmal auf subtile Weise mit den Ansprüchen des anderen Geschlechts konfrontiert; sie müssen lernen, ungerechtfertigte Machtansprüche zurückzuweisen und sich im Klassenverband nicht unterkriegen zu lassen.

Auch nach unseren Beobachtungen waren die Jungen die aktiveren, wenn es ums Ärgern sowohl untereinander als auch von Mädchen ging.[3] Aber eindeutig ärgerten auch Mädchen. Während unter den Zehnjährigen Ärgereien noch weit mehr als die Hälfte der zwischengeschlechtlichen Interaktionen bestimmten, war es unter den Zwölfjährigen kaum noch ein Fünftel. Einzelne Kinder waren in ganz unterschiedlichem Ausmaß an den Ärgereien des anderen Geschlechts beteiligt. Unter den beobachteten Zehnjährigen ging die Mehrzahl der Störungen von vier Jungen der Klasse aus, die von Berliner Kindern „Stänkerer" genannt werden. Diese Jungen hatten keine stabilen Beziehungen unter den Gleichaltrigen und wurden von den meisten Kindern abgelehnt. Mit ihren Ärgereien suchten sie zum einen wohl Aufmerksamkeit zu erregen und „Erfolge" zu demonstrieren. Zum anderen schienen sie auch einfach Langeweile überwinden zu wollen. Es handelte sich um die Jungen, die relativ früh ein Interesse am anderen Geschlecht zeigten, daher hin und wieder auch in sehr freundlichem Umgang mit einem Mädchen zu beobachten waren und untereinander mit „Eroberungen" oder zotigen Geschichten angaben.

Wenn die Geärgerten Mädchen waren, gingen sie unterschiedlich mit den Störungen um: einige rissen sich von ihren Angreifern los, schrien den Störenfried an oder versuchten, durch Übersehen den Eingriff ungeschehen zu machen. Manchem Mädchen gelang es, das von Jungen entwendete Eigentum wortlos wiederzubekommen, indem es entschlossen auf den Stänkerer zuging. Andere mußten böse werden. Gelegentlich nahmen diese Ärgereien überhand oder wurden für das „Opfer" so lästig oder demütigend, daß das Mädchen

---

3   Dies entspricht anderen Untersuchungen, z.B. zusammenfassend: *Degenhardt,*
    1979, *Maccoby & Jacklin,* 1980.

weinte und der Lehrer einschritt. Wenn die Jungen eine Grenze übertraten, die bestimmt nicht niedrig angesetzt war, wehrten sich die Mädchen manchmal auch durch Petzen. Insgesamt gelang es den Mädchen einigermaßen, die Ärgereien von Jungen in Grenzen zu halten. Am schwersten hatten es die Mädchen, die am Rand der sozialen Beziehungsgeflechte in der eigenen Geschlechtsgruppe standen.

Auch die Mädchen setzten Jungen zu, zwar nicht unbedingt durch Tritte und Schläge, wohl aber durch Herabsetzungen und Demütigungen, die am Ende kaum weniger verletzend waren. Nur ein Teil der Ärgereien von seiten der Mädchen war eine verständliche Form direkter Gegenwehr. Ein anderer Teil diente der vorbeugenden Abgrenzung von unerwünschten Jungen und demonstrierte Ablehnung. Eine große Zahl weiterer Zurechtweisungen wurde weder durch eine Attacke noch durch einen zugefügten persönlichen Schaden ausgelöst. Indem sie auf die Einhaltung von Regeln pochten, Leistungen kritisierten und Verhalten tadelten, machten sich Mädchen zum verlängerten Arm des Lehrers und der Schulautorität. Vor allem eine Gruppe von leistungsstarken Mädchen tat sich durch Zurechtweisungen hervor.

Unter den Zwölfjährigen war das „Mädchenärgern" weitgehend zurückgegangen, ebenso die Zurechtweisungen von Jungen durch Mädchen. Wenn es noch herabsetzende Äußerungen gab, waren sie eher verletzender, weil sie genauer auf die empfindlichen Stellen des Jungen abzielten. „Zielscheibe" solcher Bemerkungen waren nach unseren Beobachtungen nicht nur Jungen, die abgelehnt wurden, sondern auch solche, mit denen Mädchen sich zu anderen Zeiten auf die oben erwähnten Neckereien einließen. Diese Tatsache weist daraufhin, daß die Zurechtweisungen nicht nur dazu dienen, Regeln aufrechtzuerhalten, sondern auch eingesetzt werden, um Nähe und Distanz zwischen Mädchen und Jungen zu regulieren.

Verletzende Normbrüche und Zurechtweisungen traten auch im Rahmen von Aushandlungsprozessen unter den Kindern dieser Klasse auf. Eine detaillierte Analyse dieser Auseinandersetzungen unter den Kindern auf beiden Jahrgangsstufen bestätigte die eben nachgezeichnete Entwicklung (vgl. Kapitel 5 und 6 in diesem Buch). Aushandlungsprozesse begannen des öfteren mit einem Normbruch und dies besonders häufig zwischen aushandelnden Jungen und Mädchen, und zwar in annähernd der Hälfte der Fälle. Wieder gingen diese ärgerlichen, beeinträchtigenden Normbrüche fast ausschließlich von seiten der Jungen aus. Diese Jungen haben ihr Vorgehen wohl oft als Angebot zum Quatschmachen verstanden, wurden aber von den Mädchen als Normbrecher behandelt. Auch diese Normbrüche gingen wieder ganz überwiegend zu Lasten der vier „Stänkerer". Wenn man diese Kinder nicht mitrechnet, erwies sich der Anteil an Aushandlungen, die mit einem Normbruch begannen, als gering. Ein anderes Bild ergab sich in Hinblick auf physische und psychische Verletzungen, die Aushandlungen begleiteten. Hiervon waren Jungen und Mädchen fast gleich häufig betroffen. Dies zeigt zum einen noch einmal, daß Mädchen dieser Klasse sich gegen Normbrüche wehren konnten und für ebenfalls schmerzhaften Ausgleich sorgten. Es liegt aber auch an den Demütigungen, die sie Jungen zufügten, ohne zuvor provoziert worden zu sein. Mit dem Alter nehmen sowohl Normbrüche als auch Demütigungen ab. Der Höhepunkt scheint etwa in der vierten Klasse erreicht zu sein. Wir erinnern aber daran, daß auch in der vierten Klasse die Mehrzahl der Jungen den Mädchen gegenüber keine Normen brechen und daß viele Mädchen nie Anlaß haben, sich zu wehren.

11.6 Körperliche Berührungen

Obwohl Kinder des beobachteten Alters sich nicht mehr einfach von beliebigen anderen anfassen lassen, übertrifft das Ausmaß, mit dem Kinder von zehn, zwölf Jahren einander umarmen, sich aneinanderlehnen, Arm und Bein eines anderen packen und wegschieben, noch weit das Verhalten unter Erwachsenen. Dies gilt nicht nur unter Mädchen, sondern mit einigen Einschränkungen auch unter Jungen. Die Frage stellt sich, welche Lernmöglichkeiten der körperliche Kontakt Mädchen und Jungen bietet.

Zum einen könnten Kinder lernen, Sensibilität für zärtliche Berührungen zu entwickeln. Dazu können körperliche Berührungen sicherlich noch mehr beitragen als gemeinsamer Quatsch und Neckereien. Zum anderen könnte anhand der raueren Form des Körperkontaktes erfahren werden, wie man sich gegen unerwünschte Berührungen verwahrt oder es gar nicht erst dazu kommen läßt. Da der Körper und seine Grenzen durch frühe Erfahrungen emotional sehr stark besetzt sind (vgl. *Montagu,* 1974), können schon geringfügige körperliche Berührungen „unter die Haut gehen" und in ihrer Häufigkeit und Regelmäßigkeit das Erleben der eigenen Männlichkeit und Weiblichkeit und damit auch das Verhältnis der Geschlechter zueinander prägen.

Mit Blick auf das gesamte Material ist festzustellen, daß mehr als die Hälfte der Kinder weder als Zehnjährige noch als Zwölfjährige nennenswerten körperlichen Kontakt mit Kindern des anderen Geschlechts hatte. Bei einigen wenigen Kindern ging er zurück, weil sie weniger in körperliche Ärgereien verwickelt waren. Etwa ein Drittel der Kinder nahm über die zwei Jahre hinweg mehr körperliche Berührungen auf. Dieser Befund kann als Zunahme des körperlichen Interesses am anderen Geschlecht bereits in den Jahren vor dem Eintritt der Pubertät gedeutet werden.

Die unter den zehnjährigen Kindern beobachteten Körperkontakte waren überwiegend ambivalenter Natur: eindeutig positive Berührungen zwischen Jungen und Mädchen fanden wir nur in einem Fall, und zwar bei einem „Liebespaar" auf einer Klassenreise, das händchenhaltend den Strand entlangbummelte. Während die zärtlichen Kontakte zwischen Jungen und Mädchen fast tabuisiert erscheinen, kamen körperlich ausgetragene Auseinandersetzungen vereinzelt noch bis zum Alter von 12 Jahren vor. Zwar ließen sich die Jungen gegenüber den Mädchen weniger zu Schlägen und Tritten verleiten als gegenüber anderen Jungen, doch wurden manchmal auch Mädchen geschlagen und diese schlugen in einigen Fällen zurück. Am Zustandekommen des körperlichen Kontaktes waren meist beide Geschlechter beteiligt, und Jungen und Mädchen berührten sich wechselseitig. In den wenigen Fällen jedoch, in denen der körperliche Angriff ohne vorherigen „Streit" erfolgte, ging die Attacke immer vom Jungen aus.

Die Qualität der Berührungen ändert sich nach unseren Beobachtungen zwischen zehn und zwölf Jahren. Während bei den Zehnjährigen noch viele Berührungen im Rahmen körperlicher Auseinandersetzungen stattfanden, waren sie unter den Zwölfjährigen vor allem in die oben erwähnten Neckereien eingebettet. Körperliche Berührungen wie Verwuscheln der Haare oder spielerische Verfolgungsjagden ziehen ihren besonderen Reiz aus dem anderen Geschlecht der Partner/innen: sie sind auf der einen Seite eindeutige Annäherungsversuche, andererseits aber verdeckt genug, um sich, wenn nötig, sofort als „Ärgern" umdeuten zu lassen. Die zwölfjährigen Kinder waren sich der doppelten Natur der Berührungen sehr bewußt. Dies wird besonders deutlich, wenn die Berührte den (Körper-)Kontakt ablehnte, wie ein Mädchen, das sich die Berührung eines ihr unsympathischen Jungen vom Arm abwischte. Körperkontakt wird hier als Verunreinigung empfunden, die symbolisch weggebürstet werden muß.

Mögliche sexuelle Interpretationen des Körperkontaktes sind den Zwölfjährigen durchaus geläufig. Zufällige Berührungen zwischen Mädchen und Jungen und erst recht längere Kontakte bei Raufereien und Auseinandersetzungen wurden von den Umstehenden öfter anzüglich kommentiert. Diese bildeten eine Öffentlichkeit und setzten in unserem Falle ziemlich rigide Regeln über den körperlichen Umgang der Geschlechter.

Für explorative Übertretungen dieser Grenze waren wiederum zunächst einige Jungen verantwortlich, aber auch Mädchen spielten ihren Part dabei. Einige von ihnen verhielten sich durchaus nicht immer so passiv, wie unser Geschlechtsstereotyp es haben will; auch sie zettelten hin und wieder eine Verfolgungsjagd an oder trugen dazu bei, daß eine Balgerei mit einem Jungen lange fortgesetzt wurde.

Manchmal verlief das Zusammenspiel der Geschlechter sehr freundlich und lustig, in anderen Fällen wurde eine Berührung, die als Quatsch gemeint war, als Übergriff interpretiert. Besonders ein Junge verletzte die körperliche Integrität von Mädchen immer wieder, indem er sie ohne erkennbaren Grund schlug. Einige Mädchen konnten sich gegen diese Attacken kaum zur Wehr setzen, und selbst eines der einflußreichsten Mädchen der Klasse, das dieser Junge sehr gern mochte, sah sich vor die schwere Aufgabe gestellt, nicht nur ihre eigene körperliche Integrität zu schützen, sondern um der zeitweilig freundschaftlichen Beziehung willen die Angriffe dieses Jungen „erzieherisch" zu parieren. Wer sonst, wenn nicht dieses Mädchen, mit dem der unbeherrschte Junge gern befreundet gewesen wäre, könnte diesen Jungen wohl wirksam dazu bewegen, bei seinen Berührungen vorsichtiger zu sein? Doch wer möchte es dem Mädchen zumuten, eine solche Aufgabe zu übernehmen? Die Chance, im Laufe dieser Jahre durch den Umgang mit Kindern des anderen Geschlechts zu lernen, sich wirksam gegen Übergriffe abzugrenzen und

Möglichkeiten zu körperlicher Nähe zu bieten, birgt auch die Gefahren der Überforderung in sich.

11.7 Grundmuster im Umgang von Mädchen und Jungen

Ganz offensichtlich hat der koedukative Unterricht im Grundschulalter die Trennung von sozialen Mädchen- und Jungenwelten nicht aufgehoben. Das zeigt sich schon darin, daß Mädchen sich gewöhnlich neben Mädchen und Jungen neben Jungen setzen, falls Lehrer nicht andere Sitzordnungen vorschreiben. Auch sind engere Freundschaften zwischen Mädchen und Jungen eine Seltenheit. Unsere Beobachtungen und Befragungen bestätigen diesen verbreiteten Eindruck, lassen aber erkennen, daß es dennoch eine große Zahl an Interaktionen zwischen Mädchen und Jungen in diesem Alter gibt.

Im Altersvergleich der Kinder von zehn und von zwölf Jahren zeichnen sich einige Tendenzen ab, die teils in eine egalitäre Richtung weisen, teils aber auch Probleme aufwerfen. Die Drangsaliereereien einiger Jungen gegen einige Mädchen in der Altersgruppe der Zehnjährigen unterblieben zunehmend, und zwar nicht nur aufgrund erwachsener Intervention, sondern auch, weil die Mädchen sich auf ihre Stärke besannen. Außerhalb unserer Beobachtungen gab es unter den Zehnjährigen eine von einem populären Mädchen nach einer Anpflaumerei organisierte „Schlacht" der Mehrzahl der Mädchen (und einiger Jungen) gegen diesen Belästiger und ihn unterstützende „Stänkerer", die die Mädchen für sich entschieden. Die zwölfjährigen Mädchen wußten ganz überwiegend Grenzen zu ziehen und zu verteidigen und erwiesen sich in Auseinandersetzungen keineswegs als unterlegen.

Eine Wendung zur Egalität zeigt auch der Bereich des Helfens und der Kooperation. Die einseitigen Situationen unter den Zehnjährigen, in denen „ordentliche" Mädchen die Versäumnisse leichtsinniger Jungen unter Ermahnungen ausglichen, verschwanden. Zwölfjährige Mädchen und Jungen halfen einander in gleichem Ausmaß. Aus dem Rückgang von Nörgelei und Zurechtweisung ist zu erschließen, daß Jungen und Mädchen gelernt haben, sich als gegenseitig auf die Hilfe anderer angewiesen zu verstehen.

In den unerbetenen Hilfen von seiten der Jungen deutet sich jedoch eine andere fragwürdigere Tendenz an. Jungen verhielten sich zunehmend „nett" und suchten auf diesem traditionellen Weg Kontakt zu den Mädchen. Fördert dies die Vorstellung, Mädchen und Frauen könnten sich nicht selber helfen? Die meisten zwölfjährigen Mädchen hätten ein derartiges Selbstbild sicherlich nicht akzeptiert. Auch die Neckereien unter den Zwölfjährigen waren weithin auf ein übliches Muster hin angelegt. Jungen übernahmen häufiger den aktiven Part, und Mädchen verteidigten sich in spielerischer Weise. Das setzte voraus, daß Jungen im Vergnügen am lustigen Unfug nicht entgleisten. Das haben ihnen die Mädchen durch entsprechende Gegenreaktionen, wenn Jungen zu weit gingen, klargemacht.

Jedoch brachte das einerseits abwehrende, andererseits anstachelnde Verhalten Mädchen des öfteren in sehr verschiedenartig ausdeutbare Situationen, die sie nach unseren Beobachtungen meist dadurch gut bewältigten, daß sie sich in den schützenden Kreis ihrer Geschlechtsgenossinnen zurückzogen. Der einzige wirklich häßliche Übergriff eines Jungen gegen ein Mädchen, der sich bei einer zunächst spaßig gemeinten Kitzelei unter den Zehnjährigen ereignete, betraf ein hübsches, angehimmeltes Mädchen ohne feste Freundinnen, so daß in diesem Fall nicht sofort die Solidargemeinschaft der Mädchen den Regelbrecher strafte, sondern erst später die Mutter und die Lehrerin die Grenzen wieder einschärfen mußten. Unter den Zwölfjährigen beteiligten sich nur solche Mädchen an diesen riskanteren Explorationen an den Grenzen von Mädchen- und Jungenwelten, die sich dieses Schutzes sicher waren. Auf dieser Basis ergriffen sie auch selbst hin und wieder die Initiative und „machten Jungen an".

Mädchen und Jungen fügen sich jedoch nicht in gleicher Weise in dieses Bild der zwischengeschlechtlichen Interaktionen ein. Es gab Mädchen und Jungen, die so gut wie nie Kontakte mit Kindern des anderen Geschlechts hatten, andere, die nur dann sachlich und freundlich reagierten, wenn sie ausdrücklich angesprochen wurden, wieder andere, die fast ausschließlich damit beschäftigt waren, Beziehungen über die Geschlechtsgrenze hinweg anzuknüpfen. Im Hinblick auf diese verschiedenartige Beteiligung an den Interaktionen zwischen Mädchen und Jungen lassen sich nach unseren Daten sechs Typen unterscheiden:

Typ I umfaßt die „Abstinenten", die so gut wie nie mit Kindern des anderen Geschlechts interagierten. Ihr Anteil stieg noch bis zum Alter von zwölf und betrug auf dieser Altersstufe etwa die Hälfte der Jungen und Mädchen.

Den *Typ II* bilden „Gute Partner/innen", die sich durch sachlichen Umgang zwischen Jungen und Mädchen ohne Ärgerei und Flirt auszeichneten. Die Zahlentendenz war mit dem Alter abnehmend, und nur einige wenige der Zwölfjährigen waren noch hier zuzuordnen.

Typ III „Piesacker" besteht aus den Jungen, die Mädchen störten und ärgerten. Es handelte sich um einige Jungen unter den Zehnjährigen. Zwei Jahre später waren sie nur schwer von den „Neckern" zu unterscheiden.

Zum *Typ IV* „Geärgerte" gehören die Mädchen, die nur negative Erfahrungen mit Jungen machten. Auch unter den Zehnjährigen betraf dies nur wenige Mädchen; unter den Zwölfjährigen war dieser Typ nicht mehr zu finden.

Typ V „Kämpferinnen" setzt sich aus Mädchen zusammen, die wenig an Hilfen oder Spiel mit Jungen beteiligt waren, aber dennoch viel Kontakt hatten, weil sie Ärgereien unterbanden und Jungen generell in ihre Schranken wiesen, manchmal auch mit Hieben. Auch dieser Typ trat fast ausschließlich unter den Zehnjährigen auf.

Typ VI „Necker/innen" besteht aus Mädchen und Jungen, bei denen ein auf die Geschlechtszugehörigkeit zielender Umgang mit Kindern des anderen Geschlechts vorherrschte. Ein ums andere Mal erweckte ihr Verhalten den Eindruck, daß es ihnen nicht so sehr um die Sache ging als vielmehr um die

Beziehung über die Geschlechtsgrenze hinweg. Von zehn bis zwölf nahm die Tendenz unter Jungen und Mädchen deutlich zu, mit Kindern des anderen Geschlechts in dieser Mischung von hilfreichem Entgegenkommen, scherzhaftem Engagement und neckischer Tändelei umzugehen.

Während unter den Zehnjährigen noch Ärgereien, ihre Abwehr und Zurechtweisungen das Bild des Umgangs von Jungen und Mädchen bestimmten, obwohl auch in dieser Altersgruppe nur Minderheiten sich so verhielten, waren es unter den Zwölfjährigen die Jungen und Mädchen des Typs „Nekker/innen", die das Bild prägten, obgleich auch in dieser Altersgruppe nur ein Teil der Jungen und Mädchen diese Neckereien intensiv betrieben. Aber sie bildeten die auffällige Gruppe in der Klasse. Es ist zu vermuten, daß diese Spiele einiger Jungen und einiger Mädchen um Nähe und Distanz, um Dominanz und Nachgeben auch die anderen Kinder der Klasse nicht unbeeinflußt ließen. Es spricht manches dafür, daß auch diese Kinder sich durchaus für Kinder des anderen Geschlechts interessierten. Sie schauten den Vorgängen zu, grenzten sich hin und wieder deutlich ab, lachten auch manchmal mit und äußerten sich ab und an sehr abwertend. Gewiß trägt das von ihnen Beobachtete dazu bei, daß sie sich ihre eigenen Vorstellungen über das Verhältnis der Geschlechter bilden. Möglicherweise verhalten sie sich deswegen zum Teil so strikt abstinent, weil sie nicht in Umgangsweisen hineingezogen werden wollen, in denen es so wenig um sachbestimmte Kooperation geht, sondern um Mädchen als Repräsentanten des weiblichen und um Jungen als Repräsentanten des männlichen Geschlechts. Auch im Verständnis der Beobachter handelt es sich jedenfalls eher um Karikaturen von Flirterei als um Vorstufen liebevoller Beziehungen.

Wegen des Endes der Grundschulzeit (in Berlin nach der 6. Klasse) konnten wir die soziale Entwicklung der Kinder nicht länger verfolgen. Zweifellos ist die Ausbildung von Mustern des Umgangs von Jungen und Mädchen in dieser Altersstufe noch nicht abgeschlossen. Die Mehrzahl der bislang „abstinenten" Mädchen und Jungen werden sich bald ebenfalls um engere Beziehungen zu Mitgliedern des anderen Geschlechts bemühen, und es wäre wichtig zu untersuchen, ob sie in derselben Weise beginnen, wie die oben beschriebenen „Frühstarter". Aber auch die fragwürdigen Flirtereien und Neckereien mancher Zwölfjähriger müssen nicht Bestand haben, obwohl man sie in manchem Büro, bei mancher Party und in manchem Kneipengeplauder unter Erwachsenen nicht viel anders wiederzuentdecken meint.

Von seiten der zwölfjährigen Mädchen außerhalb des Flirtzirkels mehr als von seiten der bislang noch unbeteiligten Jungen sahen wir Bemühungen, wenn überhaupt, dann auf eine sachorientierte Weise mit Kindern des anderen Geschlechts interagieren zu wollen. Da die koedukative Schule die gemeinsame Auseinandersetzung mit Aufgaben fördern könnte, hätte sie gerade in diesem Bereich gute Möglichkeiten, ein kooperatives Verhältnis der Geschlechter zu unterstützen.

Kapitel 12

Sozialisation der Geschlechtsrolle in gleichgeschlechtlichen Kindergruppen oder in gemischtgeschlechtlicher Interaktion?[1]

12.1 Fragestellung

Interviews, soziometrische Tests und Beobachtungen haben immer wieder ergeben, daß Jungen und Mädchen in der mittleren Kindheit stabile soziale Beziehungen und Gruppen nur mit Mitgliedern des eigenen Geschlechts bilden (*Davies*, 1982; *Fine*, 1979; *Hallinan*, 1981; *Meyenn*, 1980; vgl. auch Kapitel 3 und 4 in diesem Buch). Da die gleichgeschlechtlichen Freundschaften und die Mitglieder der gleichgeschlechtlichen Gruppen den Kindern so wichtig sind, wird angenommen, daß sie die entscheidenden Erfahrungen bieten, die das Sozialverhalten fördern. Also scheint plausibel, daß auch das Verhalten, das der eigenen Geschlechtsgruppe entspricht, vor allem durch die Gleichaltrigen des eigenen Geschlechts beeinflußt wird. Kinder würden Vorstellungen, Verhaltensmuster und Maßstäbe, die Männern und Frauen zugeschrieben werden, in der Familie und in anderen sozialen Zusammenhängen erwerben; für Jungen böten dann die männlichen Altersgenossen, für die Mädchen die weiblichen den Bezugsrahmen, der diese Vorstellungen, Verhaltensmuster und Maßstäbe mit Sinn erfüllt und bestätigt. Viele Untersuchungen haben diese Sicht der Auswirkung gleichgeschlechtlicher Kinder gleichen Alters auf das sich ausbildende männer- und frauentypische Verhalten unterstützt (*Eder & Hallinan*, 1978; *Maccoby*, 1985; *Thorne & Luria*, 1986).

Diese Annahme eines dominanten Einflusses der gleichgeschlechtlichen und gleichalten Kinder auf die Geschlechtssozialisation scheint nur im Hinblick auf Verhaltensbereiche akzeptabel, in denen es nicht um Verhalten über die Geschlechtsgrenze hinweg geht. Innerhalb der gleichgeschlechtlichen

---

1 Ursprünglich vorgetragen unter der Autorenschaft von *L. Krappmann, H. Oswald* und *R. Klaus* mit dem Titel "Gender socialization in same-sex groups or in cross-sex interactions? Evidence from an analysis of videotaped interactions between girls and boys in natural settings" bei der 9. Konferenz der International Society for the Study of Behavioural Development, Tokio, Japan, Juli 1987.

Gruppen der Jungen und Mädchen entstehen typische Kommunikationsstile oder Weisen der Aggressionskontrolle. Ob aber übliche „männliche" und „weibliche" Verhaltensweisen sich gänzlich ohne den Vergleich mit Verhalten entwickeln kann, das dem anderen Geschlecht als typisch nachgesagt wird, sollte doch ernsthaft geprüft werden. Es ist kaum vorstellbar, daß Strategien, die Männer und Frauen in Interaktionen mit Mitgliedern des anderen Geschlechts anwenden und die sie auch benutzen, um ihre kontrastierende Geschlechtsidentität zu entwerfen und darzustellen, ohne reale Erfahrungen mit den Mitgliedern des anderen Geschlechts entstehen.

Daher haben in jüngerer Zeit einige Studien Umfang und Qualität der Interaktionen von Mädchen und Jungen in der mittleren Kindheit und Präadoleszenz über die Geschlechtsgrenze hinweg erforscht. Sie beschreiben gegenseitige Jagdspiele von Mädchen und Jungen (*Finnan*, 1982), rudimentäre Bemühungen des Umwerbens, die mit Grobheiten einhergehen oder als Ärgern verkleidet werden (*Schofield*, 1981) und „Arbeit an der Grenze", durch die Geschlechtsgrenzen verdeutlicht, aber auch überschritten werden (*Thorne*, 1985). Unsere eigenen Beobachtungen der Interaktionen unter zehn- bis zwölfjährigen Kindern zeigen die bekannte Geschlechtstrennung in den Beziehungen und Gruppen der Kinder, lassen aber auch den großen Anteil an Interaktionen erkennen, der über die Geschlechtsgrenze hinweg stattfindet (vgl. Kapitel 11 in diesem Buch).

Die berichteten Befunde der Studien über Jungen-Mädchen-Interaktionen legen die Hypothese nahe, daß die Geschlechtssozialisation in der mittleren Kindheit tatsächlich nicht nur in den gleichgeschlechtlichen Gruppen gefördert wird, sondern auch in der direkten Interaktion zwischen Jungen und Mädchen. In unserer vorangegangenen Analyse fanden sich auch Hinweise, daß die Auswirkungen der gleichgeschlechtlichen Beziehungen auf die Geschlechtssozialisation und die Sozialisationseffekte der gemischtgeschlechtlichen Interaktion nicht unabhängig voneinander sind. Aus diesem Grunde stellen wir hier zusätzliche Analysen der Interaktionen von Jungen und Mädchen über die Geschlechtsgrenze hinweg vor, die die wechselseitigen Zusammenhänge von Beziehungen innerhalb der eigenen Geschlechtsgruppe und der gemischtgeschlechtlichen Interaktion zum Gegenstand haben.

12.2 Vorgehensweise

Die für diese Untersuchung benutzten Daten stammen ebenfalls aus der qualitativen Kinderstudie, die ausführlich im Kapitel 2 beschrieben wurde. Diese Darstellung stützt sich auf Videoaufnahmen, die nach Abschluß der teilnehmenden Beobachtungsphase in einer sechsten Klasse (B6) durchgeführt wurden, die von 20 Mädchen und 11 Jungen besucht wurde (Durchschnittsalter: 12; 4 Jahre).

Auch die Videoaufnahmen fanden im Klassenzimmer statt. Derartige Aufnahmen mit drei transportablen Kameras sind nur eine begrenzte Zeit möglich.

Die Lehrerinnen bereiteten einige altersangemessene Spiele vor, die Kinder in Gruppen miteinander spielten, die sich nach eigenen Wünschen bildeten. Jede Kamera richtete sich auf eine Gruppe von etwa sechs Kindern, die jeweils zwei Schulstunden lang gefilmt wurde. Inhaltsverzeichnisse jedes Videobandes erleichtern das Auffinden von Interaktionssequenzen für spätere Analysen. Für die folgenden Analysen von Jungen-Mädchen-Interaktionen wurden detaillierte Transkripte der relevanten Sequenzen ausgearbeitet.

Auf der Basis dieser videographierten Interaktionen entwickelten wir eine Kategorisierung von Strategien, die Kinder anwenden, um gemischtgeschlechtliche Interaktionen zu erleichtern und zu schützen. Diese Kategorisierung wurde von der dritten Autorin erarbeitet, der die Einstufung der Kinder hinsichtlich ihrer Integration in das Netzwerk der Sozialbeziehungen unter den Kindern nicht bekannt war (*Klaus*, 1985). Unsichere Zuordnungen wurden von den drei Autoren gemeinsam diskutiert und entschieden.

Den generellen Charakter der Mädchen-Jungen-Interaktionen haben wir auf der Grundlage der Feldbeobachtungen im vorangegangenen Kapitel dargestellt. In diese gemischtgeschlechtliche Interaktion sind die Verhaltensmuster der Kinder eingebettet, die wir in diesem Aufsatz aufgrund der detaillierten Analysen des Videomaterials der Kinder präsentieren. Wir weisen darauf hin, daß es sich um eine exploratorische Studie handelt, denn wir stützen uns fast ausschließlich auf die extensive Interpretation von Interaktionssequenzen einiger Mädchen und Jungen, die besonders häufig an gemischtgeschlechtlichen Interaktionen beteiligt waren.

12.3 Kinderstrategien in gemischtgeschlechtlichen Interaktionen

Die Filme enthalten zum einen fünf sich über längere Zeit erstreckende Interaktionssequenzen von Jungen und Mädchen, die an zwei geschlechtshomogenen, einander benachbarten Tischen saßen, und zum anderen eine Anzahl kurzer und beiläufiger Interaktionen dieser und anderer Jungen und Mädchen der Klasse. Da diese Aufnahmen die Verhaltensweisen der Kinder sehr genau wiedergeben, erlauben sie, die Vorgehensweisen zu erkennen, die Jungen und Mädchen anwenden, wenn sie aufeinander zugehen, und mit denen sie das zerbrechliche Gleichgewicht von Ärgern und Necken einhalten und ihre Annäherungen gegen unerwünschte Interpretationen absichern.

12.3.1 Die Teilnehmer an den intensiven gemischtgeschlechtlichen Interaktionen

Die drei Mädchen, die in die gefilmten gemischtgeschlechtlichen Interaktionen vor allem verwickelt waren (Berin, Elke und Eva), gehörten zu den Mädchen, die insgesamt besonders häufig in Interaktionen mit Jungen beobachtet wurden. Sie stehen an erster, zweiter und siebter Stelle in der Häufigkeit gemischtgeschlechtlicher Interaktionen nach den Feldnotizen. Elke und Eva wurden entsprechend der Typologie im Kapitel 11 als „Neckerinnen" kategorisiert, Berin als „Kämpferin", die jedoch respektiert wurde. Während der videographierten Schulstunden spielten diese drei Mädchen mit drei weiteren Mädchen zusammen (Monika, Karin und Waltraud). Monika wurde dem Typ der „guten Partnerin" zugeordnet, Karin und Waltraud zählten zu den „Abstinenten". Diese drei hielten sich überwiegend aus den aufgezeichneten Jungen-Mädchen-Interaktionen heraus. Monika beteiligte sich dennoch einige Male aktiv an der Ausarbeitung der Antworten der Mädchen, an die sich die Jungen gewandt hatten.

Die drei Jungen, die die männlichen Partner in diesen Interaktionen waren (Mirko, Matthias und Uli), sind die Jungen, die nach unseren Feldnotizen am häufigsten mit Mädchen interagierten. Mirko und Matthias wurden als „Nekker" kategorisiert, Uli als jemand, der auch gern ein „Necker" gewesen wäre. Sie spielten an einem Tisch mit zwei weiteren Kindern, dem Jungen Roger und dem Mädchen Gabriele. Sowohl der Junge als auch das Mädchen wurden bei anderen Gelegenheiten öfter bei Interaktionen über die Geschlechtsgrenze hinweg beobachtet, und zwar mit Verhaltensweisen, die wir als „piesacken" bezeichnen. In diesen gefilmten Interaktionen nahmen sie nur eine Stellung am Rande ein. Ein türkischer Junge, Achmed, der erst während der zweiten videographierten Schulstunde dazukam, war von den Interaktionen der drei Protagonisten mit den Mädchen ausgeschlossen.

Die soziale Integration der Kinder wurde nach dem in Kapitel 4 beschriebenen Verfahren bestimmt. Die Spielgruppe der Mädchen kam aufgrund der positiven Entscheidung, zusammensitzen zu wollen, zustande. Die drei vor allem beteiligten Mädchen waren in die Sozialbeziehungen unter Mädchen gut integriert, denn sie alle unterhielten einige enge Beziehungen ohne ernste Konflikte. Innerhalb der Gruppierungen der Mädchen spielten sie eine aktive Rolle. Die drei anderen Mädchen an diesem Tisch waren nicht fest in Freundschaften oder Gruppen eingebunden und hatten, wenn auch in unterschiedlichem Ausmaße, Schwierigkeiten mit ihren wenigen und instabilen Beziehungen zu anderen Mädchen. Immerhin standen beinahe alle der hier zusammensitzenden Mädchen in irgendeiner Form von Beziehung zueinander. Zehn der 15 möglichen Beziehungen unter den sechs Mädchen an diesem Tisch wurden von ihnen als schwächere oder intensivere Freundschaften bezeichnet.

Im Gegensatz zu den besonders beteiligten Mädchen hatten die drei Jungen, die mit diesen Mädchen aktiv interagierten, mehr oder weniger deutliche Probleme mit ihrer Integration in die Beziehungsnetze der Jungen. Auch in diesem Falle war die Spielgruppe nicht durch eine Vorliebe füreinander zustande gekommen, sondern aus der Notwendigkeit der übrig gebliebenen Kinder, auch irgendwo zu sitzen. Nur einer der Jungen, Matthias, wurde immer noch von einer Gruppe von Jungen akzeptiert, mit denen er früher in engen Beziehungen gestanden hatte. Diese Beziehungen waren jedoch recht schwach geworden, als er sich mehr einer Clique zugewandt hatte, die wachsendes Interesse an Mädchen zeigte. Mirko war nun sein bester Freund, und beide waren in Kontakt mit anderen Jungen und Mädchen, die sich vor allem mit Flirtereien beschäftigten. Uli, ebenfalls ein Protagonist in diesen gefilmten gemischtgeschlechtlichen Interaktionen, war ein sozial isolierter Junge. Dies galt auch für die beiden anderen Jungen und das Mädchen an diesem Tisch. Es fällt auf, daß Roger, der von der Teilnahme an diesen Interaktionen mit Mädchen ausgeschlossen war, bei anderen Gelegenheiten mit Gabriele, dem einzigen Mädchen an diesem Tisch, interagierte und zwar in einer Weise, die sich zwischen Ärgern und Necken bewegte. Achmed, der türkische Junge, war ein Ausgestoßener in dieser Klasse, was zur Zeit der Untersuchung nicht mehr das typische Schicksal ausländischer Kinder war, wie Berin und Mirko beweisen, die beide ebenfalls ausländischer Herkunft sind.[2] Nur zwei der 15 möglichen Beziehungen unter den Kindern an diesem Tisch wurden als schwache oder enge Freundschaften bezeichnet.

12.3.2 Gemischtgeschlechtliche Interaktionen unterstützende Strategien in gleichgeschlechtlicher Interaktion

Längere Interaktionen über die Geschlechtsgrenze hinweg erfolgten in keinem Fall zwischen einem einzelnen Jungen und einem einzelnen Mädchen. Immer traten andere Kinder in die Interaktion mit ein. In den meisten Fällen begannen die Interaktionen bereits mit mehr als zwei Kindern. Keine der Interaktionen hatte ein ernstes Thema zum Gegenstand. Geringfügige Anlässe wie ein unleserliches Etikett auf einem Schuh oder ein verformbarer Kugelschreiber wurden benutzt, um miteinander zu reden oder zu kooperieren. Somit befaßten sich diese Interaktionen nicht mit den zum Klassenleben gehörenden Themen, die Jungen und Mädchen zusammenbringen, wie beispielsweise die Bitte um ein Blatt Papier oder um eine Information, sondern bezogen sich auf Themen der Kinderwelt, an denen Jungen und Mädchen ausprobierten, wie man zusammen etwas tun kann. Daher mußten Mädchen und Jungen ihre Beteiligung wohl überlegen, die Folgen ihrer Beteiligung vorab bedenken und sich gegen negative Auswirkungen schützen.

Fast alle dieser länger andauernden Interaktionen wurden von seiten der Jungen eingeleitet, und die meisten ihrer Initiativen wurden von seiten der Mädchen aufgegriffen, die den Angeboten bereitwillig zustimmten oder sie zurückwiesen, letzteres meist in einer Weise, die eine Fortsetzung zuließ. Ein Schritt in der Abfolge dieser Interaktionen, den ein Junge oder ein Mädchen unternahm, wurde selten allein ausgeführt. Jede einzelne Handlung oder Ant-

---

2 Achmed war unmittelbar nach seiner Ankunft in Deutschland in diese Klasse gekommen. Fehlende Geburtsunterlagen machten schwer, ihn altersmäßig richtig einzuordnen. Er wirkte wie ein bereits pubertierender Junge und paßte nicht zu den anderen, denen er mit Körperstärke und Kraftausdrücken zu imponieren suchte - verständlich, aber wenig beziehungsförderlich.

wort wurde in enger Verbindung mit gleichgeschlechtlichen Kindern getan. Zum mindesten bemühten sich die Kinder um die Unterstützung der anderen.

Jungen ebenso wie Mädchen benutzten vielfältige Strategien, um die Gefahren, die die Überschreitung der Geschlechtsgrenze enthält, gering zu halten. Die gründliche Durchsicht der Verhaltensweisen der Kinder ließ folgende Strategien erkennen:

(1) Koalition (offen oder verdeckt)

Koalitionen sind ein indirektes Mittel, um die Interaktionen über die Geschlechtsgrenze hinweg voranzubringen. In der Kooperation mit Kindern gleichen Geschlechts planen und bereiten Kinder entweder Schritte vor, mit denen sie auf die anderen zugehen wollen, oder überlegen Antworten auf eine solche Initiative. Offen zur Schau gestellte Koalitionen dienen dazu, den Mitgliedern des anderen Geschlechts getarnte Signale zuzusenden und die Reaktionen der anderen Seite abzuschätzen. Dies erreicht man durch demonstrative Kooperation, die den Anschein einer Aushandlung erweckt, was als nächstes getan werden soll. Der wirkliche Adressat dieser lauten Verhandlung ist nicht das angesprochene Kind des gleichen Geschlechts, sondern die unvermeidlich zuhörenden Kinder auf der anderen Seite der Geschlechtsgrenze.

Im folgenden Beispiel versuchten drei Jungen die Aufmerksamkeit der Mädchen auf einen „Liebesbrief" zu ziehen, noch bevor er geschrieben worden war:

Uli schwatzt mit Matthias. Matthias erwähnt dabei das SOS-Notrufsignal. Uli wendet sich daraufhin an Mirko mit dem Vorschlag, einen Liebesbrief an die Mädchen am Tisch nebenan in Morsezeichen-Schrift zu verfassen. Mirko antwortet in gelangweiltem Ton: „Soll ick?" Uli: „Ja, los mach'!" Mirko denkt nach und „schreibt" dann ganz konzentriert.

Diese Unterhaltungen und Handlungen konnten die Mädchen leicht hören und verfolgen, denen Uli später den Liebesbrief mit der Mitteilung überbrachte: „Ein Liebesbrief von Mirko an Berin!" Bezeichnenderweise wurde keiner der fünf Liebesbriefe, die während der gesamten Interaktionssequenz von etwa 15 Minuten ausgetauscht wurden, vom Autor selber überbracht, und in keinem Fall war der Autor der Sprecher der Jungenseite im verbalen Austausch, der durch diesen Brief ausgelöst wurde.

Bei anderen Gelegenheiten wurden die Koalitionen vor öffentlichem Einblick verborgen. Diese verdeckten Koalitionen dienten verschiedenen Zwecken: Zukünftige Handlungen wurden geplant, die eine Überraschung bringen sollten. Oder das Ziel der Kooperation wurde als peinlich angesehen, und daher fühlten die Kinder sich unsicher, ihre Kommentare vor Zuhörern zu äußern, unter denen es auch Mitglieder des anderen Geschlechts gab. Die Öffentlichkeit konnte auch ausgeschlossen werden, damit die Vertraulichkeit eines Hinweises oder einer Warnung gewahrt bleibt.

Sowohl Jungen als auch Mädchen kooperierten immer wieder auf enge Weise mit gleichgeschlechtlichen Kindern, um die Interaktionen mit dem anderen Geschlecht zu erleichtern. Insgesamt 89 Koalitionen (36 unter Mädchen; 53 unter Jungen) wurden in den fünf langen Interaktionssequenzen entdeckt. Zwar wandten sich Mädchen häufiger an einen Jungen, ohne vorher eine Koalition zu bilden, als umgekehrt die Jungen. Aber es scheint uns nicht sicher, daß sich Mädchen und Jungen in diesem Verhalten unterscheiden. Sowohl Jungen als auch Mädchen gingen häufiger offene als verdeckte Koalitionen ein. Dennoch gab es mehr offene Koalitionen unter Jungen als unter Mädchen, und mehr verdeckte Koalitionen unter Mädchen als unter Jungen $(p < .05)$.

(2) Unterstützung (gegenseitig oder einseitig)

Kinder gaben oder erhielten aktive Unterstützung, um laufende Interaktionen mit Mitgliedern des anderen Geschlechts zu fördern. In einigen Fällen halfen gleichgeschlechtliche Kinder, damit sie erfolgreich einem Mitglied des anderen Geschlechts näher kommen konnten, in anderen rückten sie untereinander näher zusammen, um sich gegenseitig auszuhelfen.

Im folgenden Beispiel beteiligten sich drei Jungen daran, komplette Verwirrung über die Urheberschaft einer riskanten Anfrage in einem zweiten Liebesbriefes herzustellen, die lautete: „Willst Du mit mir gehen?" Sie halfen einander, nicht als Schreiber bekannt zu werden, weil sie voraussahen, daß die Mädchen diesen lächerlich machen würden. Uli brachte Mirko dazu, den Brief an Berin zu verfassen, an der er mehr als Mirko interessiert zu sein schien.

Berin vermutet, daß Uli den Brief geschrieben hat, und ruft ihm zu: „Sei nicht blöd!" Dieser kontert in überzeugendem Tonfall: „Eh, det hat Mirko geschrieben!" Mirko stimmt souverän zu, aber in einer Art, die seine Aussage unglaubwürdig macht. Uli schaut unablässig etwas vorgebeugt zu Berin hinüber, bis Elke schreit: „Schau, wie rot Du schon wirst, Uli!" Uli lehnt sich genervt zurück. Entrüstet steht nun Matthias auf und ruft mit Nachdruck hinüber: „Mann, Mirko hat det geschrieben!"

Insgesamt wurden 60 Unterstützungen eines gleichgeschlechtlichen Kindes bei Interaktionen über die Geschlechtsgrenze hinweg auf den Videobändern gefunden (27 unter Mädchen und 33 unter Jungen). Wenn man nach wechselseitigen und einseitigen Hilfen unterscheidet, haben Jungen sich häufiger wechselseitig geholfen als die Mädchen. Die Mädchen hingegen gaben einseitige Hilfen ebenso oft wie die gegenseitigen, während Jungen nur selten einseitig halfen $(p < .10)$.

(3) Intervention (angenommen oder zurückgewiesen)

Bis zu diesem Augenblick unbeteiligte Kinder versuchen, die Vorbereitung oder den Fortgang einer gemischtgeschlechtlichen Interaktion zu beeinflussen. Interventionen können selbstlos sein oder dem eigenen Interesse an den Vorgängen entspringen. Eine Intervention kann zurückgewiesen werden, wenn sie für die eigenen Pläne nicht als nützlich angesehen wird, wenn konkurrierende

Interessen überdeutlich sind oder wenn das eingreifende Kind nicht als Partner in Interaktionen akzeptiert wird.

Da zumindest die beteiligten Jungen bei der Kooperation stets ihr eigentliches Ziel im Auge behielten, nämlich eine individuelle enge Beziehung zu einem Mädchen zu erreichen, wechselte gelegentlich recht schnell, was ein Junge als erwünschte Unterstützung anerkannte oder als störende Intervention zurückwies.

Eine Zeit lang nimmt Uli an der Vorbereitung des nächsten Briefs nicht teil, beobachtet aber mit Überheblichkeit aus der Distanz Mirkos Bemühungen, auf eine neue Weise einen attraktiven Brief zu schreiben. Er versucht mitzuteilen, daß er etwas Besseres wüßte. Mirko, dem jetzt Roger hilft, kümmert sich jedoch nicht um Uli. Plötzlich reißt Uli den noch nicht beendeten Brief von Mirkos Notizblock, zerknüllt ihn und schlägt Mirko vor: „Jetzt schreiben wir mal 'n richtigen Brief! Gib mal her, ick schreib' für Dich." Mirko antwortet nicht und beginnt sofort selber wieder mit dem Schreiben eines neuen Briefes.

Interventionen kamen unter Mädchen fast ebenso häufig vor wie unter Jungen, insgesamt 52mal (23 unter Mädchen und 29 unter Jungen). Die Einteilung der Interventionen in angenommene und zurückgewiesene führte nur zu geringen und nicht signifikanten Unterschieden zwischen Mädchen und Jungen. Unter den Mädchen wurden Interventionen derselben Kinder manchmal angenommen und zu anderen Zeiten zurückgewiesen. Auf der Jungenseite neigten die drei eng kooperierenden Jungen dazu, Interventionen von Mitgliedern ihres Kreises anzunehmen. Die Zurückweisungen ernteten vor allem die beiden anderen Jungen am Tisch, die einige Male versuchten, sich in die gemischtgeschlechtlichen Interaktionen einzuschalten.

12.4 Diskussion

Eine erste Erklärung für Unterschiede in den Strategien, die Mädchen und Jungen bevorzugen, liegt darin, daß die Jungen fast alle gemischtgeschlechtlichen Interaktionen begannen. Sie nutzten demonstrativ Koalitionen, um Möglichkeiten, sich zu verhalten, am Beginn und während des Fortgangs von Interaktionen mit Mädchen zu erkunden. Durch ihre hör- und beobachtbare Kommunikation erregten die Jungen Aufmerksamkeit und Reaktionen, die sie in die Planung der folgenden Schritte einbezogen. Obwohl die Mädchen die Interaktionen mit Jungen fast nie selber begannen, vermittelten sie den Eindruck, daß sie diese Interaktionen gern fortsetzten. Diese Haltung erklärt ihren im Vergleich zu den Jungen höheren Anteil an verdeckten Koalitionen. Durch die verdeckten Koalitionen machten sie deutlich, daß irgend etwas als Antwort auf die Jungeninitiativen vorbereitet wurde; jedoch war die Antwort noch nicht zu erraten. Diese verzögerten Reaktionen der Mädchen erhöhten den Reiz.

Das große Ausmaß gegenseitiger Unterstützungen unter den Jungen kann ebenfalls als Ausfluß ihrer Rolle als Initiatoren gesehen werden. Als Initiatoren exponierten sie sich vor den Mädchen, deren Antworten ungewiß waren und verletzend sein konnten. Die Furcht, beleidigt und abgewiesen zu werden, kann dadurch gemildert werden, daß man der Hilfe von seiten gleichgeschlechtlicher Kinder gewiß ist. Ihre Hilfen können als Ausfluß ihrer Bemühungen verstanden werden, ein Klima gegenseitiger Hilfsbereitschaft zu schaffen. So kann jeder Junge hoffen, daß auch er Unterstützung bekommt, wenn die Situation riskant wird. Die Mädchen sind in ihrer Rolle weniger auf sichere gegenseitige Hilfe angewiesen. Da sie überwiegend die Vorschläge der Jungen zurückwiesen und verhöhnten, waren sie in einer weniger fehlinterpretierbaren Situation. Kaum jemals mußte der Chor der anderen Mädchen ihrem Verhalten eine andere, harmlosere Deutung geben.

Eine weitere Erklärung der Verhaltensdifferenzen wird durch die soziale Stellung der überwiegend beteiligten Jungen und Mädchen unter den anderen Jungen und Mädchen der Klasse nahegelegt. Wie die in Kapitel 11 berichteten Untersuchungen gezeigt haben, tendieren Kinder dieses Alters dazu, sich Mitgliedern des anderen Geschlechts nicht aus persönlicher Initiative zu nähern, sondern nur, wenn ein legitimer Grund vorhanden ist, den der Unterricht oder ein alltäglicher Notfall bietet. Wenn sie ohne einen solchen Grund größere Nähe suchen, dann nur im Schutz sie begleitender gleichgeschlechtlicher Kinder. Daher ist offenbar entscheidend, ob helfende Kinder oder Freunde leicht zur Verfügung stehen.

Da die beteiligten Jungen sozial nicht gut integriert waren, ist anzunehmen, daß sie sich auf Hilfe von seiten anderer Kinder nicht generell verlassen konnten. Sie waren innerhalb der Klasse in einer marginalen Stellung. Somit waren diese Jungen darauf angewiesen, gegenseitige Verpflichtung in der jeweiligen Situation herzustellen, und taten dies, indem sie großzügig Hilfe anboten. Im Gegensatz dazu waren die drei Mädchen in die Beziehungsnetzwerke der Mädchen in der Klasse gut eingebunden. Obwohl die anderen drei Mädchen sozial schwächer integriert waren, unterhielten alle sechs Mädchen, die hier zusammensaßen, einige Freundschaften innerhalb und außerhalb dieser Gruppe. Daher konnten die drei hauptbeteiligten Mädchen sicher sein, Hilfe zu erhalten, wenn es notwendig geworden wäre. Folglich konnten sie sich leichter als die Jungen trauen, auf deren Initiativen einzugehen, ohne sich um eine ständige Rückversicherung bei den gleichgeschlechtlichen Kindern kümmern zu müssen.

Die Nicht-Teilnahme der anderen Mädchen und Jungen an diesen beiden Tischen kann auch von ihrer sozialen Stellung in der Gleichaltrigenwelt her verstanden werden. Die drei wenig beteiligten Mädchen am Mädchentisch waren schwach in die Netzwerke der Mädchen integriert und hielten sich daher besser aus den riskanten gemischtgeschlechtlichen Interaktionen heraus. Tatsächlich erfolgten alle schwereren Attacken von Jungen auf Mädchen, die es, wie angemerkt sei, nur recht selten gab, gegen Mädchen, die außerhalb der festen Beziehungen unter den Mädchen standen. Auch die beiden Jungen, die es nicht schafften, durch Interventionen in die Interaktionen über die Geschlechtsgrenze hinweg einzusteigen, standen am Rand der Jungennetzwerke. Diese Außenseiterstellung unterschied sie allerdings nicht klar von den drei Protagonisten. Ihr Mißlingen mag eher davon herrühren, daß die anderen drei ein gut geübtes Team waren, das sich immer wieder traf, um mit einer Clique von Mädchen in Kontakt zu kommen, zu denen Elke, Eva und, weniger ständig, Berin gehörten.

Das führt zu einer weiteren Überlegung. Obwohl alle Kinder an dem Jungentisch Probleme hatten, stabile Beziehungen einzugehen, hatten drei von ihnen einen Weg gefunden, ihre sozialen Schwierigkeiten zu verringern. Sie verbündeten sich miteinander, um sich an Mädchen heranzumachen. So trug ihr Interesse an gemeinsamen Unternehmungen mit Mädchen dazu bei, auch mit anderen Jungen in engere Beziehungen zu treten. Die Beziehungen waren jedoch sehr abhängig von prickelnden Verhaltensweisen, die sich am Rande des Schicklichen bewegten. Durch neue und spannende Vorschläge, wie man die Aufmerksamkeit der Mädchen gewinnen könne, erreichten die Jungen gegenseitige Unterstützung und die Stärkung ihrer Beziehungen untereinander. Daher umfaßten die Erfahrungen dieser Jungen mit anderen Jungen nicht die übliche Spannbreite der Beschäftigungen, mit denen sich ansonsten Jungen untereinander abgeben. Tätigkeiten und Fähigkeiten dieser Jungen bezogen sich überwiegend auf die Risiken und Reize, die bei den Versuchen entstanden, das Geschehen zwischen den Geschlechtern zu erweitern. Da keine anderen gemeinsamen Interessen diese Jungen zusammenhielten, ging es ihnen ein ums andere Mal darum, immer neue ausgefallene Späße zu erfinden, um Anerkennung anderer Jungen und Bewunderung der Mädchen zu erhalten.

Andere Jungen der Klasse, die gut integriert waren, hielten sich aus gemischtgeschlechtlicher Interaktion noch heraus. Somit waren es vor allem die weniger gut integrierten Jungen, die den Mädchen der Klasse erste und möglicherweise grundlegende Erfahrungen vermittelten, die im Zusammenhang mit Interaktionen und Beziehungen zwischen den Geschlechtern gemacht werden. Diese Erfahrungen werden von Jungen bestimmt, die nach weiblichen Partnern für Spaß und Vergnügen suchen. Wenn diese Jungen Mädchen halfen oder ihnen Zusammenarbeit anboten, ging es ihnen weniger um sachorientierte Unterstützung, sondern um die dabei zu erreichende Nähe. Wenn die Hypothese stimmt, daß die Interaktion mit den gleichgeschlechtlichen Kindern Kompetenzen fördert, müssen wir annehmen, daß diese im Jungennetzwerk schlecht integrierten Jungen in ihrer Kompetenzentwicklung eher zurückhängen. Diese Vermutung klingt überraschend, weil diese Jungen den Eindruck erweckten, sie seien in ihrer psychosexuellen Entwicklung besonders weit. Dieser Frage wäre weiter nachzugehen.

Wie bereits ausgeführt, waren die Mädchen, die in diesen Filmen an gemischtgeschlechtlicher Interaktion teilnahmen, gut in die soziale Mädchenwelt integriert. Das trifft auch allgemein für die meisten Mädchen zu, die sich auf gemischtgeschlechtliche Interaktionen einlassen, jedoch nicht auf alle. Zwei schlecht integrierte Mädchen, die oft in Interaktionen mit Jungen beobachtet wurden, hatten deswegen hohe Häufigkeiten, weil Jungen sie in diese Interaktionen hineinzogen.

Einige Mädchen, die ursprünglich gut in die Mädchenbeziehungen eingebunden waren, begannen ebenfalls, ihre gleichgeschlechtlichen Beziehungen zugunsten vermehrter gemischtgeschlechtlicher Interaktion umzugestalten. Die Vielfalt ihrer Aktivitäten mit anderen Mädchen nahm ab, so daß sie Zeit gewannen, um sich gemeinsam mit Jungen nach der Schule zu treffen. Dadurch erhielten ihre gleichgeschlechtlichen Beziehungen ebenfalls eine gewisse Einseitigkeit, die denen der schlecht integrierten „Necker" unter den Jungen gar nicht so unähnlich war. Diese Veränderung mag zur Folge haben, daß auch diesen Mädchen einige förderliche Wirkungen der Interaktion unter Kindern des gleichen Geschlechts entgehen.

Andere an diesen gemischtgeschlechtlichen Interaktionen nicht beteiligte Mädchen beklagten gelegentlich, daß die gut integrierten, wohl angesehenen Jungen sich nichts aus Mädchen machten und „so langweilig" wären. Wir wissen, daß sowohl die Jungen als auch die Mädchen, die sich an den Interaktionen der hier berichteten Art nicht beteiligten, an sachlichen Kooperationen über die Geschlechtsgrenze hinweg durchaus teilnahmen. Eröffnet ihnen diese sachbestimmte Kooperation einen anderen Weg, sich dem anderen Geschlecht zu nähern? Er macht vielleicht die schützende Koalition und die Unterstützung aus der eigenen Geschlechtsgruppe heraus weniger erforderlich, weil sich die Nähe durch Zusammenarbeit und nicht durch riskante Neckereien und spaßigen Unfug ergibt. Wir können mit unserem Videomaterial nur das Bild der Vorgehensweisen der Kinder zeichnen, die früher als andere Kinder mit gemischtgeschlechtlicher Interaktion beginnen, ohne auf einen sachlichen Anlaß zu warten. Es wäre interessant, beide Gruppen von Kindern über die Grundschuljahre hinaus zu verfolgen. Wie werden sich die Jungen-Mädchen-Beziehungen unter Jugendlichen des Typs weiterentwickeln, den wir in dieser letzten Grundschulklasse bei Neckereien und deren Abwehr beobachtet haben? Wie werden die Beziehungen der Jugendlichen aussehen, die in diesem Grundschuljahr nur mit dem anderen Geschlecht interagierten, wenn Umstände oder Anordnungen einen Grund gaben? Die Aufteilung der Kinder auf viele Schulen nach dem sechsten Grundschuljahr hat verhindert, solchen Fragen nachzugehen.

Literatur[1]

Asendorpf, J. & Wallbott, H. G. (1979). Maße der Beobachtungsübereinstimmung: Ein systematischer Vergleich. *Zeitschrift für Sozialpsychologie, 10*, 243-252.

Asher, S. R., Oden, S. L. & Gottman, J. M. (1977). Children's friendships in school settings. In L. G. Katz (Hrsg.), *Current topics in early childhood education* (S. 33-61). Norwood, N.J.: Ablex.

Ausubel, D. P. (1976). *Das Jugendalter*. München: Juventa.

Azmitia, M. & Perlmutter, M. (1989). Social influences on children's cognition: State of the art and future directions. In H. W. Reese (Hrsg.), *Advances in child development and behavior* (S. 89-144). San Diego, CA: Academic Press.

Baier, K. & Johannsen, R. (1980). Es kann auch einmal schiefgehen. *Westermanns Pädagogische Beiträge, 32*, 193-194.

Bastin, G. (1966). Inquiry concerning coeducation. *Enfance, 4-5*, 25-43.

Bates, A. P. & Babchuk, N. (1961). The primary group: A reappraisal. *Sociological Quarterly, 3*, 181-191.

Bates, F. L. & Harvey, C. C. (1975). *The structure of social systems*. New York: Krieger.

Becker, H. S. & Geer B. (1979). Teilnehmende Beobachtung: Die Analyse qualitativer Forschungsergebnisse. In C. Hopf & E. Weingarten (Hrsg.), *Qualitative Sozialforschung* (S. 139-168). Stuttgart: Klett-Cotta.

* Benkmann, R. (1989). Dominanz und Egalität. Zur Konstruktion unterschiedlicher sozialer Beziehungen durch Sanktion und Herabsetzung in drei Jungen-Dyaden einer Schule für Lernbehinderte. *Zeitschrift für Pädagogik, 35*, 45-64.

Bentler, P. M. (1989). *EQS - Structural Equations Program Manual*. Los Angeles, CA: BMDP Statistical Software.

Berkowitz, M. W. & Gibbs, J. C. (1983). Measuring the developmental features of moral discussion. *Merrill-Palmer Quarterly, 29*, 399-410.

Berkowitz, M. W., Oser, F. & Althof, W. (1987). The development of sociomoral discourse. In W. Kurtines & J. Gewirtz (Hrsg.), *Moral development through social interaction* (S. 322-352). New York: Wiley.

Berndt, T. J. (1981). Effects of friendship on prosocial intentions and behavior. *Child Development, 52*, 636-643.

---

1 Alle mit * gekennzeichneten Titel sind Arbeiten aus dem Projekt „Alltag der Schulkinder".

Berndt, T. J. (1984). The influence of group discussions on children's moral decisions. In J. C. Masters & K. Yarkin-Levin (Hrsg.), *Boundary areas in social and developmental psychology* (S. 195-219). New York: Academic Press.

Bierhoff, H. W. (1980). *Hilfreiches Verhalten*. Darmstadt: Steinkopff.

Bierhoff, H. W. (1988). Verantwortungszuschreibung und Hilfsbereitschaft. In H. W. Bierhoff & L. Montada (Hrsg.), *Altruismus - Bedingungen der Hilfsbereitschaft* (S. 224-252). Göttingen: Hogrefe.

Bierhoff-Alfermann, D. (1980). Geschlecht und hilfreiches Verhalten. In H. W. Bierhoff (Hrsg.), *Hilfreiches Verhalten* (S. 244-294). Darmstadt: Steinkopff.

Bittmann, F. (1966). Zur Frage der psychischen Geschlechtsunterschiede. In J. Speck, *Das Problem „Koedukation"*. Münsterische Beiträge zu pädagogischen Zeitfragen (S. 21-43). Bochum: Kamp.

* Born, A. & Krappmann, L. (1993). *Manual „Gewalthaltige Interaktionen unter Kindern"*. Unveröffentlichtes Manuskript, Max-Planck-Institut für Bildungsforschung, Berlin.

Boulton, M. J. (1993). Children's abilities to distinguish between playful and aggressive fighting. *British Journal of Developmental Psychology, 11*, 249-263.

Brusten, M. & Hurrelmann, K. (1973). *Abweichendes Verhalten in der Schule*. München: Juventa.

Busk, P. L., Ford, R. C. & Schulman, J. L. (1973). Stability of sociometric responses in classrooms. *Journal of Genetic Psychology, 123*, 69-84.

Campbell, J. (1969). Co-education: Attitudes and self-concepts of girls at three schools. *British Journal of Educational Psychology, 39*, 87.

Cicourel, A. V. & Kitsuse, J. I. (1968). The social organization of the high school and deviant adolescent careers. In E. Rubington & M. S. Weinberg (Hrsg.), *Deviance: The interactionist perspective* (S. 124-135). New York: Macmillan.

Cohen, J. M. (1977). Sources of peer group homogeneity. *Sociology of Education, 50*, 227-241.

Coleman, J. S. (1961). *The adolescent society. The social life of the teenager and its impact on education*. New York: The Free Press.

Cooley, C. H. (1909). *Social organization. A study of the larger mind*. New York: Charles Scribner's Sons.

Corsaro, W. A. (1979). „We're friends, right?": Children's use of access rituals in a nursery school. *Language and Society, 8*, 315-336.

Corsaro, W. A. & Eder, D. (1990). Children's peer cultures. *Annual Review of Sociology, 16*, 197-220.

Dale, R. (1966). Pupil-teacher relationships in co-educational and single-sex grammar schools. *British Journal of Educational Psychology, 36*, 267-271.

Dale, R. (1968). Co-education and women's attitude to men in work and social life. *Occupational Psychology, 42*, 153-160.

Dale, R. (1969). Co-education and men's attitude to women in work and social life. *Occupational Psychology, 43*, 59-65.

Dale, R. & Miller, P. (1972). A semantic differential comparison of certain attitudes of University students from co-educational and single-sex schools towards their schools. *British Journal of Educational Psychology, 42*, 60-64.

Damon, W. (1984, zuerst 1977). *Die soziale Welt des Kindes*. Frankfurt/M.: Suhrkamp.

Damon, W. & Killen, M. (1982). Peer interaction and the process of change in children's moral reasoning. *Merill-Palmer-Quarterly, 28*, 347-367.

215

Davies, B. (1982). *Life in the classroom and playground.* London: Routledge & Kegan Paul

Degenhardt, A. (1979). Geschlechtstypisches Verhalten über die Lebensspanne. In A. Degenhardt & H. Trautner (Hrsg.), *Geschlechtstypisches Verhalten - Mann und Frau in psychologischer Sicht* (S. 26-49). München: Beck

* Derscheid, A. (1988). *„Jetzt gibste aber an" - Normative Regelungen und Prozesse des Sanktionierens unter Kindern in der Grundschule.* Unveröffentlichte Magisterarbeit, Freie Universität, Berlin.

Diegritz, T. & Rosenbusch, H. S. (1977). *Kommunikation zwischen Schülern.* München: Urban & Schwarzenberg.

Dodge, K. A. (1983). Behavioral antecedents of peer social status. *Child Development, 54,* 1386-1399.

Doise, W. (1978). Soziale Interaktion und kognitive Entwicklung. In G. Steiner (Hrsg.), *Piaget und die Folgen* (S. 331-347). Zürich: Kindler.

Doise, W. (1985). Social regulations in cognitive development. In R. A. Hinde, A.-N. Perret-Clermont & J. Stevenson-Hinde (Hrsg.), *Social relationships and cognitive development* (S. 294-308). Oxford: Clarendon Press.

* Dubberke, T. (1988). *Körperkontakte unter 11jährigen Kindern.* Unveröffentlichte Diplomarbeit, Freie Universität, Berlin.

Durkheim, E. (1961, zuerst 1895). *Regeln der soziologischen Methode.* Neuwied: Luchterhand.

Eder, D. & Hallinan, M. T. (1978). Sex differences in children's friendships. *American Sociological Review, 43,* 237-250.

Eisenstadt, S. N. (1966, zuerst 1956). *Von Generation zu Generation. Altersgruppen und Sozialstruktur.* München: Juventa.

Engler, U. & Braun, O. L. (1988). Hilfesuchen und helferbezogene Gedanken. In H. W. Bierhoff & L. Montada (Hrsg.), *Altruismus - Bedingungen der Hilfsbereitschaft* (S. 253-263). Göttingen: Hogrefe.

Erikson, E. H. (1965, zuerst 1951). *Kindheit und Gesellschaft.* Stuttgart: Klett.

Feather, N. (1974). Coeducation, values, and satisfaction with school. *Journal of Educational Psychology, 66,* 9-15.

Fine, G. A. (1979). Small groups and culture creation: The idioculture of Little League baseball teams. *American Sociological Review, 44,* 733-745.

Fine, G. A. (1980). Cracking diamonds: Observer role in Little League baseball settings and the acquisition of social competence. In W. B. Shaffir, R. A. Stebbins & A. Turowetz (Hrsg.), *Fieldwork experience. Qualitative approaches to social research* (S. 117-132). New York: St. Martin's Press.

Fine, G. A. (1981). Friends, impression management and preadolescent behavior. In S. R. Asher & J. M. Gottman (Hrsg.), *The development of children's friendships* (S. 29-52). Cambridge, MA: Cambridge University Press.

Finnan, C. R. (1982). The ethnography of children's spontaneous play. In G. Spindler (Hrsg.), *Doing the ethnography of schooling* (S. 358-380). New York: Holt, Rinehart & Winston.

Fölling-Albers, M. (1992). *Schulkinder heute.* Weinheim: Beltz.

* Fricke, C., Oswald, H. & Krappmann, L. (1987). *Intensität von dyadischen Kinderbeziehungen in Schulklassen. Kode-Manual.* Unveröffentlichtes Manuskript, Max-Planck-Institut für Bildungsforschung Berlin.

Furlong, V. (1976). Interaction sets in classroom: Towards a study of pupil knowledge. In M. Hammersley & P. Woods (Hrsg.), *The process of schooling* (S. 160-177). London: Routledge & Kegan Paul.

Geiger, T. (1964, zuerst 1947). *Vorstudien zu einer Soziologie des Rechts*. Neuwied, Berlin: Luchterhand.

Gergen, K. J. (1994). The communal creation of meaning. In W. F. Overton & D. S. Palermo (Hrsg.), *The nature and ontogenesis of meaning* (S. 19-39). Hillsdale, NJ: Erlbaum.

Glachan, M. & Light, P. (1982). Peer interaction and learning: Can two wrongs make a right? In G. Butterworth & P. Light (Hrsg.), *Social cognition* (S. 238-262). Chicago, IL: University of Chicago Press.

Glaser, B. & Strauss, A. L. (1967). *The discovery of grounded theory. Strategies for qualitative research*. Chicago, IL: Aldine.

Glassner, B. (1976). Kid society. *Urban Education, 11*, 5-22.

Goffman, E. (1974, zuerst 1971). Die Territorien des Selbst. In E. Goffman, *Das Individuum im öffentlichen Austausch* (S. 54-96). Frankfurt/M.: Suhrkamp.

Goffman, E. (1977, zuerst 1974). *Rahmen-Analyse*. Frankfurt/M.: Suhrkamp.

Goffman, E. (1978, zuerst 1967). *Interaktionsrituale*. Frankfurt/M.: Suhrkamp.

Gross, E. (1978). Toward a symbolic interactionist theory of learning: A rapprochement with behaviorism. *Studies in Symbolic Interaction, 1*, 129-145.

Gudjons, H. (1979). Klassenreise - Erziehungsfeld zwischen Schule und Freizeit. *Westermanns Pädagogische Beiträge, 31*, 323-329.

Gugel, G. (1983). *Erziehung und Gewalt*. Tübingen: Waldkircher Verlag.

Hallinan, M. T. (1979a). The process of friendship formation. *Social Networks, 1*, 193-210.

Hallinan, M. T. (1979b). Structural effects on children's friendships and cliques. *Social Psychology Quarterly, 42*, 43-54.

Hallinan, M. T. (1981). Recent advances in sociometry. In R. Asher & J. M. Gottman (Hrsg.), *The development of children's friendships* (S. 91-115). Cambridge, MA: Cambridge University Press.

Hallinan, M. T. & Tuma, N. B. (1978). Classroom effects on change in children's friendships. *Sociology of Education, 51*, 270-282.

Hargreaves, D. H., Hester, S. K. & Mellor, F. J. (1981). *Abweichendes Verhalten im Unterricht*. Weinheim, Basel: Beltz.

Hartup, W. W. (1983). Peer Relations. In E. M. Hetherington & P. H. Mussen (Hrsg.), *Handbook of child psychology, Vol. 4: Socialization, personality and social development* (S. 103-196). New York: Wiley.

Hepting, R. (1978). *Mädchenbildung versus Koedukation*. Stuttgart: Hochschul-Verlag.

Hielscher, H. (1981). Soziales Lernen - Soziale Erziehung - Spielen. *Zeitschrift für Gruppenpädagogik, 7*, 73-82.

Höhn, E. (1967). *Der schlechte Schüler*. München: Piper.

Höhn, E. & Seidel, G. (1976). *Das Soziogramm*. 4. Auflage, Göttingen: Hogrefe.

Hollingshead, A. B. (1975). *Elmtown's youth and Elmtown revisited*. New York: Wiley.

Holt, J. (1979). *Wie Kinder lernen*. Weinheim: Beltz.

Homans, G. C. (1960, zuerst 1950). *Theorie der sozialen Gruppe*. Köln, Opladen: Westdeutscher Verlag.

Homfeldt, H. G. (1974). *Stigma und Schule*. Düsseldorf: Schwann.

Homfeldt, H.-G. (1980). Freundschaften zwischen Jungen und Mädchen. Gespräche und Beobachtungen während einer Klassenfahrt mit Hauptschülern eines 7. Schuljahres. *Westermanns Pädagogische Beiträge, 32*, 180-185.

Homfeldt, H.-G. & Kühn, A. (1981). *Klassenfahrt. Wege zu einer pädagogischen Schule*. München: Juventa.

Hopf, D., Krappmann, L. & Scheerer, H. (1980). Aktuelle Probleme der Grundschule. In Max-Planck-Institut für Bildungsforschung, Projektgruppe Bildungsbericht (Hrsg.), *Bildung in der Bundesrepublik Deutschland* (S. 1113-1176). Reinbek: Rowohlt.

Hoppe-Graff, S. & Edelstein, W. (1993). Kognitive Entwicklung als Konstruktion. In W. Edelstein & S. Hoppe-Graff (Hrsg.), *Die Konstruktion kognitiver Strukturen* (S. 9-23). Bern: Huber.

Horrocks, J. E. & Buker, M. E. (1951). A study of friendship fluctuations of preadolescents. *Journal of Genetic Psychology, 78*, 131-144.

Hurrelmann, K., Rodax, K. & Spitz, N. (1986). *Koedukation - Jungenschule auch für Mädchen?* Opladen: Leske und Budrich.

Jones, C. J. & Shallcrass, J. (1972). Coeducation and adolescent values. *Journal of Educational Psychology, 63*, 334-341.

Jones, M. B. & Thompson, D. G. (1981). Classroom misconduct and integration by sex. *Journal of Child Psychology and Psychiatry, and Allied Disciplines, 22*, 401-409.

Kegan, R. (1986). *Die Entwicklungsstufen des Selbst*. München: Kindt.

Keller, M. & Reuss, S. (1985). The process of moral decision-making: Normative and empirical conditions of participation in moral discourse. In M. W. Berkowitz & F. Oser (Hrsg.), *Moral education: Theory and application* (S. 109-123). Hillsdale, NJ: Erlbaum.

Keller, M. & Wood, P. (1989). Development of friendship reasoning. *Developmental Psychology, 25*, 820-826.

Keller, M., Essen, C. v. & Mönnig, M. (1987). *Manual zur Entwicklung von Freundschaftsvorstellungen.*. Berlin: Max-Planck-Institut für Bildungsforschung

* Klaus, R. (1985). *Spiel der Geschlechter - Interaktionsstrategien zwischen gleichgeschlechtlichen Kindern in zwischengeschlechtlichen Interaktionszusammenhängen*. Unveröffentlichte Diplomarbeit, Freie Universität, Berlin.

Kohlberg, L. & Hewer, A. (1983). *Moral stages: A current reformulation and a response to critics*. Basel: Karger.

Kohn, M. L. (1977). *Class and conformity. A study in values*. Chicago, IL: Chicago University Press.

Kohn, M. L., Slomczynsky, M. & Schoenbach, C. (1986). Social stratification and the transmission of values in the family: A cross-national assessment. *Sociological Forum, 1*, 73-102.

Krappmann, L. (1980a). Identität - ein Bildungskonzept? In G. Grohs, J. Schwerdtfeger & T. Strohm (Hrsg.), *Kulturelle Identität im Wandel* (S. 99-118). Stuttgart: Klett-Cotta.

Krappmann, L. (1980b). Sozialisation in der Gruppe der Gleichaltrigen. In K. Hurrelmann & D. Ulich (Hrsg.), *Handbuch der Sozialisationsforschung* (S. 443-468). Weinheim, Basel: Beltz.

Krappmann, L. (1988). Über die Verschiedenheit der Familien alleinerziehender Eltern - Ansätze zu einer Typologie. In K. Lüscher, F. Schultheis & M. Wehrspaun (Hrsg.), *Die „postmoderne" Familie - Familiale Strategien und Familienpolitik in einer Übergangszeit* (S. 131-142). Konstanz: Universitätsverlag.

Krappmann, L. (1991). Sozialisation in der Gruppe der Gleichaltrigen. In K. Hurrelmann & D. Ulich (Hrsg.), *Neues Handbuch der Sozialisationsforschung* (S. 355-376). Weinheim, Basel: Beltz.

* Krappmann, L. (1993a). Kinderkultur als institutionalisierte Entwicklungsaufgabe. In M. Markefka & B. Nauck (Hrsg.), *Handbuch der Kindheitsforschung* (S. 365-376). Neuwied: Luchterhand.

* Krappmann, L. (1993b). Entwicklungsfördernde Aspekte in den Freundschaften von Kindern und Jugendlichen. *Gruppendynamik, 24,* 119-129.

* Krappmann, L. (1994a). Mißlingende Aushandlungen - Gewalt und andere Rücksichtslosigkeiten unter Kindern im Grundschulalter. *Zeitschrift für Sozialisationsforschung und Erziehungssoziologie, 14,* 102-117.

Krappmann, L. (1994b). Sozialisation und Entwicklung in der Sozialwelt gleichaltriger Kinder. In K. A. Schneewind (Hrsg.), *Enzyklopädie der Psychologie - Pädagogische Psychologie, Bd. 1: Psychologie der Erziehung und Sozialisation* (S. 495-524). Göttingen: Hogrefe.

* Krappmann, L. & Oswald, H. (1983a). Beziehungsgeflechte und Gruppen von gleichaltrigen Kindern in der Schule. *Kölner Zeitschrift für Soziologie und Sozialpsychologie,* (Sonderheft), 25; 420-450.

* Krappmann, L. & Oswald, H. (1983b). *Types of children's integration into peer society.* Paper presented at the biennial meeting of the Society for Research in Child Development, Detroit, 1983b.

* Krappmann, L. & Oswald, H. (1985). Lektionen des Lernens im Schullandheim. *Neue Sammlung, 25,* 83-95.

* Krappmann, L. & Oswald, H. (1985). Schulisches Lernen in Interaktionen mit Gleichaltrigen. *Zeitschrift für Pädagogik, 31,* 321-337.

* Krappmann, L. & Oswald, H. (1987). *Negotiation strategies in peer conflicts: A follow-up study in natural settings.* Paper presented at the biennial meeting of the Society for Research in Child Development, Baltimore, USA, 1987.

* Krappmann, L. & Oswald, H. (1988). Probleme des Helfens unter Kindern. In H.W. Bierhoff & L. Montada (Hrsg.), *Altruismus - Bedingungen der Hilfsbereitschaft* (S. 206-223). Göttingen: Hogrefe.

* Krappmann, L. & Oswald, H. (1992). Auf der Suche nach den Bedingungen entwicklungsfördernder Ko-Konstruktion in der Interaktion gleichaltriger Kinder. In *Sozialer Konstruktivismus* (S. 87-102). Berlin: Max-Planck-Institut für Bildungsforschung (Beiträge des Forschungsbereiches Entwicklung und Sozialisation, Nr. 40/ES).

* Krappmann, L., Oswald, H. & Klaus, R. (1987). *Gender socialization in same-sex groups or in cross-sex interactions?* Paper presented at the IXth biennial meeting of the International Society for the Study of Behavioral Development, Tokio, Japan, 1987.

* Krappmann, L., Oswald, H., von Salisch, M., Schuster, B., Uhlendorff, H. & Weiss, K. (1991). *Das Freundesinterview. Ein Instrument zur Erhebung der Sozialbeziehungen von Kindern im Alter von sechs bis zwölf Jahren.* Berlin: Max-Planck-Institut für Bildungsforschung.

Kühn, A. (1980). Kinder - Erzieher. *Westermanns Pädagogische Beiträge, 32,* 190-192.

Kultusministerkonferenz (1983). Zur pädagogischen Bedeutung und Durchführung von Schullandheimaufenthalten. Beschluß vom 30.09.1983. *Das Schullandheim, 128,* 4-5.

Kurdek, L. A. & Lillie, R. (1985). The relation between classroom social status and classmate likability, compromising skill, temperament, and neighborhood social interactions. *Journal of Applied Developmental Psychology, 6,* 31-41.

Lemert, E. M. (1975). Der Begriff der sekundären Devianz. In K. Lüdersen & F. Sack (Hrsg.), *Seminar: Abweichendes Verhalten I* (S. 433-476). Frankfurt/M.: Suhrkamp.

Lever, J. (1976). Sex differences in the games children play. *Social Problems, 23,* 478-487.

Lück, H. E. (1975). *Prosoziales Verhalten.* Köln: Kiepenheuer & Witsch.

Maccoby, E. E. (1985). Social groupings in childhood: Their relationship to prosocial and antisocial behavior in boys and girls. In D. Olweus, J. Block & M. Radke-Yarrow (Hrsg.), *Development of antisocial and prosocial behavior: Theories, research, and issues* (S. 263-284). New York: Academic Press.

Maccoby, E. E. & Jacklin, C. N. (1980). Sex differences in aggression: A rejoinder and reprise. *Child Development, 51,* 964-980.

Machwirth, E. (1980). Die Gleichaltrigengruppe (peer-group) der Kinder und Jugendlichen. In B. Schäfers (Hrsg.), *Einführung in die Gruppensoziologie* (S. 246-262). Wiesbaden: Quelle & Meyer.

Mannarino, A. P. (1976). Friendship patterns and altruistic behavior in preadolescent males. *Developmental Psychology, 12,* 555-556.

McGuire, K. D. & Weisz, J. R. (1982). Social cognition and behavior correlates of preadolescent chumships. *Child Development, 53,* 1478-1484.

Mead, G. H. (1968, zuerst 1934). *Geist, Identität und Gesellschaft.* Frankfurt/M.: Suhrkamp.

Mead, G. H. (1980). *Gesammelte Aufsätze* (hrsg. von H. Joas). Frankfurt/M.: Suhrkamp.

Medrich, E. A., Roizen, J., Rubin, V. & Buckley, S. (1982). *The serious business of growing up - a study of children's lives outside school.* Berkeley, CA: University of California Press.

Merton, R.K. (1964). *Social theory and social structure.* Glencoe, IL: The Free Press.

Meyenn, R. J. (1980). School girls' peer groups. In P. Woods (Hrsg.), *Pupils strategies - explorations in the sociology of the school* (S. 108-142). London: Croom Helm.

Miller, M. (1984). Zur Ontogenese des koordinierten Dissens. In W. Edelstein & J. Habermas (Hrsg.), *Soziale Interaktion und soziales Verstehen* (S. 220-250). Frankfurt/M.: Suhrkamp.

Mollenhauer, K. (1983). *Vergessene Zusammenhänge: Über Kultur und Erziehung.* München: Juventa.

Montagu, A. (1974). *Körperkontakt - Die Bedeutung der Haut für die Entwicklung des Menschen.* Stuttgart: Klett.

Mugny, G., De Paolis, P. & Carugati, F. P. (1984). Social regulations in cognitive development. In W. Doise & A. Palmonari (Hrsg.), *Social interaction in individual development* (S. 127-146). Cambridge, MA: Cambridge University Press.

Mugny, G., Doise, W. & Perret-Clermont, A.-N. (1975/6). Conflit de centrations et progres cognitif. *Bulletin de Psychologie, 29,* 199-204.

Mussen, P. H. & Eisenberg-Berg, N. (1979). *Helfen, Schenken, Anteilnehmen.* Stuttgart: Klett-Cotta.

Neidhardt, F. (1979). Das innere System sozialer Gruppen. *Kölner Zeitschrift für Soziologie und Sozialpsychologie, 31,* 639-660.

Nelson, J. & Aboud, F. E. (1985). The resolution of social conflict between friends. *Child Development, 56,* 1009-1017.

Newcomb, A. F. & Brady, J. E. (1982). Mutuality in boys' friendship relations. *Child Development, 53,* 392-395.

Nicolaisen, B. (1994). *Die Konstruktion der sozialen Welt - Piagets Interaktionsmodell und die Entwicklung kognitiver und sozialer Strukturen.* Opladen: Westdeutscher Verlag.

Noam, G. G. (1988). A constructivist approach to developmental psychopathology. *New Directions for Child Development, 39,* 91-121.

Oelkers, J. & Prior, H. (1982). *Soziales Lernen in der Schule.* Königstein, Ts.: Scriptor.

Omark, D. R., Omark, M. & Edelman, M. (1975). Formation of dominance hierarchies in young children. In T. R. Williams (Hrsg.), *Psychological anthropology* (S. 289-315). The Hague: Monton.

Oser, F. (1981). *Moralisches Urteil in Gruppen.* Frankfurt/M.: Suhrkamp.

Oswald, H. (1980). *Abdankung der Eltern? Eine empirische Untersuchung über den Einfluß von Eltern auf Gymnasiasten.* Weinheim, Basel: Beltz.

* Oswald, H. (1990). Sanktionsprozesse unter Kindern. In H. Oswald (Hrsg.), *Macht und Recht* (S. 289-311). Opladen: Westdeutscher Verlag.

* Oswald, H. & Krappmann, L. (1984). Konstanz und Veränderung in den sozialen Beziehungen von Schulkindern. *Zeitschrift für Sozialisationsforschung und Erziehungssoziologie, 4,* 271-286.

* Oswald, H. & Krappmann, L. (im Druck). Social life of children in a former bipartite city. In P. Noack, M. Hofer & J. Youniss (Hrsg.), *Psychological responses to social change: Human development in changing environments.* Berlin: de Gruyter.

* Oswald, H., Krappmann, L. (unter Mitarbeit von C. Fricke) (1988). *Soziale Beziehungen und Interaktionen unter Grundschulkindern. Methoden und ausgewählte Ergebnisse eines qualitativen Forschungsprojektes.* Berlin: Max-Planck-Institut für Bildungsforschung (Materialien aus der Bildungsforschung Nr. 33).

* Oswald, H., Krappmann, L. & von Salisch, M. (1988). Miteinander - Gegeneinander. Eine Beobachtungsstudie über Mädchen und Jungen im Grundschulalter. In G. Pfister (Hrsg.), *Zurück zur Mädchenschule? Beiträge zur Koedukation* (S. 173-192). Pfaffenweiler: Centaurus-Verlagsgesellschaft.

* Oswald, H., Krappmann, L., Chowdhuri, I. & von Salisch, M. (1986). Grenzen und Brücken - Interaktionen zwischen Mädchen und Jungen im Grundschulalter. *Kölner Zeitschrift für Soziologie und Sozialpsychologie, 38* (3), 560-580.

* Oswald, H., Krappmann, L., Uhlendorff, H. & Weiss, K. (1994). Social relationships and support among peers during middle childhood. In F. Nestmann & K. Hurrelmann (Hrsg.), *Social networks and social support in childhood and adolescence* (S. 171-189). Berlin, New York: de Gruyter.

Parmentier, M. (1979). *Frühe Bildungsprozesse.* München: Juventa.

Parsons, T. (1955). Family structure and the socialization of the child. In T. Parsons & R. F. Bales, *Family, socialization, and interaction process* (S. 35-132). Glencoe, IL: The Free Press.

Parsons, T. (1968, zuerst 1959). Die Schulklasse als soziales System. In T. Parsons: *Sozialstruktur und Persönlichkeit* (S. 161-193). Frankfurt/M.: Europäische Verlagsanstalt.

Parsons, T. & Bales, R. F. (1955). *Family socialization, and interaction process.* Glencoe, IL: The Free Press.

Perret-Clermont, A.-N. & Brossard, A. (1985). On the interdigitation of social and cognitive processes. In R. A. Hinde, A.-N. Perret-Clermont, & J. Stevenson-Hinde (Hrsg.), *Social relationships and cognitive development* (S. 309-327). Oxford: Oxford University Press.

Petillon, H. (1980). *Soziometrischer Test für 3. - 7. Klassen.* Weinheim, Basel: Beltz.

Petillon, H. (1982). *Soziale Beziehungen zwischen Lehrern, Schülern und Schülergruppen.* Weinheim, Basel: Beltz.

Petillon, H. (1993a). *Das Sozialleben des Schulanfängers.* Weinheim: Pädagogische Verlags Union.

Petillon, H. (1993b). *Soziales Lernen in der Grundschule.* Frankfurt/M.: Diesterweg.

Piaget, J. (1969, zuerst 1959). *Nachahmung, Spiel und Traum.* Stuttgart: Klett.

Piaget, J. (1970, zuerst 1947). *Psychologie der Intelligenz.* Zürich: Rascher.

Piaget, J. (1973, zuerst 1923). *Sprechen und Denken des Kindes.* Düsseldorf: Schwann.

Piaget, J. (1986, zuerst 1932). *Das moralische Urteil beim Kinde.* Frankfurt/M.: Suhrkamp.

Popitz, H. (1968). *Über die Präventivwirkung des Nichtwissens - Dunkelziffer, Norm und Strafe.* Tübingen: Mohr.

Popitz, H. (1980). *Die normative Konstruktion von Gesellschaft.* Tübingen: Mohr.

Powers, S. I. (1982). *Family interaction and parental moral development as a context for adolescent moral development.* Unpublished doctoral dissertation, Harvard University, Cambridge, MA.

Radke-Yarrow, M., Zahn-Waxler, C. & Chapman, M. (1983). Children's prosocial dispositions and behavior. In E. M. Hetherington (Hrsg.), Sozialisation, personality, and social development (S. 469-554). Handbook of child psychology, Bd. 4. New York: Wiley.

Rauchfleisch, U. (1992). *Allgegenwart von Gewalt.* Göttingen: Vandenhoeck & Rupprecht.

Renshaw, P. D. & Asher, S. R. (1983). Children's goals and strategies for social interaction. *Merrill-Palmer-Quarterly, 29,* 353-374.

Riesman, D. (1958, zuerst 1953). *Die einsame Masse.* Reinbek b. Hamburg: Rowohlt.

Rogoff, B. (1990). *Apprenticeship in thinking.* Oxford: Oxford University Press.

Rolff, H.-G. & Zimmermann, P. (1985). *Kindheit im Wandel.* Weinheim, Basel: Beltz.

Rumpf, H. (1976). *Unterricht und Identität.* München: Juventa.

Salisch, M. von (1991). *Kinderfreundschaften: Emotionale Kommunikation im Konflikt.* Göttingen: Hogrefe.

Schneewind, K.A., Beckmann, M. & Engfer, A. (1983). *Eltern und Kinder. Umwelteinflüsse auf das familiäre Verhalten.* Stuttgart, Berlin, Köln: Kohlhammer.

Schneider, F. W. & Coutts, L. M. (1982). The high school environment: A comparison of coeducational and single-sex schools. *Journal of Educational Psychology, 74,* 898-906.

Schofield, J. W. (1981). Complementary and conflicting identities: Images and interaction in an interracial school. In S. R. Asher & J. M. Gottman (Hrsg.), *The development of children's friendships* (S. 53-90). Cambridge, MA: Cambridge University Press.

* Seidel, W. (1987). *Spiele auf der Grenze.* Unveröffentlichte Magisterarbeit, Freie Universität Berlin.

Selman, R. L. (1981). The child as a friendship philosopher. In S. R. Asher & J. M. Gottman (Hrsg.), *The development of children's friendships* (S. 242-272). Cambridge, MA: Cambridge University Press.

Selman, R.L. (1984, zuerst 1980). *Die Entwicklung des sozialen Verstehens.* Frankfurt/M.: Suhrkamp.

Selman, R. L. & Demorest, A. P. (1984). Observing troubled children's interpersonal negotiation strategies: Implications of and for a developmental model. *Child Development, 55,* 288-304.

Shantz, C. U. & Shantz, D. W. (1985). Conflict between children: Social-cognitive and sociometric correlates. *New Directions for Child Development, 29,* 3-21.

Sharabany, R. & Hertz-Lazarowitz, R. (1981). Do friends share and communicate more than non-friends? *International Journal of Behavioral Development, 4,* 45-59.

Sherif, M. & Sherif, C. (1964). *Reference groups: Exploration into conformity and deviation of adolescents.* New York: Harper and Row.

Sherif, M. & Sherif, C. W. (1969). Adolescent attitudes and behavior in their reference groups within differing sociocultural settings. In J. P. Hill (Hrsg.) *Minnesota Symposia on Child Development,* Bd. 3: *Child Psychology* (S. 97-130). Minneapolis, MN: University of Minnesota Press.

Simmel, G. (1968, zuerst 1908). *Soziologie. Untersuchungen über die Formen der Vergesellschaftung.* 5. Auflage, Berlin: Duncker & Humblot.

Slavin, R. E. & Hansell, S. (1983). Cooperative learning and intergroup relations: Contact theory in the classroom. In J. L. Epstein & N. Karweit (Hrsg.), *Friends in school* (S. 93-114). New York: Academic Press.

Sluckin, A. (1981). *Growing up in the playground.* London: Routledge & Kegan Paul.

Smedslund, J. (1966). Les origines sociales de la decentration. In J. Grize & B. Inhelder (Hrsg.), *Psychologie et epistemologie genetiques* (S. 159-167). Paris: Dunod.

Smith, P. K. & Connolly, K. (1974). Patterns of play and social interaction in preschool children. In N. Blurton Jones (Hrsg.), *Ethological studies of child behaviours* (S. 65-95). London: Cambridge University Press.

Smollar-Volpe, J. & Youniss, J. (1982). Social development through friendship. In K. H. Rubin & H. S. Ross (Hrsg.), *Peer relationships and social skills in childhood* (S. 279-298). New York: Springer.

Speck, J. (Hrsg.) (1966). *Das Problem „Koedukation". Münsterische Beiträge zu pädagogischen Zeitfragen,* Bd. 3. Bochum: Kamp.

Spittler, G. (1967). *Norm und Sanktion - Untersuchungen zum Sanktionsmechanismus.* Olten, Freiburg: Walter.

Stahl, H. (1980). Beschreibung der Sozialstruktur in Berlin (West) mit Hilfe der Faktorenanalyse. *Berliner Statistik, 3,* 37-52.

Steinhaus, H. (1966). Zur pädagogischen Diskussion um das Problem der Koedukation. In J. Speck (Hrsg.), *Das Problem „Koedukation". Münsterische Beiträge zu pädagogischen Zeitfragen,* Bd. 3 (S. 44-61). Bochum: Kamp.

Strauss, A. (1978). *Negotiations. Varieties, contexts, processes, and social order.* San Francisco, CA: Jossey-Bass.

Strauss, A. & Corbin, J. (1990). *Basics of qualitative research: Grounded theory procedures and techniques.* Newsbury Park, CA: Sage.

Strauss, A. & Corbin, J. (1994). Grounded theory methodology. In N. K. Denzien & Y. S. Lincoln (Hrsg.), *Handbook of qualitative research* (S. 273-285). Thousand Oaks, London, New Delhi: Sage.

Sullivan, H. S. (1983, zuerst 1953). *Die interpersonale Theorie der Psychiatrie.* Frankfurt/M.: Fischer.

Thorne, B. (1985). Girls and boys together ... but mostly apart. In W. Hartup & Z. Rubin (Hrsg.), *Relationships and Development* (S. 167-184). Hillsdale, NJ: Erlbaum.

Thorne, B. & Luria, Z. (1986). Sexuality and gender in children's daily world. *Social Problems, 33,* 176-190.

Thrasher, F. M. (1968, zuerst 1927). *The gang: A study of 1313 gangs in Chicago.* Chicago: University of Chicago Press.

Tudge, J. R. & Winterhoff, P. (1993). Can young children benefit from collaborative problem solving? Tracing the effects of partner competence and feedback. *Social Development, 2,* 242-259.

Tuma, N. B. & Hallinan, M. T. (1979). The effects of sex, race, and achievement in school children's friendships. *Social Forces, 57,* 1265-1285.

Valtin, R. (unter Mitarbeit von E. Flitner und S. Walper) (1991). *Mit den Augen der Kinder.* Reinbek: Rowohlt.

Waldrop, M. & Halverson, C. F. (1975). Intensive and extensive peer behavior: Longitudinal and cross-sectional analysis. *Child Development, 46,* 19-26.

Weber, M. (1960). *Soziologische Grundbegriffe.* Tübingen: Mohr (Siebeck).

Wenzel, E. (1970). Sind Klassenfahrten (noch) sinnvoll? *Das Schullandheim, 75/76,* 24-27.

Whiting, B. B. & Edwards, C. P. (1988). *Children of different worlds. The formation of social behavior.* Cambridge, MA: Harvard University Press.

Whyte, W. F. (1973, zuerst 1943). *Street corner society.* Chicago, IL: University of Chicago Press.

Youniss, J. (1980). *Parents and peers in social development: A Sullivan-Piaget perspective.* Chicago, IL: University of Chicago Press.

Youniss, J. (1982). Die Entwicklung und Funktion von Freundschaftsbeziehungen. In W. Edelstein & M. Keller (Hrsg.), *Perspektivität und Interpretation* (S. 78-109). Frankfurt/M.: Suhrkamp.

Youniss, J. (1994). *Soziale Konstruktion und psychische Entwicklung* (hrsg. von L. Krappmann & H. Oswald). Frankfurt/M.: Suhrkamp.

Zahn-Waxler, C., Janotti, R. & Chapman, M. (1982). Peers and prosocial development. In K. H. Rubin & H. S. Ross (Hrsg.), *Peer relationships and social skills in childhood* (S. 133-162). New York: Springer.

Zeiher, H. (1988). Verselbständigte Zeit - selbständigere Kinder? *Neue Sammlung, 28,* 75-92.

Zeiher, H. J. & Zeiher, H. (1994). *Orte und Zeiten der Kinder. Soziales Leben im Alltag von Großstadtkindern.* München, Weinheim: Juventa.